笔尖上的世界

速写中国历史文化名城**111**座

邹建平 著

江苏凤凰美术出版社

目 录

序

邹建平先生是一位作曲家，南京艺术学院作曲系教授，也是一位资深的文学和美术爱好者。我知道建平兄喜欢画速写，多年前我在南京工作时就看过他画的一些钢笔速写。我还知道他收藏了上万本连环画。

不过，当我看到建平兄《速写中国历史文化名城 111 座》的部分书稿时还是不免有些吃惊的。这是因为从书稿选用的 400 余幅速写中，可以看到建平先生几十年如一日的执着和勤奋。他在每一幅速写中都倾注了认真与严谨，正像他的性格，画面简洁而工致，每一幅都像是一件独立的作品！其书稿中洋洋洒洒十几万文字也十分精彩！每到一座城市，建平都记录下他的所见所闻，所思所想，寻找它的历史文化脉络和踪迹，既有文学性，趣味性，也有知识性。每篇短文一两千字，这是文字的速写，与画面形成呼应，勾勒出一座座千年古城朦胧而清晰的轮廓，叙述着它们的今天和过往。

当然，在这文字和图像的深处是建平对中华优秀传统文化的景仰和热爱！他几十年如一日，在繁忙的工作之余几乎走遍祖国大地上的国家级历史文化名城，以文字的时间性、画图的空间性和真挚的情感、敏锐的悟性，记述和表现这些从历史深处延绵而来、经过一代代人的不断描画而展现的城市风景。这将是当代文化人留给后世的一份纪实文献！我想，一生中走过上百座城市的人应该不在少数，但建平的不凡之处在于他把身体的旅行提升为精神的旅行，使旅行成为在历史中的徜徉，成为文化的阅读和情操的陶冶。他是一个有心人，将他速写的 111 座名城连起来看，可以找见 5000 年中华文明绵延不绝的根脉。

建平兄曾经担任南京艺术学院的校领导，具备宽广的艺术视野和厚实的艺术素养，他的画画与写作只为一份毕生不渝的兴趣和爱好，以此来表达他对自然与社会的认识。因此无功利心，无急迫感，几十年细水长流，持之以恒，直至水到渠成。当一个人的求知心、好奇心和对艺术的向往与追求相融汇时，便会生成无限的力量。建平先生乐此不疲，其执着的精神已超越作品本身。他是在精神的散步中抒发自己对美之向往，对现实之温情，在平实无华之中显现其真！

一切都会逝去。当我们面对岁月深处的交河古城、高昌古城，那风化了的物质形态中所凝固的精神令人遥想，发人深思。但遥想毕竟是遥想，建平兄的文与画则是鲜活的、具象的，也是意象的……

　　希望通过建平先生的文和画，人们能更多地了解这些城市，关注这些城市，爱上这些城市！

吴为山

于中国美术馆 庚子春日

引　言

从 1982 年起，我国建立了"中国历史文化名城"的文物保护机制，对我国历史文化遗产的保护起到了积极的促进作用。在那些镌刻着几千年中华古老文明和重要历史印痕的文物古迹旁，我常深感文脉深植的厚重，怀想沧海桑田的邈远，徘徊不忍离去。

古人云："观朱霞，悟其明丽；观白云，悟其卷舒；观山岳，悟其灵奇；观河海，悟其浩瀚。则俯仰间皆文章也。"多年来，我正是在断断续续地写这样的一篇文章啊！自上世纪九十年代末起，凡我出差、旅行、访学所到之处，都会用点点滴滴的文字记录下所见所闻，所思所想，对那些历史文化名城，更是会寻访并记述它的历史踪迹和文化脉络，日积月累，迄今已达十余万字。

有人将"读城"这一类的写作分为两种类型：一为学术型，重客观考据，科学而理性。如建筑学家梁思成、罗哲文，园林建筑大师陈从周等，都会以他们专业的视角来观察和书写一座城市；另一类则为散文型，重主观感受，文学而感性，我应该是属于后者的。我特别赞同文学理论家唐弢先生关于散文写作的几点意见，他认为"散文因素需要包括一点事实，一点掌故，一点观点，一点抒情的气息；它给人以知识，也给人以艺术享受。"这正是我努力想要去做的。

在此我还特别想说的是，我很庆幸少年时代曾在上海少年宫接受过美术教育，虽然只有短暂的一年时间，但对写生的爱好从此与我相伴一生。我喜欢行旅途中的速写，方便快捷，可繁可简，随时随地，不用占太多时间，只要出发时勿忘多带上几支钢笔即可。钢笔最适合用来画建筑，而对于大多数历史古城而言，岁月留下的建筑遗迹常常就是其历史文化的符号和象征，正如冯骥才先生所说："天下任何城市的魅力，首先都来自它独有的建筑美。这些风情独特的建筑，是城市情感与精伸的化身，是一方水土无可替代的人文创造，是它特有的历史生活的纪念碑。"

我喜欢现场写生时的在场感，喜欢那种物我的内外交互，实景与艺术表现的切换与重叠，喜欢无论何种环境——闹市或山野、酷暑或严寒，都能心静如水的性情。写生的作品上也常会附有丰富的现场信息，整理二十几年来积累的上千幅速写，当初一笔一划画下它们的情景犹在眼前：这是一次怎样的旅行？彼时彼地有哪些人和你同在，有哪些有趣的事情发生？时当萧瑟寒冬还是三月阳春？是否晴空朗朗抑或细雨濛濛？选景会是一个有意思的过程，那处入画的景色，似乎一直就在那里等着你，等着在你的偶然一瞥之间和你相遇，仿佛前世注定的缘分。因此每幅速写都是唯一的，不可复制的，从选景、构图到线条处理都有着即兴性与偶然性。

文字和写生的结合孕育了本书的诞生。而在本书断断续续书写的二十多年时间里，正是中国的城市建设和发展步入快车道之时，但在建设和发展的思路和模式上，有的城市注重"存古辟新"，有的则偏重"斧旧出新"，对此，我身临其境的直观感受在文字中均有所表达。需要说明的是，这些感受带有即时性和随机性，当然更不能代表这些城市最新的发展和变化。

今年5月，河北蔚县获批"国家级历史文化名城"，成为我国第135座获此称号的城市。盘点自己几十年来，有意无意间去过了135座"名城"中的120余座。在这本集子中，我用文字与速写记述了其中的111座，遍及祖国大陆31个省、直辖市和自治区。之所以选了111座，首先是因为"100"以上的数字中有不少不便选用，如"110""114""119"等，而"111"既有独特性又有一种视觉感。此外，国家级历史文化名城的申报和审批还在路上，因此数目总是动态的，不断变化的，总是不能写尽所有的。

同道中曾有人说，"写生"就是"写人生"，是啊，我想这本集子就是我一部分生命历程的写照啊！

邹建平

2018年7月

整理这些文字和速写，仿佛在与它们一同回首来时的路，一条跨越了二十多年的辛苦并快乐的人生之路。

1.
中华首都
北京

北京，一座有着三千多年建城史的烜赫古城，中国的四大古都之一，是我国历史上距今最近的三个皇朝的都城，浓缩了中华古老文明的精华。北京，又是一个当今正在崛起的大国的首都，一座日益现代化和国际化的大都市，也是全国的政治、经济、科学、文化、教育、艺术等方面的中心。要将千年古皇城与国际大都市这两种城市形态兼容并蓄是并不容易做到的一件事。在过去几十年中，新北京日新月异的建设和发展几乎是与老北京风貌的消褪相同步的。打个比喻说，古城北京曾是一锅熬煮了几百年的滋味浓厚的老汤，几十年来正在被不断地加水，渐渐越加越多，汤锅越换越大，汤水也就变得稀释了。曾读到过黄宾虹先生的一段画论，说"唐画如面，宋画如酒，元画以下，渐如酒之加水，时代愈后，加水愈多，今日之画，已经有水无酒，不能醉人，薄而无味。"用的是相同的比喻。

作为共和国的首都，北京是我除了家乡上海之外去得最多的一个城市，几十年间零零碎碎地积累下了一部分速写和笔记⋯⋯

长城　曾经先后五次登上长城，分别在八达岭、慕田峪和司马台。不同时间、不同地点的长城给予我不同的感受。有时，它宛如腾跃在崇山峻岭之中的一条苍龙，有时如同历史巨人遗留在苍茫大山间的几条血脉和筋络，有时则是盘桓逶迤于群山之巅的一幅巨型的人流拼图。

长城

军事博物馆　从我所住的 22 层客房内俯瞰，长安街像两条反向的传送带，不分昼夜、不知疲倦地高速运转着。白天满载的是车辆，晚上输送的是两条熠熠闪亮的车灯的彩带。在大街北侧，军事博物馆端端正正地屹立着，有着军人般的严肃与沉着，默默注视着眼前这个充满压力和速度的世界。于是，撕了一页宾馆的稿纸把军博画了下来。这是 2004 年 3 月第十届全国人民代表大会第二次会议期间。

圆明园　来到大水法遗迹前已近黄昏，残阳恰好给那片废墟涂上了一层惨烈的血红色。这是腐朽的晚清政府留下的一座屈辱的墓碑，是近代北京城遭受战火浩劫后留下的一具尸骸啊！

钟鼓楼、什刹海　在胡同深处一片青灰色的砖房上方，远远就看见了那座仿佛端坐在半空中的钟楼，鹤立鸡群一般。当我从豆腐池胡同右转向它迎面走去时，我已经走在了古都的中轴线上。沿中轴线继续向北就是鼓楼，周围胡同小巷交织缠绕，使它愈显得巍峨。鼓楼大街西侧，烟袋斜街犹如"才"字的那一撇旁逸斜出，沿着后海一路向西北方向斜伸过去，引我来到了银锭桥上。这座汉白玉小桥历史悠久，当年汪精卫曾试图在此行刺晚清摄政王载沣。此处的景象与北方皇城大气磅礴的粗线条风格不同，亭台映水，游船往来，让人一时间恍若置身"一江烟水照晴岚，两岸人家接画檐"的江南。

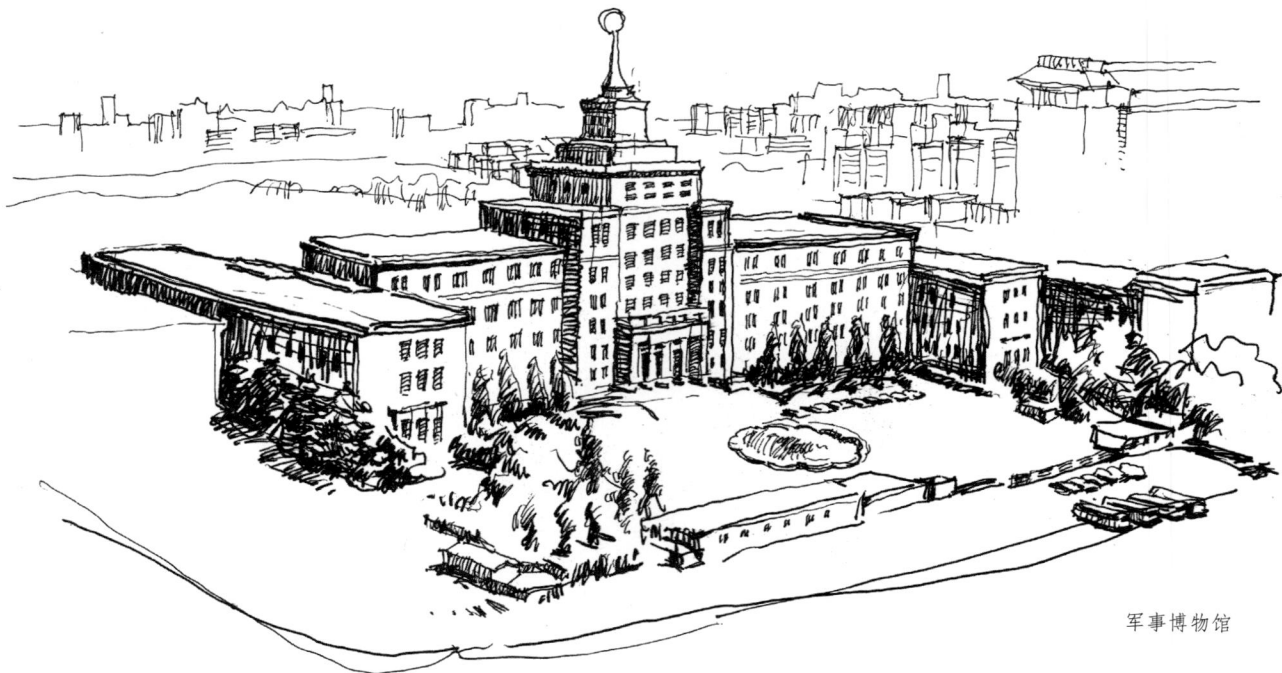

军事博物馆

上：圆明园大水法

中：钟楼

下：鼓楼大街

上：后海银锭桥

中：北海白塔

下：天坛祈年殿

报国寺

　　这一地段集中汇聚了老北京丰富的历史文化遗存：古代报时的钟楼鼓楼，颇具规模的四合院民居群，还有王府宫苑、名人故居、街衢市集以及茶肆酒楼码头水榭等等，是一幅皇城老北京的缩影。

　　北海　这里地处故宫西北，东临景山，是曾经的燕京八景之一"琼岛春荫"的所在地。画面中街坊后方隆起的小山就是北海的琼华岛，也称白塔山。山顶那座藏传佛教的白塔在蓝天映衬下卓立云表。

　　天坛　天坛是明清两朝帝王祭天祈谷之处，虽已屡见于图片，来到跟前仍唯有赞叹！尤其是祈年殿，重檐宝顶，高廊敞殿，蓝瓦丹楹，金楣朱梁，坐落在汉白玉雕栏环绕的三层大圆坛上，有如琳宫琼阁，是我国最伟大的古代建筑遗存之一！

　　报国寺　在京期间只要有时间，便会去逛逛报国寺每周四的古玩市场和书市。报国寺书市的规模比周末的潘家园书市要小得多，但这里的连环画市场颇具规模，常常让我这个"连友"流"连"忘返。十几年来，在这里认识了很多"连友"同好，结交了不少朋友。

颐和园　三月的北京乍暖还寒，昆明湖上还覆盖着薄薄的冰层，湖畔的柳丝上已急切地探出了嫩嫩的绿意。我利用休会的时间来到这里，一整天徜徉园中，看不尽昆明湖光万寿山色，还有那点缀在湖光山色之间的殿堂馆舍、庑廊轩榭、亭台楼阁……

　　闲逛中思绪乱飞，骋怀遐想……从艺术的视角看颐和园，这无疑是一件东方园林艺术的精品杰作，而如果换一个角度，用历史的视野来观察呢？颐和园似乎有着左右历史的重要性啊！

　　颐和园是1888年慈禧挪用海军军费重建的，这直接损害和削弱了清王朝的海军力量，在一定程度上导致了甲午中日海战中北洋水师的惨败。甲午赔款相当于当时日本七年的财政收入，使满清国力从此一蹶不振，直至辛亥革命中被彻底推翻。而日本则因此一跃而成为世界列强之一。这导致了日本军国主义势力的坐大和争霸世界的野心膨胀，从觊觎中国的东北到发动全面的侵华战争，之后又悍然发动太平洋战争，从此深陷战争的泥潭直至最终的覆亡。

　　因果链到此并未结束，这座挪用军费建造的皇家园林还导致了新中国的成立！因为中国共产党正是在抗日战争中逐步发展壮大起来，并最终夺取全国胜利的。再往后，正是在新中国的生产建设中，我父母亲相遇相爱，这便导致了我的诞生，如此说来，颐和园和我也有了些因果关系。想到这里，对"蝴蝶效应"理论便似乎有了更深的理解和感受。

　　碧云寺　经过几天密集的会议，今天按惯例休会一天，我和傅君来到香山北侧的碧云寺一游。碧云寺依山而建，层层殿堂错落迭起，直挂山腰。我们从山门拾级而上，一路经过数座佛殿，瞻仰了中山纪念堂后，地势渐渐由夷入危，最终抵达最高处的金刚宝座塔。登临其上，山风拂袂，见四围峰峦延绵，云树苍茫，心神舒旷。而让我印象最深的是那天整座山林游人寥寥，清幽静谧如出世外，静悄悄的风、静悄悄的野花、还有静悄悄的阳光和鸟雀的啁啾……

　　这是2015年3月第十二届全国人大第三次会议期间，是我在北京画的最后一张速写。

上：颐和园

下：香山碧云寺

附：

故宫角楼远眺

一个老兵
站立在城墙一角
默默守望着
昔日的威仪已经褪去
曾经的光华也已脱落

六百余年，盛衰荣辱
飞雨流云，潮起潮落
一朝朝，一代代
歌与泣，剑与火
如汤汤的护城河水
逝者如斯，昼夜不舍
流淌成一条岁月的长河
让政治家沉思
由史学家评述
任文学家戏说

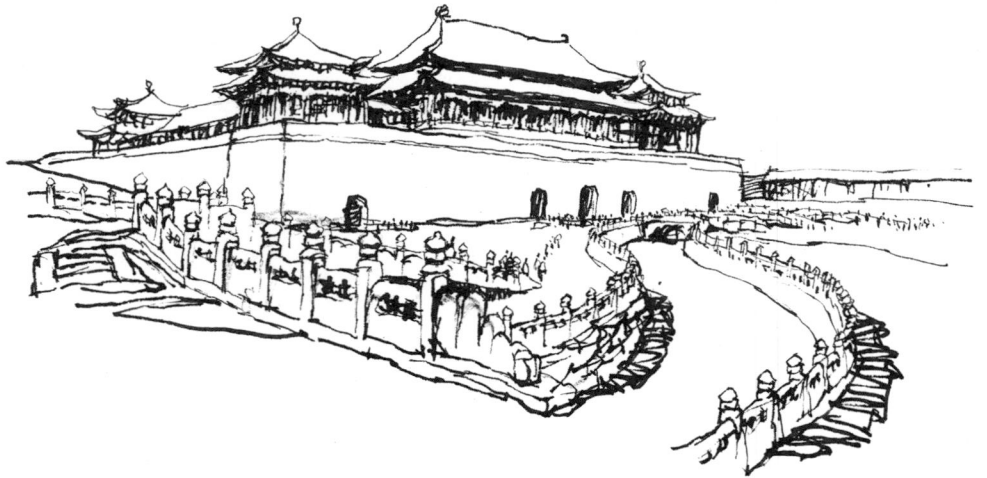

上：故宫
下：故宫角楼

2.

畿辅首邑
天津

天津是一座年轻的历史文化名城。当历史的叙事在中原大地上轰轰烈烈展开之时，这里还只是渤海之滨一个拱卫燕蓟重地的驻军寨堡。明成祖定都北京后，此处由元朝的"海津"更名为"天津"，意即天子临海之地，由此带动了它的第一次"转型升级"。此后直到鸦片战争的四百余年间，天津由一个普通的小城和漕粮运转站，逐渐发展成为运河北部的繁华商埠，史称"通舟楫之利，聚天下之粟，致天下之货，以利京师"，成为"当河海之冲，为畿辅之门户"的"畿辅首邑"。随着第二次鸦片战争后《天津条约》的签订，天津成为对外开放的通商口岸，在屈辱中开始了第二次"转型升级"，由一座内向型的京师卫城逐渐成为开放型的国际商埠。

曾来过天津两次，都有公务在身而来去匆匆。这次从秦皇岛回南京途中在天津有一天半的自由活动时间，首先想要看的就是蓟县的独乐寺。

蓟县位于天津最北部，古称"渔阳"，是当年安禄山起兵叛唐的大本营。千年古刹独乐寺就坐落在县城中心的一条仿古步行街上。独乐寺不大，主体结构仅为山门与观音阁。寺内有李白落款的"观音之阁"匾额，可见建寺年月至少可上溯至唐初。主殿观音阁是我国现存最古老的全木结构楼阁建筑，斗拱雄大，出檐如盖，气象庄重。阁内中央的须弥座上，耸立着国内现存最大的古代泥塑佛像——高达16米的观音站像，其头部已抵近阁顶藻井。阁内围绕着观音巨像隔成三层楼面，人们可站在不同层面上观赏佛像。看来小庙也装得下大菩萨呢！此观音像与两侧的胁侍菩萨像均为辽代原塑，是我国现存不多的辽代雕塑遗存了。

相传独乐寺因安禄山叛乱"思独乐"而得名，今日的独乐寺早已跻身红尘世界与民"同乐"了。

独乐寺

古文化街区

　　海河西岸三岔河口的古文化街一带,原为天津老城中心,称"小直沽"。古文化街是以元代古迹天后宫为中心修建的历史文化街区,青堂红柱古色古香的商铺毗列如栉,经营文物古玩图书字画和天津的传统手工艺品等,游人比肩接踵,来此感受老天津的市井风情。

　　天津作为临海商埠,为护佑往来舟楫平安,曾有大小天后宫十几座,然年湮代久,多已不存,唯文化街上这座元代的天后宫因位处南北水道咽喉,为过往商船必经之地,船家到此无不泊舟登岸进香祈愿,香火鼎盛数百年,历朝历代都有修葺,得以留存至今。

上：海河

下：望海楼教堂

　　穿过古文化街来到海河边，看到的是另一番景象。对岸绿树掩映之中，西式洋楼的红瓦穹顶高低错落，一派欧陆风情。中西文化就这样隔河相望，互致注目礼。那座因"天津教案"而闻名于世的哥特式教堂"望海楼"就坐落在海河的北岸，一眼望去朴素无华，并不起眼，但它曾经是中国近代史上一处重要的场景，挑动过世界的神经，撼动过一个东方王朝的根基！它一而再地被毁和重建，表现出外来文化在试图进入中华文化的异体时所遭遇的激烈的排异反应。

五大道

　　城区南部的五大道以及小白楼区域曾是外国租界区，这里集中了各色小洋楼两千多座，有"万国建筑博览会"之称。曾经寓居在此的有包括两位总统和六位北洋政府总理在内的民国下野政要，还有清朝的遗老遗少以及社会名流富商巨贾等，因此这里的每栋建筑中都藏有一些故事和传说。如果你租坐马车游览，车夫会兼讲解，一口天津话，有听相声的效果。

　　闲时曾读过几本天津作家写的"津味"小说，如冯骥才的《神鞭》、林希的《蛐蛐四爷》和《天津闲人》等，都是写清末民初那一时期的天津故事，土与洋、俗与雅、草根与豪门、市井杂事与时代风云……相互交错纠缠，直把你带入到那段风起云涌世变事迁的岁月中去。

3.
河朔名镇
正定

原定从南京飞往石家庄的航班因临时取消而改飞北京，然后再联系朋友用车送往正定。北京大机场大都市，出城就用了两个多小时。到涿州休息区用了点午餐，又赶了两个多小时，终于在下午三点半左右抵达了正定，比原定时间晚了五个多小时。

正定紧挨着省城石家庄，是石家庄的辖县。但历史上，正定是一座北方重镇，自西汉文帝朝至南北朝的700余年间，它有个更响亮的名字——常山，是三国名将赵子龙的故里。

正定有千年古刹隆兴寺，始建于隋，原名龙藏寺，唐改名龙兴寺，清改现名沿用至今。寺内建筑大都为宋代遗存，是我国现存规模最大的宋代佛教寺院了。整座建筑群殿阁重重，沿南北中轴线层层推进，被梁思成赞为"宏壮之极"。主殿大悲阁内耸立着国内现存最大的铜铸佛像——千手千眼观音铜像，高二十多米，巍巍然顶天立地，人到跟前，仅及其脚踝。民谚称"河北四件宝：沧州狮子定州塔，正定菩萨赵州桥"，正定菩萨即为此尊大佛。

隆兴寺

但隆兴寺内最为人称道的是摩尼殿，其建筑结构的平面呈十字型，四面出抱厦，多重歇山，梁思成称这种结构布局，除了北京故宫角楼外，只从宋画里见过，在佛殿建筑中更是孤例。摩尼殿内的彩塑观音坐像被誉为世上最美观音。此观音身着薄衫裙，一改以往端坐莲台的端庄之态，赤足露臂，右腿架起，双手环膝，姿态闲逸，神情甜美，游人观赏之际无不心生喜悦，啧啧而赞。鲁迅先生曾将此观音图片长期置于案头，随时欣赏呢。

寺内的隋朝"龙藏寺碑"是又一文物之最，有"楷书之祖""隋碑第一"之称。其字体已露唐楷之相却尚有"隶"迹，学界公认是我国书法艺术从汉隶向唐楷嬗变过程中的承前启后之作。多年前我曾在上海文庙书市买过此碑帖，扉页上引清末民初的金石文字书法大家杨守敬在《平碑记》一文中对此碑的评说："细玩此碑，平正冲和处似永兴（虞世南），婉丽遒媚处似河南（褚遂良），亦无信本（欧阳询）险峭之态"，一语道过唐代诸书法大家与此碑的衣钵渊源关系，点到为止。

左页：凌霄塔

右页：开元寺须弥塔

离开隆兴寺，时已向晚，正定街头开始热闹起来。放学孩童的嬉闹声，车辆的铃声喇叭声，商铺传出的音乐声和摊贩的吆喝声汇成了一支黄昏交响曲。走在街头，能感受到小城凡尘市井间的平实与祥和。

因为有隆兴寺的"大菩萨"，正定别称"大佛之城"，但行走城中，最为直观的是不时撞入眼帘的四座古塔，它们均建于唐朝及之前的南北朝年间，距今都已逾千年。天宁寺的凌霄塔浑壮憨厚，开元寺须弥塔方正端肃，广慧寺华塔雕饰精巧，临济寺澄灵塔则高挑峻拔……春秋千载，沧桑兴替，它们依然高高耸立在小城上空，挺拔云表，成为正定城千年历史的标志，悠久岁月的象征。

次日上午，我改变了原定的参访计划，从石家庄返回正定，速写了几张小城的街市塔影，方感心安，算是不虚此行了。

广惠寺华塔

4.
燕赵王城
邯郸

邯郸位于河北省南部，是一座有着 2500 多年历史的古城，2500 多年来就叫邯郸这一个名字。邯郸曾是战国七雄之一赵国的都城，很多历史故事发生于此，很多耳熟能详的成语典故如"负荆请罪""完璧归赵""一枕黄粱""纸上谈兵"等都源出于此。因此在我小时候看过的古代题材小人书中，常会出现它城垣高筑、楼台栉比、衣冠如云、轩盖如翳的燕赵王城模样。昨日傍晚抵达邯郸时，一时下意识地寻找印象中的城墙楼台，但随着各式钢筋混凝土的楼房和玻璃幕墙的大厦扑面而来，即刻将我打回现实之中。

第二天看到城墙了，不过不是在邯郸城区，而是在前往市郊永年县的途中。仿佛是突然之间，一座城池神迹般地出现在了开阔空旷的田畴间，轰地而起，气势巍然！主人介绍这就是广府古城，始建于春秋时期，距今已有两千余年。历史上这里称广平府，曾与北宋四京之一的大名府和顺德府（今邢台市）并称冀南三府。《说唐全传》中的绿林好汉窦建德、刘黑闼等曾据此城与唐朝对抗多年。如今的广府城是邯郸市永年县的广府镇，城墙经明代加固并增建了瓮城，气象更显壮伟，距今也已有 500 多年，四围还有大片水洼如护城河般环绕，可谓高墙深池，应该算得上是全国最"固若金汤"的乡镇了吧？

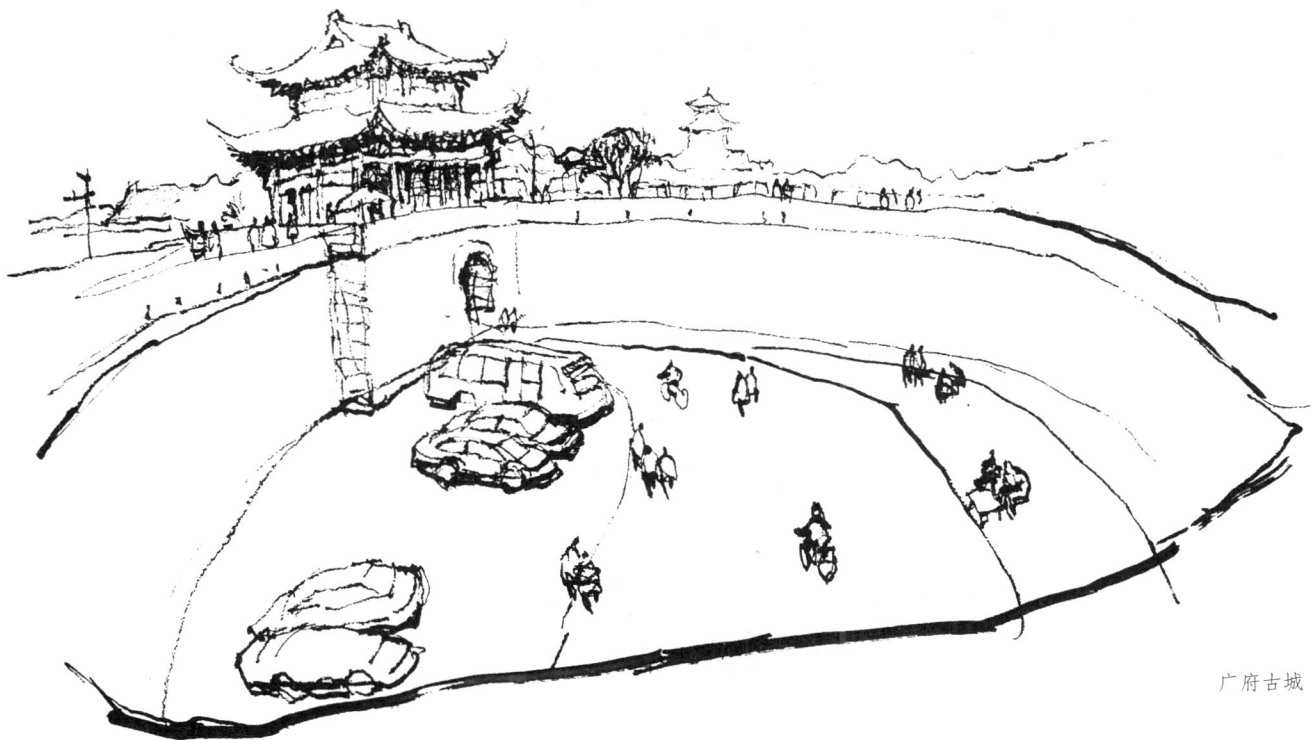

广府古城

此外，这里还是声扬海内外的"太极拳之乡"。杨氏太极拳创始人杨露禅便是广平府人，城内还完好地保存有他的故居。记得几十年前曾买过一套连环画《偷拳》，说的就是杨露禅"偷学"陈氏太极功夫，勤习苦练终成一代武术大师的故事。后来杨氏回故里开坛授徒，杨氏太极从此在这里世代传习，发扬光大，直至今日。

　　离开广府城，在不远处一段较荒凉的河道上，我们看到了那座古老的石拱桥——弘济桥。桥的样式、结构和工艺均类似赵州桥，故二者有"姊妹桥"之称。弘济桥始建年代已无可考，相传横跨在此已逾千年。行走其上，见桥体全部用石块砌成，质朴而苍古，主拱券似长虹飞架，曲线飘逸，白石护栏上镂刻着繁复的浮雕，玲珑剔透，整座桥梁敦实与灵动兼得，功用与隽美并存，让人赞叹，是我此次邯郸之行的一个意外收获呢！

弘济桥

　　市区公园内的丛台是邯郸古城的标志，为战国时期赵武灵王所建，又称武灵丛台。当年赵武灵王在赵国实行"胡服骑射"的重大军事改革，即让赵国士兵改穿游牧民族的"胡服"，改春秋战国时期的主要作战方式——车战为骑兵作战，使战斗力大增，成为赵国历史上国力最为强盛的一段时期。丛台兴建之初即为武灵王阅兵炫武之处。

丛台

　　"丛台"之名意为由一系列楼台垒列组合而成，"连聚非一，故名丛台"。其结构设计独出心裁，在一座单体建筑内，将亭、台、城、楼、桥、洞、苑、阁等各种建筑元素组合成了一个有机整体，高低错落参差，互为依托，互为映衬，无论从何方向，以何视角观赏取景，都是一幅构图完整的佳作。诸君如有机会来游丛台，一定要"面面俱到"，于怀旧思古之时，亦领略它结构布局之奇，感受移步换景之妙。

　　参访中还插空看了一处名为"黄粱梦吕公祠"的新建景点，名称起得有点别扭，说是唐代传奇小说《枕中记》中的主人公卢生做黄粱梦的地方。景区意在宣扬邯郸的历史文化，把"黄粱梦"做成一锅醒世的心灵鸡汤，但转了一圈下来，却感觉寡淡无味。见祠堂前立柱上有副对联还有些意思，对仗也工整，便随手记了下来："睡至二三更时凡功名都成幻境，想到一百年后无少长俱是古人"。

　　因时间原因，较偏远的娲皇宫和响堂山石窟未及前往，只能留待日后了。

5.
燕南屏藩
保定

国庆长假后，来保定参加世界文化遗产地文物保护工作的会议。

保定易县的清西陵作为"明清皇家陵寝"的关联部分于 2000 年被列入《世界遗产名录》。

到会议驻地报了到，便和同事上街闲逛。这是一个寻常的秋日，大街上人来车往，市尘熙攘，沿街商铺内不时传来劲爆的音乐声，市声鼎沸像一口热气蒸腾的大锅。保定城大部分历史文化遗迹都集中在这沸沸盈盈的大锅中央——市中心繁华的交通干道裕华路上。

保定是满清直隶总督署所在地，衙署就在裕华路的西头。来到近前，见衙门面宽五间，一眼望去并不算显赫，府衙内的堂屋庭院也较朴素。但这座衙门曾经统辖京津与河北的大部以及鲁豫辽和内蒙古一部的军政要务长达一百八十余年，晚清重臣曾国藩、李鸿章、袁世凯等都曾先后在此主政，可见其曾经的威势。今天，东西向的裕华路从它面前横贯而过，将府衙门前的广场拦腰切为两截，那两杆象征威仪的二十几米高的旗杆被切到了裕华路对面，突兀地竖在马路旁，与总督衙门隔路相望。

直隶总督署

总督署斜对面就是建于金元之交的园林——莲花池，迄今已有近 800 年的历史。看多了江南园林，古莲花池作为园林本身倒并无特别焕人眼目之处，有文人骚客称它为"小蓬莱""小西湖"之类未免过于矫情，它的非常之处其实在于文化内涵和名人效应。莲花池内建有帝王行宫，乾隆等多位清帝和太后出巡时都曾在此驻跸，并留下过墨宝；"古莲花池"的园名为时任民国总统的徐世昌题写；园中还有自雍正年间起就设立了直隶最高学府——莲池书院，曾经"四方贤隽担簦负笈受业门下者，趾踵相接"，盛况一时。这些都是江南富豪的私家园林所难以做到的。

莲花池

大慈阁

　　沿着裕华路继续往东，不远处的路北侧便是一组坐北朝南的古建筑群——大慈阁。这组始建于金朝的建筑把寺庙的殿堂格局与楼阁结构相结合，整体结构在进深的同时呈层递向上之势。主殿大慈阁建于30多米高的台基上，佛阁自高三层，气势巍然，有"市阁凌霄"之称。登临其上，凭栏极目，近有历历街肆，远则隐隐诸峰，一览尽得。令人遗憾的是，阁前的空地上停满了杂乱的车辆，大慈阁成了这一片停车场的背景。

　　在裕华路上，还看到了有着800多年历史的钟楼。可能是因为要拓宽马路的缘故吧，它竟被挤在了马路边沿的人行道上，让人难以一睹它正面的样貌（除非在路对面从车流的缝隙中看）。距钟楼不远处矗立着一座罗马式的天主教堂，为法国传教士于清光绪年间所建，已历经百年风雨，但有一溜卖廉价童装和箱包的简易店铺严严实实地挡在了它的面前，真是"一点面子也不给"啊。在裕华路与永华路十字路口的东北角，坐落着民国"贿选总统"曹锟的公馆——光园，一座风格中西结合的民国建筑，只是旁边盖了一座公厕……

就这样走走看看画画，不觉已是薄晚时分。我发现保定城的古城规划与保护有一个很多城市都不具备的独特优势，即文物古迹都集中在一片不大的主城区内，实际上已形成了一个自然的历史街区的格局！这些古迹遗存从上百年到千余年，象征着保定城的苍苍岁月，记述着它独有的历史，曾经的过往，它们应该得到更多的尊重和敬畏啊！

附记 清西陵坐落在易县的群山环抱之中，共有雍正等4座帝陵和10座后妃陵寝，占地百余平方公里，殿宇千座，是清代在关内的两大皇陵墓园之一。另一处是唐山市遵化的清东陵，孙殿英掘墓盗宝的地方。

关于雍正为何要远离其父康熙陵寝所在的东陵，另建西陵，后世颇多猜测。野史中说雍正得位不正，后又残害兄弟，诛戮重臣，想到九泉之下将要面对康熙便有惶惧和愧疚之心，故建西陵远避之。

清西陵

6.
热河行宫
承德

承德坐落在长城古北口外的燕山深处，四周山峦环列如屏，武烈河一水中流。山川映带之间，承德深藏不露，仿佛不屑于炫耀呢。

在我国历史上，起家于北方的草原帝国辽、金、元、清四朝皆定都于北京，因北京地处长城沿线，既俯临汉民族的中原大地，又背枕游牧民族辽阔的草原疆土，进可攻，退亦有可回旋的战略纵深。与此同时，也许是为了推行始于辽代的"以国制治契丹，以汉制待汉人"的关内关外二元政治治理方式，也许是为了留存一份乡土情愫，这些草原政权在关外都另有都城或行宫。辽代称上京临潢府（在今内蒙古赤峰一带，其实就是辽的正都），元代有上都（在内蒙古锡林郭勒盟境内），满清除了盛京沈阳之外，还有承德这座关外的行宫。

承德有世界最大的皇家园林——避暑山庄，面积占整个城区的三分之一。世界上有几座城市的三分之一是公园呢？而且还是有山有水有72景的皇家园林！纪晓岚曾赞避暑山庄："山容水态，皆出天然，树色泉声，都非尘境，阴晴朝暮，千态万状，虽一鸟一花，亦皆入画。"园中有仿自镇江的金山寺，移取嘉兴的烟雨楼，"骏马秋风蓟北，杏花春雨江南"相融于一隅。承德的百姓每日里可来园中休闲、散步、游乐，陶然在南秀北雄的风光景致之间，享受帝王级别的待遇哩。

避暑山庄丽正门

普陀宗乘之庙

　　承德有世界最大的皇家寺庙群——外八庙，环布在避暑山庄北面和东面的山麓上。每座寺庙都牵动着一段岁月，记载了一页历史。如普宁寺是为纪念平定蒙古准噶尔部的叛乱而建，安远庙是为新疆达什达瓦部迁居承德而建，普乐寺为迎接蒙、疆、藏诸部王公来访而建，取普天同"乐"之意，普陀宗乘之庙为蒙、疆、青海等地少数民族首领来承德为乾隆母子祝寿而建，而须弥福寿之庙则仿后藏日喀则的扎什伦布寺而建，是班禅六世前来觐见乾隆时的行宫。康乾时期，满清王朝对边疆少数民族总体上采取了"怀柔抚远"的政治策略，形成了中国封建王朝历史上一段难得的"宇内一统"、疆域辽阔、各民族较为和睦的局面，而外八庙便是当年这段历史的见证。

　　外八庙现存其七，普陀宗乘之庙是其中规模最大、最为壮观的一座。"普陀宗乘"即藏语"布达拉"，故普陀宗乘之庙有小布达拉宫之称。它落成之时，适逢新疆蒙古族土尔扈特部众历经艰辛从沙俄回归祖国，恰似一份特殊的献礼！建筑群的主殿是一座巍峨的碉房样式的红楼，登上楼顶平台，仰接碧空苍穹，俯临平畴绿野，近前的须弥福寿庙全景，远处绵亘起伏的群山、拔地擎天的磬锤峰，皆归于一览。

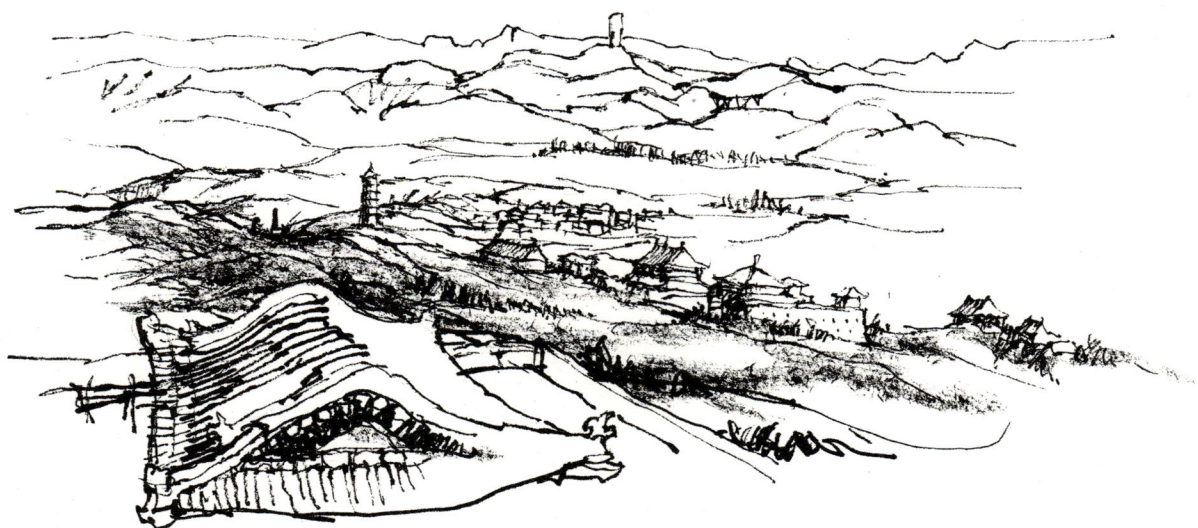

普宁寺坐落在避暑山庄东北面的山岗上。寺庙风格为汉藏结合，前半部的大雄宝殿为汉式，后半部自梯形殿起为藏式。依山势登临而上至主殿大乘阁，阁高约 40 米，层檐叠翼，耀熠金碧，为外八庙中气势最为崇闳者。步入阁内，世界上最大的木雕佛像——妙相庄慈的千手千眼观世音菩萨正迎候着与你相见呢。

普宁寺前是个可举办大型活动的空阔广场，我来到广场的一角写生。初冬的暖阳柔柔地铺洒着，不少市民正在广场上溜旱冰，身影矫捷，穿梭往来……

今日承德，岁月的风雨早已洗去昔日皇家行宫的帝王之气，返璞归真而为平民之城了。

上：须弥福寿寺鸟瞰
下：普宁寺

承德普宁寺

7.

辽蓟咽喉
山海关

从兴城抵达秦皇岛已是午后，简单用餐后直奔山海关。

山海关号称"天下第一关"，它背负燕山的崇山峻岭，俯临渤海的万顷波涛，关城就筑在山海之间隘如束带的狭长地带，形势险要，是华北通往东北的咽喉要冲。明洪武年间在此建关防御北方游牧民族的入侵，所以它一直就是一座军事要塞，一条敌我分界线，被称为"辽蓟咽喉，京师屏障"。明末甲申年，山海关总兵吴三桂"冲天一怒为红颜"，献关降清，顿使中原大地门户洞开，最终导致了明王朝的彻底覆亡。

随着满清从关外入主中原，长城内外归于一统，山海关所象征的敌我界线逐渐淡化，康熙曾为此赋诗："长城有险休重设，至治从来守四邻"。由于不再需要供养一支常年征战的高强度动员的庞大军队，康熙朝也就有了宣称"永不加赋"的底气。但此时的山海关，仍未成为人们自由出入的通途。满清政府为防止关外的满族人被汉化，曾长期禁止汉人去山海关外谋生，因此在满清入关后长达 200 多年时间里，山海关一直是汉满两个民族之间一道难以逾越的沟壑。

山海关

咸丰年间，为了应对沙俄帝国对我国东北地区的觊觎和蚕食，增加东北地区的综合力量，清政府才同意"开禁放垦"，鼓励关内向关外移民。几乎与此同时，中原地区因旱涝频发爆发了一场史称为"千古奇灾""丁戊奇荒"的大饥荒，持续了整整四年，受灾者逾上亿，于是大批灾民出关求生，中原百姓"闯关东"自此始。于是，山海关渐渐地不再是一座封闭阻隔设防对峙的关卡，而成了一段凝固的历史。

　　辛亥之年烽火燃起，革命党人开始提出的口号是"驱逐鞑虏，恢复中华"，但清朝末代皇太后隆裕在退位诏书中明确将满族作为中华民族大家庭中的一员，而不是要被驱逐的"异族"，连同"五族完全领土"和自身一并交给新的共和政权，"化干戈为坛坫，合五族为一家"，山海关内外都是同胞兄弟啊！隆裕的这一立场和襟怀深得孙中山和黄兴等民国元勋的赞许。诚然，有人说她是别无选择，是迫于时势的无奈，但对她这样一位满清皇室的帝后，也无法用更高的觉悟和标准来衡量要求了。辛亥翌年隆裕逝世，民国为她举行国葬，各地纷纷响应，舆论深表哀痛，有文献记载出席追悼大会者达五万之众，可见民心之一二。

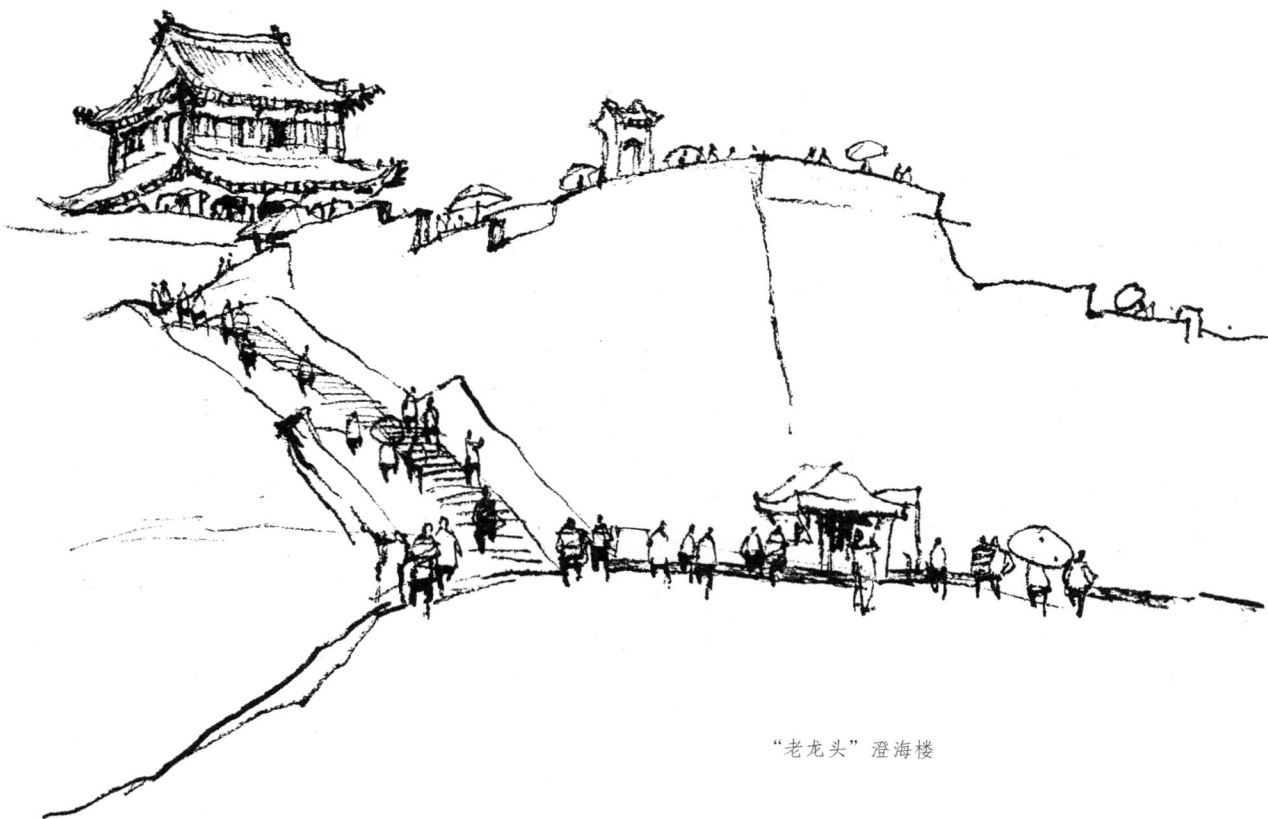

"老龙头"澄海楼

山海关长城沿燕山山脉向南盘桓数公里后，如苍龙饮水般一头探向大海，这便是戚继光于明万历年间构筑的一处海防要塞——"老龙头"，是万里长城唯一一处集山、海、关、城于一体的军事防御体系。要塞由入海石城、靖卤台、南海口关和澄海楼等部分组成，登上要塞中的最高点澄海楼城头，目穷山远，心随海阔，朗朗海风荡却八月暑热。面对波澜壮阔的浩瀚江海，令人感慨"人生韶华短，江河日月长"。

按照以前地理教科书上的讲述，人们曾普遍认为明长城是"东起山海关西至嘉峪关"，山海关即明长城的东端起点。直到上世纪 90 年代初，随着考古发现了辽宁丹东鸭绿江畔的虎山长城遗址，明长城的东端起点又向东推移了 1000 多公里。不过，"老龙头"作为明长城东部的海上起点依然是绝无争议的。那段探身入海的城墙仿佛是长城在开始翻山越岭的万里行程之前与大海难舍难分的缠绵呢！

"老龙头"景区内的海神庙，形如泊岸的大舟。

8. 北魏故都 大同

抵达大同时已是晚霞散尽薄暮四合的黄昏，从宽阔的"魏都大道"上进入市区时，仍可以感受到这里正在悄悄发生着的变化。这是我时隔七年第二次来到这北魏、辽、金"三代京华"和明、清"两朝重镇"的大同。

次日前往云冈石窟，路上已看不到七年前那络绎不绝的运煤车了，108 国道已经为石窟改道绕行，这是"物质世界"向"精神世界"的一次谦恭的礼让啊！

云冈景区大门已重建，进门后一座北魏风格的大庙耸立眼前，殿宇轩昂，石塔高古，还新辟出一片波光粼粼的湖水萦绕在侧。这片水面虽不大却有灵性，映衬得焦秃的山石显出润泽，粗粝的轮廓变得柔和。当年，北魏的水文地理学家郦道元沿武州川水一路考察至云冈，在《水经注》中记载："武州川水又东南流，水侧有石祇洹舍并诸窟室，比丘尼所居也……"说的就是这里。可见眼前这一片湖水并非凭空臆造出来，而是源远流长，从千年历史的深处流淌出来的。

来到那拥有艺术之魂的一壁巨石前，依然无比震撼！在绵延约一公里的崖壁上，密密排列着 50 多个洞窟，1000 多个佛龛，大小佛像数以万计。大者如 20 号窟的露天大佛，庞然壮伟，小者仅几厘米，纤巧玲珑。面对物欲横流的凡尘世界，这些石像仿佛仍在昭示着某种精神和信念的力量。

第 5 窟中有一座高 17 米的坐像，从底部望不见佛头。想起少年时代，曾跟随少年宫的美术老师上街画过大幅的毛主席宣传画像，需要先在小稿上打格子，再按比例放大来控制画像整体比例的准确，不知道一千七百年前的工匠们是如何把握巨形雕像的整体结构且做得如此完美？当我仰视这尊大佛时，更是在仰视历史深处那些无名的工匠啊！

云冈石窟

云冈石窟

　　云冈石窟也是一轴历史和文化的长卷，书写着塞外游牧文化与中原农耕文化由碰撞走向融合的历程。如果按历时半世纪的建窟顺序来看，"胡人汉化"的脉络清晰可见。最早的昙曜五窟（16-20窟）的佛像均为印度犍陀罗样貌——高鼻深目厚唇宽肩的"胡貌梵相"，之后逐渐"改梵为夏"，至中晚期的佛像已是"秀骨清像"的汉人面貌，服饰也从袒肩袈裟转变为褒衣博带的南朝汉服，而这正与北魏鲜卑政权逐步走向汉化的进程基本一致的。

云冈石窟 20 窟

　　下午来到老城，再次令我惊诧不已，一座巍峨的城池已拔地而起！
城楼、箭楼、角楼、望楼昂然排开，瓮城、月城、控军台一应俱全。城
墙下机械轰鸣，护城河正在开掘之中。除城墙外，其他散布在老街小巷
中的古迹也正在紧锣密鼓地重建或修复，如上下华严寺、文庙、关帝庙、
府衙、清真寺和钟鼓楼等，已经以点带面连接成一大片仿古街区了。

在当下大多数城市专注于建设现代化新城时，大同却在试图复原久远岁月中的一座老城；当大多数城市面貌相似形同孪生时，大同正在努力塑造一个独一无二的城市版本；当大多数城市布满巨型塔吊，用现代的材料工艺构筑起一座座摩天高楼时，大同老城的街巷中传来阵阵锛锤斧锯之声，工匠们正在用传统的手工技艺，搭建斗拱飞檐的门楼，雕凿木格细巧的花窗，描画云绕龙蟠的梁柱和藻井呢！

上：大同文庙
下：城墙

悬空寺

附：

题悬空寺

　　大同浑源县境内的恒山悬空寺，宛如九天宫阙悬
于山崖之上，险峻诡奇，堪称世界建筑一绝！

半是洞窟
半是楼殿
半是泥塑
半是石像
背依嶙峋峭壁
肩负巉岩危石
凌空悬挂
高高在上

似一幅版画
一墙浮雕？
还是 1500 年前的一方石印
镌刻在岁月长卷上？

你牵引着人们
如履薄冰的脚步
惊喜交集的目光
也牵引着人们的心灵
和思想
超凡脱尘
在儒释道之间
倘佯

9.
北门锁钥
代县

代县，古称代州、雁门郡，与西北二十公里处的雁门关一带曾经是古代中国的北部边陲。

北宋包拯在《论边将》中说，"缘代州与云（大同）、应（应县）等州相去甚近，路又平坦，古来最为难扼之区……"。从战国时期起，这里就是中原王朝与游牧民族地方政权对峙的前沿阵地，被称为"北门锁钥"。汉武帝时，卫青、霍去病和李广等名将曾在这一带与匈奴征战多年，唐朝也曾在此驻守重兵以防突厥内犯，北宋初期，这里更是宋、辽（契丹）激烈争夺的前线战场。宋太宗朝，以杨业为代州刺史镇守雁门关抵御契丹，从此，几代杨家将的命运便系于此地、鲜血洒在此地，一门忠烈的传奇也书写在这片土地上了。小时候就看过张令涛、胡若佛绘画的四集连环画《杨家将》，两位前辈连环画名家的这套经典作品曾让年少的我爱不释手，也因此熟知了杨家将的故事。我为撞死在李陵碑以身殉国的杨令公唏嘘，为英勇盖世却遭暗害的杨七郎流泪，对潘仁美则恨之入骨。

今天，当我行走在代县城区的东大街上，看到的是一座寻常北方小县城的模样。是啊，岁月更迭，沧桑兴替，这里早已不是历史上那座作为州府的北方军事商贸重镇了，也看不到清代《代州志》上记载的几十上百座衙署寺观和商号以及其他醒目的历史文化元素，直到那座雄伟的鼓楼映入眼帘。

雁门关

边靖楼

　　鼓楼又称边靖楼，守边安靖的意思，就坐落在县城中心南北东西四条大街交汇的十字路口。鼓楼始建于明洪武年间，砖木结构，三层四檐歇山顶，高二十多米，面阔五间，筑于十几米高的砖石台基上，气势巍然。后又经过明、清两朝多次修缮而不断加高，愈显雄伟，看上去不亚于北京的鼓楼呢！城楼正面高悬"雁门第一楼"和"声闻四达"巨匾，北面悬"威震三关"巨匾。游观之间，唐朝诗人王昌龄在诗中描写的"城南虏已合，一夜几重围"的烽火岁月仿佛出现在眼前。

　　不过，对今天的百姓来说，边靖楼已是一段淡远的历史。它所在的十字街口，已是这座小城中街肆碌碌的集贸中心。在边靖楼前的牌坊下，有冷饮和小吃的摊点一溜排开，摊主大声吆喝，行人来来往往，与古老的边靖楼组合成一幅古城市井生活的图景。

午后，来到不远处的文庙。没有游人。一群民工正坐在棂星门檐下高高的门槛上闲聊歇晌，见有人前来游览颇觉好奇。看介绍，这里是华北最大的州府文庙，始建于唐，后来历朝均有修复或重建，现存建筑主要为明代遗构。文庙整体格局基本完整，坊门池桥、殿堂廊庑等约定成规的建筑一应俱全。院内碑碣众多，但多为断碑拼接修补，显然曾遭"砸烂"，唯前院几株古槐，历经千年沧桑仍枝叶繁茂……

　　在庙内转过一圈，出外找一庇荫处写生。歇晌的民工们也刚好结束午休和我同时开工，就在近旁修路，电钻发出刺耳的轰鸣，一时间烟尘滚滚，大地如在颤抖。想到今后少有机会再来此地，便坚持画完。

　　县城向东 20 公里的鹿蹄涧村有供奉杨家将的"杨忠武祠"，始建于元，香火甚旺。

附记　在唐朝，有不少诗人名士从军戍边或出使塞外，留下了一批反映征戍生活和边地山川景物的诗篇，形成了中国文学史上独特的"边塞诗派"。王昌龄就是其中的代表人物、著名的"边塞三王"之一。另外"二王"为王翰和王之涣。

文庙

10.
晋中古邑
平遥

平遥有雄伟而完整的古城墙，有上百条明清形制的街巷，有 4000 余座明清宅院和历朝历代的寺庙观宇，其中历史价值较高的古建筑就有 400 多处……看看这些介绍就让人激动不已，身临其境更是能切身感受到它古老而又生机勃勃的生命活力——绵延千年的市井烟火依然旺盛，民风习俗还在传续，百姓故事仍在述说……它应该是国内现存最为完整的一座明清时期县城的原型，几乎就是孤本了。1997 年，平遥被联合国教科文组织列入《世界文化遗产名录》。

上、下：街景

平遥古称"陶"，相传上古五帝之一的尧受封于此，故尧帝又名陶唐氏。秦朝在此置平陶县，后为避北魏太武帝拓跋焘名讳改名"平遥"，沿用至今。平遥的筑城史可上溯至2800年前的西周，现存城墙为明初修建，砖石垒砌，厚重坚实，城楼巍然，雉堞连绵。城郭为四方形，但南北各开一门，东西则各开二门，形似南头北尾，东西两侧上下四足的龟状，故又有龟城之称。游人可在城垣上乘三轮车绕行，既可俯瞰街巷万家，又可纵目山川秀色，如同腾云驾雾在半空中一般。

　　平遥城内较完好地保存了明清时期的街坊格局，街衢纵横交错，井然有序。沿街一字排开各色商号店铺，大都为一二层的砖木结构老屋，青瓦悬山顶，屋檐翘角，店面雕绘，店幌招摇。南大街上，一座轩昂崇丽的市楼跨街而立，是平遥城的地标。市楼贯通南北，东西则沿街，但东西两侧的台基上各开了一道砖券拱门，与南北大街形成了一个象征性的十字形。大街上人流如织，熙来攘往。

城门

街景

　　从东西与南北两条主街相交的十字街口向西，不远处就是我国第一家金融汇兑机构，被称作"中国现代银行始祖"的"日昇昌"票号。票号创始人雷履泰受亲友间经商时异地汇兑的启发，敏锐地发现其中的商机远优于其他生意，便在清道光年间开办了这家专营汇兑的票号。随着业务的发展，"日昇昌"的分号一度遍及全国各大商埠，于是引来更多晋商对票号的投资。山西票号在鼎盛时期几乎独占全国金融资本市场，曾一度令人难以置信地掌控了满清王朝的经济命脉，写下了晋商在中国金融业发展史上的重要一页。今天，已是烟云散却，繁华消歇，"日昇昌"票号已被辟为"中国票号博物馆"，供往来过客感知和了解那段不平凡的历史。

平遥较完好地保存了自唐朝以来历朝历代的寺庙殿堂建筑，有始建于北齐的双林寺，寺内存有元代至明代的上千尊彩塑造像；有始建于唐朝的清虚观，按照古代城市道东佛西的传统布局，坐落在城内东大街上；有建于北汉的镇国寺，是我国现存最古老的木结构建筑之一；有始建于北魏的平遥县衙，其中现存最早的建筑为元代遗构；还有始建于唐、重建于金代的文庙等古建筑，文物古迹价值之高为国内罕见。

上：清虚观
下：古县衙

上：日昇昌票号

下：镇国寺

这些古物遗迹纵贯上千年，横跨儒释道，岁月精雕细琢的印记如影随形地附着在它们身上。行走在这些古老的建筑之间，仿佛在千年岁月中往来穿越！

附记 关于"日昇昌"的字号，当地人说从左向右顺着念是"日日升"，从右向左倒着念还是"日日昇"，颇有意趣。有不少书上把"日昇昌"简写成"日升昌"，就辜负其中的妙意了。

11.
三晋雄藩
太原

山西在春秋时期属晋国，故简称"晋"。春秋末年，晋国韩、魏、赵三大家族分晋自立，山西就又有了"三晋"大地的别称。在今日太原以南晋水之北，历史上曾有一座名字很美的城池——晋阳。在它长达1300多年的建城史中，一直是我国北方的一座政治军事重镇——南北朝时期北齐的别都，五代十国时期北汉的都城，也是唐高祖李渊起兵反隋建立大唐的"龙兴"之地。直到北宋征服北汉，为"斩断龙脉"而将其付之一炬，从此灰飞烟灭。后人素以晋阳为太原之根脉，且常以晋阳来指代太原甚至山西，"文革"前有一部描写山西抗战的长篇小说就叫《晋阳秋》。

太原历史文化的第一胜迹当属位于西南郊悬瓮山麓下的晋祠了。晋祠最早是祀奉西周成王之弟——晋王姬虞的祠堂，后经历代营造扩建，形成了如今古木苍苍、流泉淙淙、殿堂亭台楼阁百余座的北方古典园林。晋祠内有金代的献殿、宋代的圣母殿、明代的水母楼和清代重建的唐叔虞祠等历朝历代的建筑遗产，蔚为大观；儒释道三教在此共享香火，叔虞与释迦牟尼、太上老君和关帝爷等相聚一堂。和江南园林相比，晋祠或许稍逊精巧娟秀，却更有历史的厚重感，气概苍凉。

晋祠

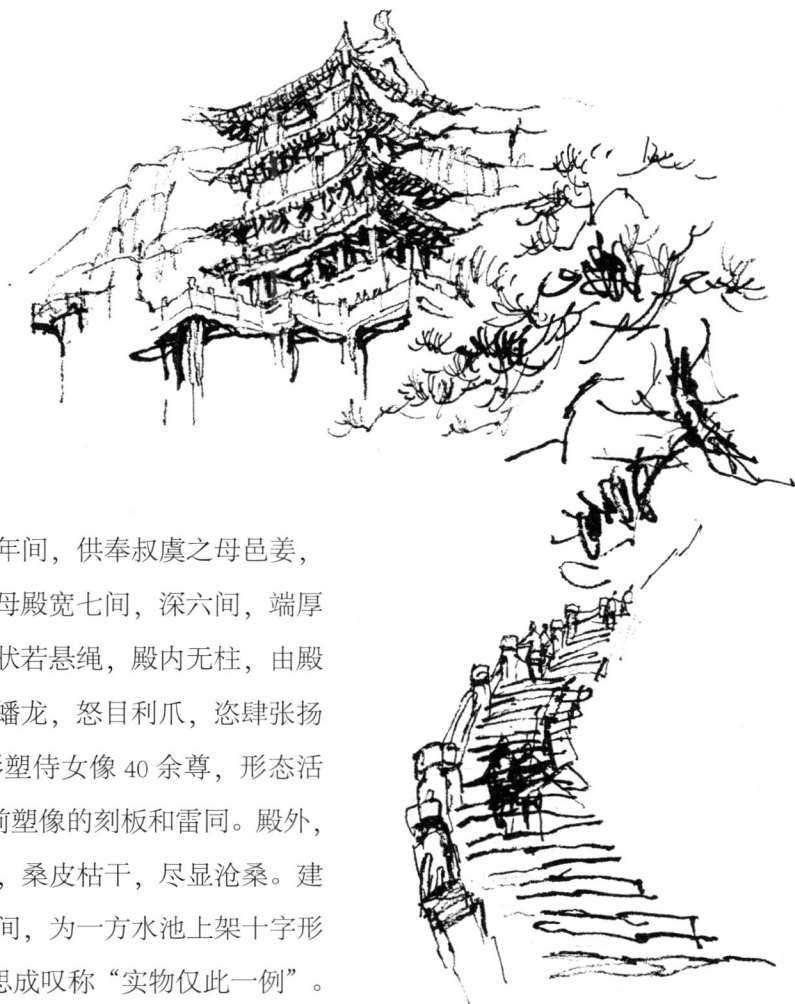

天龙山石窟

晋祠的主殿圣母殿始建于北宋天圣年间，供奉叔虞之母邑姜，使晋祠有了山西祖庙和宗祠的意思。圣母殿宽七间，深六间，端厚阔达，四檐挑角，檐形两头高中间低，状若悬绳，殿内无柱，由殿前八根木柱支撑，上饰镌镂精工的木雕蟠龙，怒目利爪，恣肆张扬之态栩栩如生。殿内左右两庑有宋代彩塑侍女像40余尊，形态活泼，面目俊俏、表情丰富，迥异于宋以前塑像的刻板和雷同。殿外，3000年的周柏或挺立或斜卧，蟠枝屈虬，桑皮枯干，尽显沧桑。建于宋代的鱼沼飞梁位于圣母殿与献殿之间，为一方水池上架十字形桥，形如大鹏展翅，构思奇巧独特，梁思成叹称"实物仅此一例"。在此方寸之地，竟然满目瑰宝，且皆为冠绝海内、天下无双之物！

次日前往太原市西南40公里处的天龙山石窟，先驾车从山道盘旋至山腰再登石阶而上。山道一路陡仄，左仰峭壁，右俯深谷，两车仅可勉强交会，真是步步惊心，到了山门，悬着的心才算放下。石窟分布在东西两峰山腰的悬崖之上，登山途中几无游人，四围峰峦环峙，重嶂竞秀，苍松擎天，飞泉奔泻。我们循着泉声，随着鸟鸣，一路登高，远眺石窟的殿阁式门楼隐约于半空烟云之际，恍若天界。

天龙山石窟的营造始于东魏，北齐、隋唐相继，历数百年，开凿石窟20余座。其中东魏与北齐为鲜卑族政权，但造像多为汉人面貌，可见当年北魏孝文帝致力推进的汉化运动已见成效。唐代开凿的石窟最多，其中第九窟"漫山阁"令人印象最为深刻，这是一座上下两层的大窟，上层有8米高的弥勒大佛，下层有观音、普贤等佛像，或坐或立，神态庄穆，面向身下环列拱揖的群峰。

天龙山石窟规模较小，损毁较为严重，有天灾也有人祸，令人惋惜。但就沿途风光景色而言，却是比其他石窟要更胜一筹呢。

去过了晋祠和天龙山，太原还能给前来访古探幽的人们看些什么呢？永祚寺的双塔在林立的高楼间不再显得耸峭，纯阳宫在五一广场的市声中失去了宁静，十多公里长四十米宽的迎泽大街使巷陌交织的古城变得方正平直……今日太原，正以浩荡之势朝着现代大都市的方向飞奔而去呢！

上：五一广场前的现代雕塑
下：太原文庙

12.
晋商之乡
祁县

从太原到祁县约 70 公里，驱车一个多小时就能抵达。

祁县地处晋中，在它周围方圆百里之内坐落着太谷县的曹家大院、灵石县的王家大院、榆次县的常家大院以及祁县本地的乔家和渠家等晋商的豪宅大院，故有"晋商之乡"之称。

按说山西地处黄土高原，并非富庶之地，自古又是中原王朝与草原政权鏖战连年的前沿，而晋商却能称雄明清两朝商界而成为中国十大商帮之首，堪称我国古代经济发展史上的奇迹！我想无非是"天时""地利""人和"三者齐备吧。首先，从明朝起朝廷逐渐放开对蒙古和沙俄的边境贸易，山西与蒙古接壤，可谓欣逢"天时"；其次，山西虽土地贫瘠，却交通便利，毗邻京畿且还是"川陕通衢"，有"地利"之优；最为重要的是晋商自创业之始就重"人和"，把儒家精神融会于经商活动中，讲家族团结，同乡情谊，遍布全国各地的山西会馆便为明证。不少明清时期的山西会馆现已成为当地重要的文物古迹了，颇具名声的有安徽亳州的花戏楼和山东聊城的山陕会馆等。这些山西会馆既是为同乡商人提供便利的驿馆 (如同今日各地设立的办事处)，同时也都是关帝庙，供奉山西人引为自豪的"老乡"关云长，崇尚他所象征的"千秋之义"。"信义为本，利禄为末"逐渐成为晋商文化的重要理念，"利以义制"的"义利观"也为晋商赢得了更多的商机，成就了晋商的辉煌。这对于今日某些"义利观"本末倒置、人心不古的商家而言，不失为暮鼓晨钟吧。

祁县老城方方正正，十字主街贯通四方。城区不大，站在城中心的十字路口，东南西北皆可一眼望穿，两个来小时便可转遍全城。城区沿街多为明清风格的老旧铺户和宅屋，可能是宣传推介还不够吧，街面上游人不多，门市冷落，昔日富庶荣华的印迹仅在雕镂精工的门楼屋楣上依稀可见。

渠家大院就坐落在县城东大街北侧，建于清乾隆年间。大门形如城堡的碉楼，开在沿街鳞次栉比的老屋门楼和商号铺面之间，十分低调。入内却是柳暗花明，堂皇富丽。庭院五进深，屋宇数百间，大小错落，布局恢宏，各类木雕、砖雕和石雕的雕饰琳琅满目，还建有牌楼和戏台。渠家靠小生意起家，几代人积铢累寸终于水到"渠"成。

上：祁县街景
下：渠家大院

乔家大院则位于祁县老城十几公里之外的乔家堡村，也建于乾隆年间。因作为电影《大红灯笼高高挂》和电视连续剧《乔家大院》的拍摄地而蜚声海内外，整日游客盈门，络绎不绝。相较渠家大院，乔家占地更大，屋宇庭院更多，整体布局如一"囍"字，步入院内，大院套小院，前院连后院，如陷迷宫。乔家大院为城堡式建筑群，四围有十多米的高墙环绕，不与民居相邻，颇有些庙堂官宦之气。

　　这乔、渠两家并称祁商"双璧"，它们不仅各自富甲天下，后代还有联姻之亲，真可谓名副其实的强强联合呢！

上：乔家大院

下：太谷县的曹家大院，又名"三多堂"

上：晋商大院中规模最大的王家
大院，位于晋中市灵石县

中、下：榆次的常家大院

13.
千年绛州
新绛

山西地处黄河流域，是中华民族的摇篮，传说中上古五帝的唐尧和虞舜都是山西人。

在山西南北550公里长的土地上可谓文物遍布，古迹满地，俗话说"地下看陕西，地上看山西"嘛。可山西也只评出了六座国家级历史文化名城，远少于江浙鲁豫各省，可见对山西的要求还很高哦！这使我不由得对六座"名城"中的新绛县产生了好奇，这座鲜为人知的城市有着怎样的历史风貌和文化特色，能在古城云集的山西省据有国家级名城的一席之位？

2013年，从陕西前往河南的途中顺道前往一访。

新绛地处山陕交界，历史悠久，从春秋以来，一直是山西南部的政治军事重镇。史上曾数易其名，自南北朝时的北周起，名"绛州"而历1300余年。隋唐金元各朝均在绛州设治所布重兵统辖一方，同时，绛州也是山陕鲁豫诸省通衢，交通便利，四方商贾往来辐辏，曾有过繁荣的岁月。

史志上说，新绛地形"笼丘临川"，北高南低，状如卧牛，街巷格局依唐代形制，有三关五坊、两门六十二巷等等。但行走在县城的街道上，并未明显感受到这种里坊结构的城市格局，看到的却是一座半新半旧的普通北方小县城样貌。直到市中心广场北坡上一片飞檐梵宇的寺院群落和一座凌空耸立的宝塔出现在眼前时，才感觉眼前一亮。据说当年宋太祖赵匡胤曾寓居此寺，故名"龙兴寺"。寺旁的龙兴塔已巍然挺立千年，如柱如锥，直指云天。这是今日新绛最醒目的历史文化地标了！但龙兴寺山前广场上一左一右架起了两块巨大的电子屏，还建了一家百货超市，风格便显得混搭。

一路寻着去了绛州大堂。绛州大堂始建于唐，自唐至元的六七百年间声势赫奕、雄镇一方。我国古代州衙正堂的规制通常为五间宽，绛州大堂独宽七间，可见其地位之重。大堂曾被用作小学校舍多年，现已迁出，留下了一座高大空阔的木构框架，正在将修未修之际。堂前立柱粗壮厚实，与横梁叠架承重，一人难以合抱。横梁和立柱皆为原木稍加砍削而成，粗厚敦朴。

绛州有钟楼、鼓楼和乐楼，并称"三楼"，而大多数古城只有鼓楼或市楼。绛州"三楼"以鼎立之势并峙于城西一片高岗之上，可谓古城独有之景观！其中乐楼为节庆时酬神演戏的戏台，建筑最有特点，楼高两层，筑于台基之上，楼上中间出抱厦一间，楼台前地势为斜坡状的半圆形，可容上千人观看。但"三楼"皆荒落失修，呈破旧之相，周围环境尚未整治，屋舍杂乱，几无游人。

半天下来，对这座国家级名城还是颇有些失望的。

在龙兴寺前广场上和绛州大堂前各画了一幅速写，算是到此一游了。

离开县城时，阴沉了一上午的天空飘起了小雨，龙兴塔在迷离的烟雨中显得孤寂而苍凉。

上：绛州大堂
下：龙兴寺龙兴塔

14.
塞外青城
呼和浩特

与中原的千年古城相比，呼和浩特是年轻的。它建成于明万历年间，距今400多年。因城墙用青砖垒砌，人称"青色之城"，蒙语即"呼和浩特"。明、清两朝以征服者的语气称之为"归化"，后改名"归绥"，民国时沿用，1954年起用现名。呼和浩特北枕大青山，南濒大黑河，为贯通华北、东北、西北的"三北"枢纽，雄镇北方的重要门户。

位于呼和浩特的内蒙古艺术学院，与南京艺术学院属同类院校，互访交流频繁，我因此去过呼和浩特两次。第一次是1998年，参加内蒙古艺术学院承办的"全国旋律学学术研讨会"。那时呼市给我总的印象是颇为老旧，但老城区保存较完整，少有高楼，小街小巷枝枝蔓蔓纵横交错。大召寺、五塔寺、清真大寺等建筑连同街肆宅屋多是青砖青瓦砌就，绵延铺展着一片青灰的色调，苍凉而古朴。

街景

十几年后第二次去呼市，这里已是高楼林立面貌一新了，在这十几年中，呼市显然经历了一个突飞猛进的发展。古迹遗产星星点点地散落在繁华街市的皱褶中，曾经连绵成片的青灰色间插在高楼广厦的缝隙间，老城区仿佛被一双巨手悉心整理了一番，岁月枝干上的细枝末梢被修剪得光洁平整。

上：清真大寺

下：大召寺

　　呼和浩特的历史文化遗产是极丰富的。呼市又称"召城"，市境内召庙众多，如大召、小召、席力图召等，大都建于明朝，多为汉藏合璧的建筑风格，即在飞檐斗拱歇山顶的汉式佛殿前部，有一座喇嘛教二层楼阁结构的经堂，样式独特。郑振铎先生认为经堂与佛殿在结构整体上不太协调，并非原构，应该是在汉式寺庙基础上增补加建的。诸召庙中，大召寺建立最早，地位最高，在明清两朝有"七大召之首"之称。席力图召曾经是三世和四世达赖喇嘛的传教场所，也有很高的地位，寺内还立有康熙的"平定噶尔丹纪功碑"。大召寺佛殿内供奉的银铸佛像则为稀世之宝。

呼市南郊有昭君墓，是呼市又一张历史文化"名片"。昭君名王嫱，是有"落雁"之美誉的中国古代四大美女之一，且为四位美人中受历代文人骚客笔墨最多者。人们为她与匈奴"和亲"换取了中原王朝80多年的安宁而感恩，为她"妾心终许国"的气节而赞美，清绥远城将军彦德有诗："一身归沙漠，数代靖兵戎。若以功名论，几与霍卫同。"也有人为她毕竟收获了一份爱情而宽慰，如王安石诗云："汉恩自浅胡自深，人生乐在相知心"，但更多人则为她受害于宫廷腐败而离别故土亲人远赴朔漠再无归期而怜悯惋惜！

对此最痛心疾首的当属汉元帝了。东晋葛洪所撰《西京杂记》中有"王嫱"一篇，讲述昭君因不愿贿赂画师而未获元帝宠幸并被赐婚匈奴王，"及去，召见，貌为后宫第一，善应对，举止娴雅"。元帝追悔无及，恼羞成怒，之后"穷案其事。画工皆弃市……"可怜那些只擅花鸟走兽的画师亦遭株连，"京师画工，于是差稀"。

昭君墓

昭君墓顶常年绿草覆盖，松柏掩映，远望黛色溟蒙，杜甫有诗"独留青冢向黄昏"，故名"青冢"。"青冢拥黛"是呼市八景之一。墓前有昭君与丈夫——匈奴单于呼韩邪骑马并辔而行的大型铜像，为近年落成。

15.
东北首府
沈阳

五月，受文化部之聘来沈阳音乐学院担任文华奖民族器乐比赛的评委。

比赛日程排得很满。每天一早从住处出发，穿过一条车辆行人互不相让的险情四伏的马路到达赛场，然后是连续四小时的比赛评分。中午回去用餐，稍事休息，下午照旧，如此每天两点一线，几无闲暇。

街景

整个赛程中只有复赛结束、决赛开始前有半天休息。在连续几天大雨后，那个空闲的上午恰好放晴。几天的雨水冲洗，使这座重工业城市的空气变得较为清新，阳光并不强烈，柔柔地铺洒着，给人温和的暖意。我立刻毫不迟疑地打车前往市中心的老城区。

在怀远门内的仿古街区下车后偶一回首，视觉被撞击了一下，只见一栋摩天高楼仿佛从半空中悬挂下来一样与怀远门城楼紧紧重合在一起。这是城市建设中的一处败笔还是有意为之呢？设计师是想以此来体现时光的浓缩、历史的穿越或是岁月的碰撞吗？

老城区怀远门

　　匆匆来到故宫，跨入那扇厚重的布满铜钉的朱漆大门，就跨入了一段厚重的历史。这里是满清王朝入关之前的大内宫城，大体上由两处风格迥异的宫殿建筑群构成。东侧的大政殿群落是清太祖努尔哈赤的宫殿，院内以八角重檐攒尖顶的大政殿居中，两翼各五座方亭呈八字排列，状若雁阵，分别代表左、右翼王和八旗部落，称为十王亭。这是一种草原部落议事时的军事营帐排列形式，是早期草原部落联盟下贵族民主制组织架构的体现。

沈阳故宫

居中是崇政殿宫殿群，是皇太极当年即"汗"位后所建。崇政殿建筑基本按中原王朝的宫殿样式和形制建造，中轴线上高廊雄殿，重重进深，两侧配殿呼应对称，规整庄重。可见儒家文化已远播塞外之地，为草原民族所接受。

就在这崇政殿中，已统一东北而开始虎视中原的皇太极改国号"金"为"大清"，改族号"女真"为"满族"，称祖地为满洲。因按照我国古代"五行"相生相克之说，中原朱明王朝的朱、明二字皆有"火"的含义，而"火"要克"金"，故皇太极去"金"，以"清"和"满洲"的"水"来克"火"。同时，他还改年号"天聪"为"崇德"，与明"崇祯"针锋相对。最重要的是他不再称"汗"，而按照汉制改称皇帝，这意味着草原部落世代沿袭的贵族议事制度到此终结，此后，大清朝只有一个主子，奉天承运君临天下，其他人都是奴才。

走走看看之间，画了两幅速写。想想三百多年前，清帝与八旗首领就是在此运筹谋划、调兵遣将，最终一举破关入主中原的。如此看来，足下这片方寸之地曾经决定了中国好几百年的命运呢！

几年前曾来过沈阳，但来去匆匆浮光掠影，未及仔细游览被列入《世界遗产名录》的一宫（故宫）二陵（昭陵、福陵），这次来沈日程安排又格外密集，以半日闲暇重游了一趟故宫，二陵却再无时间光顾，只能留待日后了。

离开故宫已是午后，匆匆打车赶回赛场。当日正遇上严重堵车，司机牢骚满腹骂了一路。眼见音乐学院的校舍已经在望，车却堵得不能再前进一步，只得下车跑步前往，终于按时抵达赛场。

几分钟后，竞争更加激烈的文华奖决赛就开始了。

张氏帅府曾是张作霖父子的官邸，现为"张学良旧居陈列馆"

16.
北国江城
吉林

昨日午后的一场大雨，使今天的吉林市晴空万里一碧如洗，几缕白云淡淡地飘浮着，虽时已初夏，微风拂过仍能感到一丝凉意。我在位于长春的吉林艺术学院参加了中俄艺术院校联盟的签约活动后，离返程还有一天时间，便再次来到这座东北小城一游。

历史上，作为城市的吉林要远早于吉林省的出现。吉林城建成于1673年，是当时满清政府统辖松花江、乌苏里江和黑龙江流域地区的重镇，也是东北地区政治、经济和文化的中心之一。在满清王朝入关后的前260多年时间里，东北没有分省，统称满洲。直到1907年，清政府才在东北设立黑龙江、吉林和奉天（即辽宁）三省，史称"东北改制"。吉林设省后吉林市一直是省会所在地，直到1954年省府才迁往长春。

吉林市山环水绕，在黑土千里的东北大地上堪称山水之城。松花江如白练般弯弯曲曲穿城而过，使吉林城区三面临水。康熙当年东巡到吉林时，曾赋诗为记，其中有"连樯接舰屯江城"之句，故吉林有"北国江城"之称。市中心高高矗立着一座船工摇橹的雕像，让人一时间仿佛置身南国，而这却是这座东北城市的象征。

吉林市中心

天主教堂

　　吉林城是满族的重要发祥地，但在匆匆的游观中，却给我留下了文化多元而包容的印象。就在市区的松花江边，耸立着一座天主教堂，高高的尖顶直探云表，历经大半个世纪的风雨沧桑仍保存完好，此时正有新人在举行婚礼呢。不远处则有一座清真寺，金色的穹顶在阳光下熠熠闪亮。再往前走，来到一片空敞的广场上时就看到那座葱翠秀碧的北山了。据同行的吉林艺术学院老师介绍，在这广场的位置上，原来是一所学校和老旧杂乱的居民小区，把北山遮挡得面目不清，是温家宝总理前来视察时建议搬迁了这片小区和学校，建成了如今的这片城市广场，风物茜丽的北山也就一览无余地展现在世人眼前了。

远望北山的东侧山头，绿荫掩映中是一片古建筑群，楼台缥缈，杰阁相望。这些建筑大都建于清康熙和乾隆年间，依山就势而筑，高低起伏，错落有致。山顶迎面正前方的照壁上大书一个"佛"字，但上山来到照壁前却发现是一座关帝庙，庙虽不大，却悬挂有乾隆手书的"灵著幽岐"匾额而"蓬荜生辉"。正殿前有"朝瞰台"，凭栏远眺，景象佳绝，松花江的烟霭波光尽在眼底。拾级而上殿阁重重，分别是药王庙、坎离宫，直至山顶的玉皇阁……儒释道的祖师圣人在此同堂供奉，"合署办公"，各路菩萨神祇五花八门，济济一堂，使小小的北山香火蒸腾，好不热闹。

北山

　　如果冬日来吉林，兴许能邂逅雾凇妙景，这将是一大快意之事。雾凇是松花江寒冬清晨的水雾之气凝结衍化成的瑰丽景致，号称中国四大自然奇观之一。我上次途经此地是1997年的岁末，虽是严冬寒冷彻骨，却有幸见识到了雾凇非凡的姿容。其时，放眼两岸烟林、千山云树，皆成一片水晶世界，那晶莹欲滴玲珑剔透的玉树琼花，瞬间将你带离红尘凡世，直抵仙界幻境。

17.
冰城夏都
哈尔滨

哈尔滨是满语"晒网场"的意思，在相当长的岁月里，它是松花江畔一处寂寂无名的渔场。直到十九世纪末，沙俄以哈尔滨地区为中心修筑中东铁路，吸引了工商业和人口向这一带迁徙聚拢，哈尔滨才作为城市开始兴起，距今仅一百多年，是国家级历史文化名城中最年轻的一员。

第一次去哈尔滨是 1997 年的冬季，领教了西伯利亚寒流零下几十度的彻骨寒冷，但也因此欣赏了"冰城"的冰雪艺术精品——冰灯和雪雕！东北的冰灯雪雕活动始于清初，相传至今，算来已有三百多年了，现已成东北多地冬季的一大风俗盛事，正愈臻成熟和完美。当我们在迷离光影的映照下，步入一个个冰雪筑就的场景中，就如同来到了介于真实与梦境之间的童话世界里，在五彩缤纷的幻境中目眩神迷。

第二次去哈城是十年之后的 2008 年夏天，其时国内大部分地区已热浪蒸腾，哈尔滨却是一片清凉世界。人们戏言炎夏时节提起"哈尔滨"三个字都有降温功效，前来避暑的八方游人更是肩摩踵接。

来哈尔滨必去之处是市中心的圣索菲亚教堂，这应该是国内现存最正宗的拜占庭风格教堂建筑，也是哈尔滨的城市地标和历史文化的象征。索菲亚教堂始建于中东铁路修筑之时，原为沙俄军队的随军教堂，后经过长达 20 多年不断的修缮和重建，一砖一石，慢工细磨，终于成就了今天这件不凡的建筑艺术作品。教堂平面呈十字形，主楼洋葱头式的穹顶仰插云日，四边辅楼的"帐篷式"尖顶高低错落，红褐色的砖墙上，罗马样式的拱券高窗雕饰繁丽，正门的顶部有设计精美的钟楼……在熙攘的人流中，我选择了一个角度写生，但拙笔实难表现其壮丽之一二。

哈尔滨曾有"教堂之城"之称，除了这座索菲亚教堂和已被拆除和毁坏的教堂外，迄今仍有约二十座教堂散布在城市各处。这些教堂与中央大街上的"万国建筑博览会"、老道外的巴洛克建筑群就是哈尔滨用砖石砌就的一段历史，见证了二十世纪初以欧洲为主的十几万外国侨民寓居哈尔滨的那段特殊岁月。

圣索菲亚教堂

哈尔滨还有"天鹅项下的珍珠""丁香城""东方莫斯科"和"东方小巴黎"等别称,但最让市民引以为豪的是联合国教科文组织授予的"音乐之都"称号,而且是亚洲唯一获此称号的城市。回眸上世纪初至今的一百多年间,哈尔滨从一座新兴小城起步开始,就以欧洲侨民为主创办了国内首个交响乐团(俗称老"哈交"),建起了剧场和音乐厅,经过几十年持续不断的发展,不仅收获了"远东第一交响乐团"的美誉,还先后成立了歌剧团、管乐团、合唱团和轻音乐团等音乐团体,各种音乐活动丰富多彩,为这座城市累积了丰厚的音乐底蕴。"哈尔滨之夏音乐会"从 1961 年第一届拉开帷幕起,至今已举办了 34 届,成为与"上海之春"国际音乐节、广州的"羊城音乐花会"并称的中国三大音乐节之一。

中央大街

　　哈尔滨的专业音乐教育历史悠久，上世纪 20 年代，哈尔滨就有了俄罗斯侨民创办的国内首个音乐学校，外侨在哈尔滨建立的音乐学校最多时有近 30 所，其中包括著名的格拉祖诺夫高等音乐学校、哈尔滨第一音乐学校等，为国家培养和储备了不少音乐人才。1958 年，哈尔滨艺术学院音乐系成立，老一辈作曲家汪立三和蒋祖馨等先生都先后在此执教。

　　汪立三先生曾是上海音乐学院作曲系的高才生，1957 年被打成"右派"下放北大荒，1963 年"摘帽"后到哈尔滨艺术学院任教，1965 年"哈艺"并入哈尔滨师范学院艺术系，汪先生在那里工作直到退休。汪先生一生并不平坦，但天性乐观爽朗，兴趣广泛，还热爱绘画，尤喜爱现代风格的美术作品。他以日本画家、散文家东山魁夷的绘画作品为题材创作的钢琴组曲《东山魁夷画意》是中国钢琴作品中的经典之作，他的另一部钢琴套曲作品《他山集》我也曾认真研析，他是我敬仰的前辈。

18.
东南都会
上海

在我国的历史文化名城中，上海的城市发展轨迹和天津颇相似。我国历史上历代封建王朝向以"中央天朝"自居，眼睛朝内而非向外，对海洋并不乐见。因此，位于渤海之滨海河入海口的天津和位于东海之滨长江入海口的上海这两处"江海通津"之地向来不受"天朝"重视。两城成埠的历史都与一场屈辱的战争有关：1843 年鸦片战争后签订的中英《南京条约》使上海成为通商口岸，十八年后爆发第二次鸦片战争，城下之盟《天津条约》的签订使天津开埠。

上海是我的故乡，我在那里出生直到中学毕业后离开。我不想因自己的怀乡情结而影响对它的客观描述，却还是忍不住要给它点赞和好评！

上海曾是"冒险家的乐园"、纸醉金迷的十里洋场，却也人文荟萃，是中国近现代的文化重镇；它时尚前卫新潮，但不乏岁月积淀下的古朴韵味；它广厦林立的繁华市区并没有分割或切断旧街市的历史脉络，棋盘般方正的通衢大道仍与密如蛛网的弄堂小巷交织。有人说上海是"物质的""拜金主义的"，但它崇尚实干，富有契约精神；有人说它重功利讲实惠，却不能否认它很小资也很有血性。这是一座让人感到松弛而不紧张，舒坦而不压抑的城市，这里细致多于粗放，理性多于偏激，它的丰富多元和包容，是来到这里的人都能有所体会的。

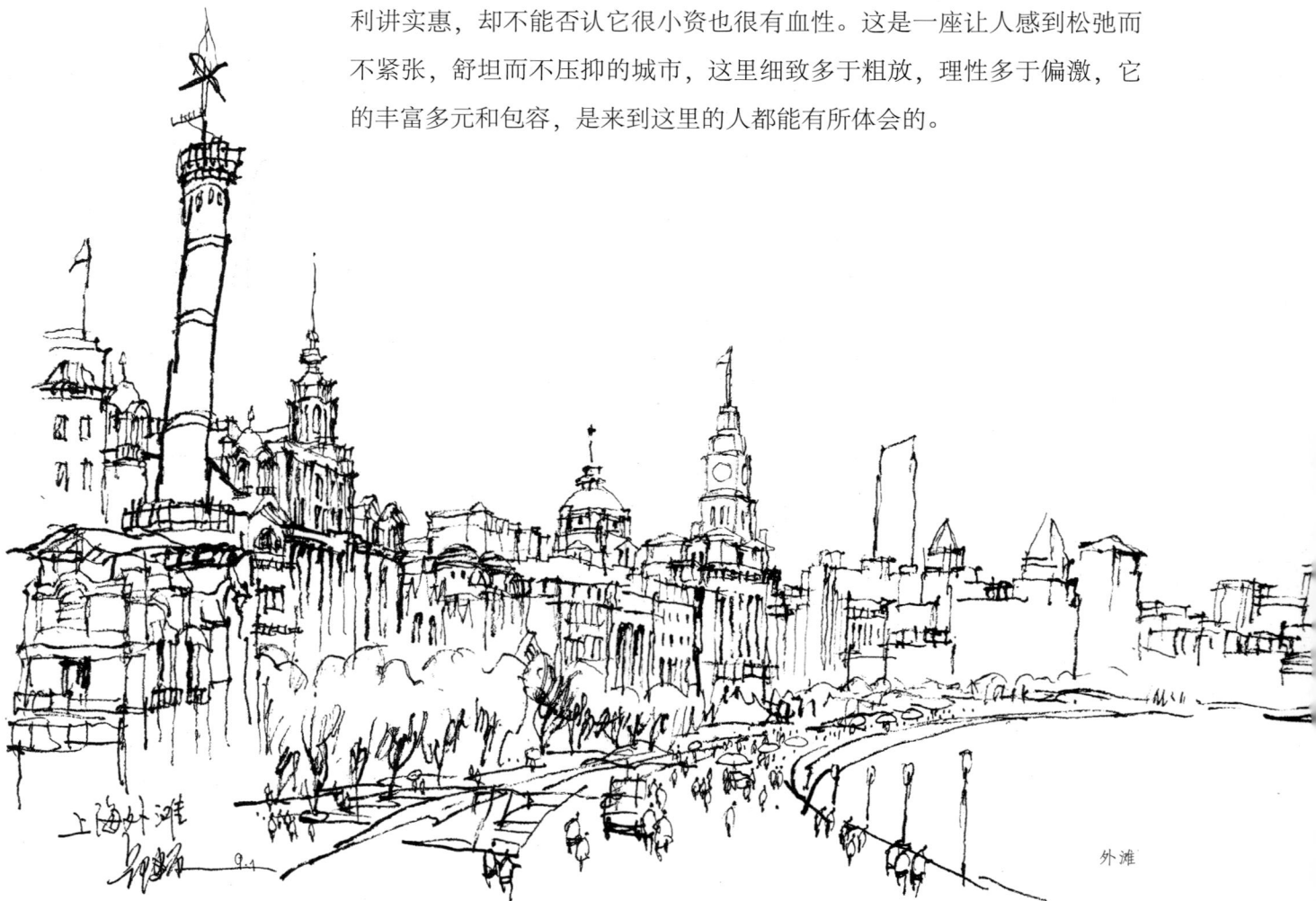

上海外滩

外滩

以下是在几十年中断断续续画下的一些速写和零零碎碎记下的感受和随想等。

新外滩

外滩 是上海的地标，是万国建筑的博览会，是新上海与老上海隔着黄浦江的对视，是两种建筑文化和美学的相互映照，是历史与当下的穿越……

豫园与城隍庙 这是两处最有老上海风情的景观，位于上海"老城厢"的繁华地段。"庙"与"园"均建于明朝，毗邻相连。豫园原是一座私家花园，"豫"同"愉"，有"愉悦"之意。整座园林结构别致，园中套园，富江南园林之胜。上海作家王安忆评说它是"供人欣赏精微、欣赏小的妙处……是炫耀技巧和聪明的"。城隍庙曾是一座香火旺盛的道教宫观，如今这里廛肆如栉，商贾并辏，成了市井百姓休闲游乐购物的热闹街市。童年时，父母亲如能带我们去城隍庙尝尝小吃，到层楼映水的湖心亭边转转，在迂回转折的九曲桥上走走，便是最快活的时光了。

上、下：城隍庙

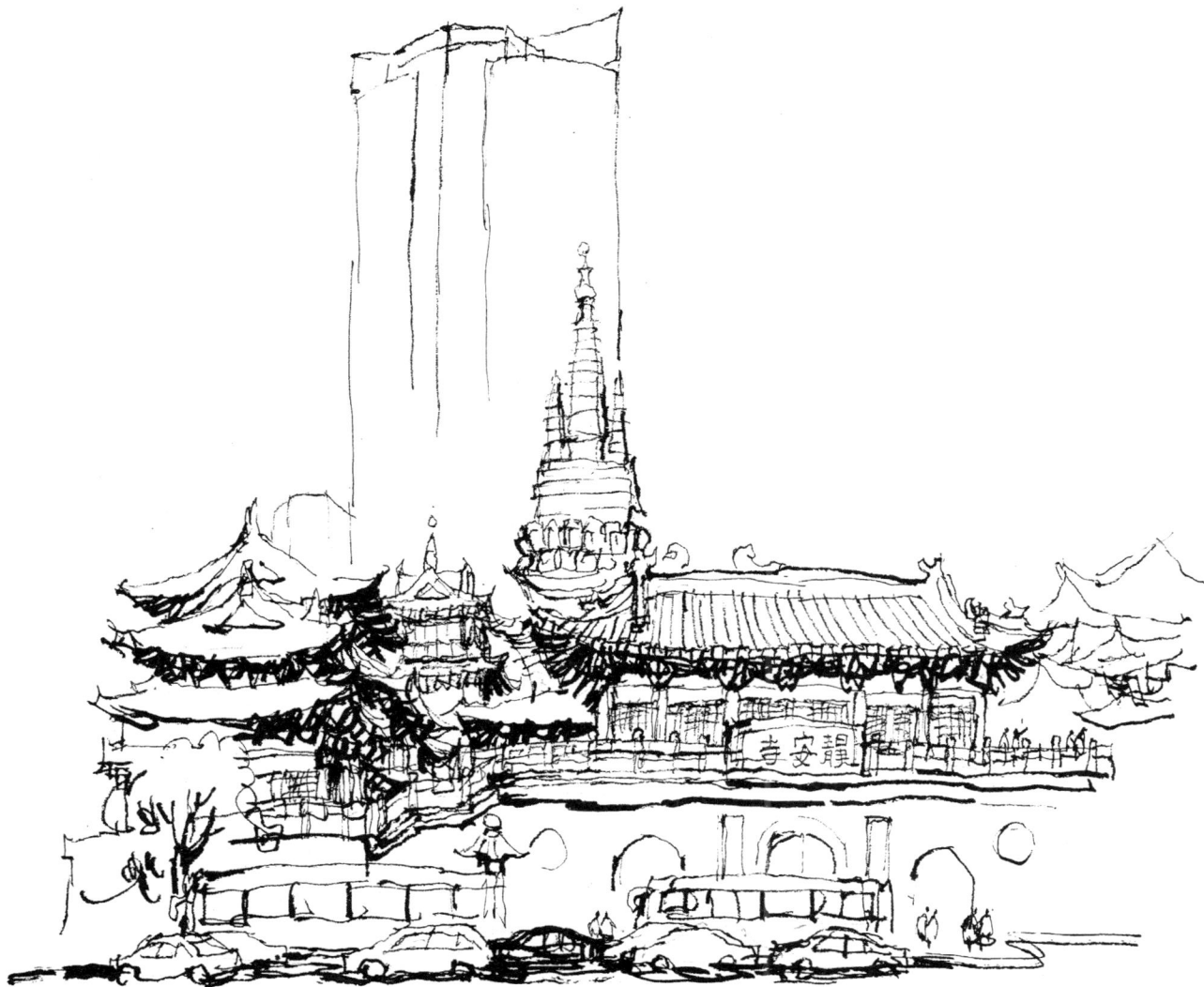

上海静安寺

　　静安寺　几天前偶然经过南京西路，见林立的高楼间忽然出现了一片金碧辉煌的梵宇佛阁，辨认了一下这应该就是静安寺吧？静安寺是沪上家喻户晓的第一禅林，但在"文革"中损毁严重，一度萧条冷落。因此在我少年时代的记忆中它更像一个地名，比如人们说要去静安寺，并非是要去这座寺庙，而是要去它所在的南京西路那一带。"文革"后听说静安寺恢复开放，但一直没有去过，这次偶遇，见这座江南名刹竟有了这凤凰涅槃般的升华，真恭喜上海又新添一景了。静安寺相传创建于三国时期，迄今已逾千年，历史上曾数易其名，而我最喜现名"静安"。它地处沪上最热闹的南京西路商业区，终日车流如水，人行如鲫，"静安"二字尤其显得珍贵——任这世上市声盈耳，嚣尘万丈，我自心静而安！与陶渊明的"心远地自偏"是同样的境界啊！

多伦路文化名人街 走进四川北路上这条 "L" 形的小街，不少人物雕像立刻映入眼帘。这些雕像栩栩如生、形神兼备，你一眼就能认出他们是谁。"郭沫若" 端坐着若有所思，"丁玲" 还像个青葱女生，"鲁迅" 则微仰着头在和两个青年促膝交谈，旁边还留着一张空椅子等你加入……原来上世纪 30 年代，鲁迅、郭沫若、茅盾和郁达夫等一批文学名人都曾在此生活和工作，茅盾的第一篇小说《幻灭》和叶圣陶主编的《小说月报》都是在这里完成的。一条多伦路，藏着半部中国近代文学史啊！

多伦路上的建筑很有特色，是老上海石库门弄堂风情与异国风格小洋楼的混搭。漫步其间，会撞上不少民国名人要员的公馆故居。近代文化史上颇有影响的左联机关、艺术剧社和内山书店等旧址也都还在，把人带入那一段风雨如磐而又激情燃烧的岁月，带到中国近现代文学史上那些曾经叱咤风云的文学巨匠身边。

多伦路上有好几家旧书店，让我度过不少快乐时光。

多伦路

南翔镇　近年来，政府在上海的近郊开发出不少古色古香的小镇，有"高屋窄巷对街楼，小桥流水处人家"的千年古镇练塘，有宋庆龄的出生地——川沙镇，杜月笙的家乡高桥古镇，电影《色戒》的外景地——新场镇等。我最喜欢的两个古镇是朱家角和南翔镇。南翔镇有千年历史，镇口那一对建于五代时期的砖塔似亭亭玉立的佳人，青砖垒砌，精俏玲珑，尤令人喜爱。古镇中央，一条小河蜿蜒蛇行贯穿其间，两岸轩窗临水，肆铺毗列，荡舟河上，橹摇波影，一派小桥流水的江南水乡风光……

这些古镇是今日大上海的根脉，也是这座国际大都市历史文化的起源。

南翔古镇

19.
六朝古都
南京

我从1977年来南京学习工作生活迄今逾40年。南京是我的第二故乡。

古往今来，人们对南京有过无数的评说。作为六朝都城历三百五十余年，南京见多了王朝的兴亡更替，为此历代文人骚客常在此留下悲悯之词，慨叹"旧事随流水""如梦鸟空啼"，感怀"吴宫花草""晋代衣冠"，想到伤心处，还不免临风陨涕，怆然泪下，竟形成了"金陵伤感文学"之流派。其实在我国历史上，只要是王朝都城，又有哪一座没有见证过兴亡盛衰的悲喜剧呢？明崇祯皇帝自尽于北京煤山，北宋徽、钦二帝被掳于东京汴梁，长安则先后经安禄山、黄巢之乱，血雨腥风，生灵涂炭，大唐从此一蹶不振。

余秋雨先生对南京有过评说，谓"别的古都，把历史浓缩到宫殿；而南京，把历史溶解于自然"，颇有些形而上的高深；朱自清先生的评说则很接地气，感觉"逛南京像逛古董铺子，到处都有些时代侵蚀的遗痕。你可以摩挲，可以凭吊，可以悠然遐想：想到六朝的兴废，王谢的风流，秦淮的艳迹"；历史学家朱偰先生最为严谨，他仔细比较了西安、洛阳、南京、北京四大古都后说："此四都之中，文学之昌盛，人物之俊彦，山川之灵秀，气象之宏伟，以及与民族患难相共，休戚相关之密切，尤以金陵为最。"我深以为然。

南京的地标中山陵坐落在钟山南坡，这座建于90年前的中西风格合璧的陵寝建筑群迄今仍是世上最宏伟壮丽的建筑典范之一，每次前来都会有初见的震撼！余光中先生最后一次登中山陵后赋诗感怀，其中几句是："天梯垂三百九十二级/让我昂然向崇高踏进……/直到风景全匍匐在下方/世界多壮丽啊，举我到顶点……"说到中山陵的392级台阶，曾听到过一位导游在大声宣讲，这"392"的"3"是什么意思呢？当然是指"三民主义"啰，那"92"呢？众哑然，"九二共识"嘛！众恍然。

上：中山陵
下：明孝陵神道

明孝陵神道

明孝陵毗邻中山陵，是列入《世界遗产目录》的明清皇家陵寝之一，距今已有600多年的历史。作为明朝开国皇帝的陵寝，其结构布局、仪礼规制等，均为后世的明清两代皇室所沿用。步入陵前神道，古木浓荫四被，郁郁苍苍，如时当秋令，层林尽染，一片焰红，如入画境。沿路石兽、石翁仲夹道而立，若拱若伏，似揖似迎，络绎相接，真有点"石马嘶风翁仲立，犹疑子夜点朝班"的意思了。清康熙六次南巡，曾五次谒孝陵，题写的"治隆唐宋"四字，刻于迎门的大石碑上。因兵燹战祸，明孝陵损毁严重，享殿几成残垣，城楼仅存四壁。近年来经不断修复，重现了宝城飞檐崇宇的景象，却也一定程度上掩去了西风残照的苍凉之感。

十里秦淮

　　南京史上"文学之昌盛，人物之俊彦"确非其他名城可比。就拿秦淮河畔小小的乌衣巷来说，王导与谢安两大名门望族后人中还出了王羲之、王献之、谢道韫、谢灵运和谢朓等英才绵延文脉。中国文学史上的《儒林外史》《世说新语》《文心雕龙》和《诗品》等名著都在南京先后问世，更有王安石、顾恺之、葛洪、郭璞、祖冲之、袁枚等一代翘楚各领风骚。就连秦淮河畔的"六朝烟月区"也染上了"文章锦绣地"的书卷气和名士气，秦淮八艳不仅个个通晓诗词歌赋琴棋书画，更难得的是有凛然的民族气节，简直就是"德艺双馨"了。她们的终身大事也可以不问年岁，遑论贫富，唯才是"嫁"……南京还有过两对痴迷文学的皇帝父子：梁武帝萧衍和太子萧统、南唐中主李璟与后主李煜，他们文学上的才情与治国的无能同样昭然于史册。

漫步南京城，更多的历史足印随处可见。

市中心新街口高高耸立的孙中山铜像象征着这位伟大的民主革命先行者与南京城的特殊关联，喻示着中国近代史上那个神圣难忘的时刻：1912 年元旦，孙中山在南京就任中华民国临时大总统，庄严宣告中华民国临时政府的成立。

总统府就位于市中心长江路上，它也曾是晚清两江总督府和太平天国的天王府所在地，三府合一串联起了一段近百年的中国近代史。

上：鸡鸣寺
下：古城墙

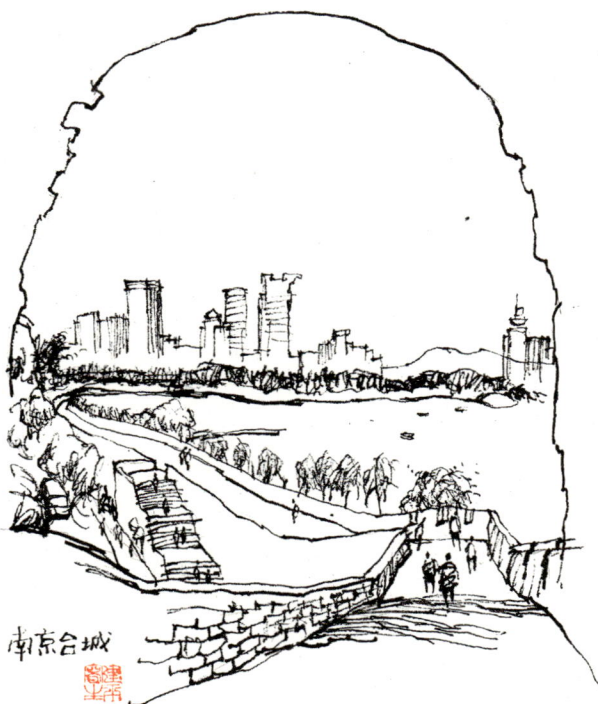

　　此外，始建于西晋的鸡鸣寺见证了梁武帝萧衍在此四次出家，再由
群臣重金"赎回"的荒诞的历史闹剧；
　　相邻的台城为六朝宫城故地，也是"侯景之乱"中"梁武帝饿死台城"
这一悲情历史剧的发生地；

上：阅江楼

下：夫子庙

狮子山阅江楼下的静海寺则亲历了中英《南京条约》签订的屈辱历史……

南京的古城墙可上溯至春秋时期，与南京城市的形成和发展同步，至明初臻于壮伟恢宏，成为世界上最长的城市城墙。今天，这道断断续续的城墙像一条时隐时现的历史纽带，将日益现代化的南京城与它的千年岁月紧紧拴在了一起。

上、下：溧水高淳老街

中山陵

建平写生

二〇一五·六

附记 在 2019 年 10 月 31 日世界城市日的这一天，从联合国教科文组织
传来喜讯，南京入选"世界文学之都"，成为中国首个获此称号的城市。

中山陵

20.
江南水城
苏州

苏州的美不是浓艳的，是用淡淡的水墨晕染出来，像一帧素雅的工笔画。

苏州从 2500 年的历史中走来，携着遍地的古寺古塔古园古桥古街古城墙古村落，真让天下众城羡煞哩！

号称"吴中第一名胜"的虎丘位于苏州城西北,那座斜而不倒的千年砖塔苍古斑驳,兀立山巅,于十里八里外已入眼帘,是古城独有之地标！虎丘塔四周依山顺势排布成上下两个平面，像是建筑中的跃层结构，层叠环曲，各自独立又互相关照。古往今来吟诵虎丘的诗作很多，我以为宋人王禹偁"尽把好峰藏寺里，不教幽境落人间"之句最富趣味，赋予了虎丘"山在寺中藏"的妙境。王禹偁在宋太宗、真宗两朝为官，司职修史、草诏和上疏等，虽佳作颇多，未有大名。朱熹编撰的《宋名臣言行录》中对其德行评价甚高。虎丘旁有"五贤堂"，王禹偁与白居易、韦应物、刘禹锡和苏轼并列其中，可见其不凡。

苏州盘门

上：虎丘塔
下：同里退思园

　　苏州是一座"百园之城"，全盛时期园林多达 200 余处，有"城里半园亭"之称。苏州园林"可赏可游可居"，温存而接地气，漫步园中可使人"不出城郭而享山林之怡"，又岂止是"不出城郭"，很多园林就是你的街坊邻里呢。与大气恢宏的北方皇家园林不同，苏州园林有"半亩园"之说，意为"小中见大"，将大自然的奇山秀水微缩于"半亩"方寸之间，以迂回曲折之形，收移步换景之妙，故虽然玲珑精巧，远山近水却仿佛尽在眼前，这便是小小的留园和拙政园竟可与颐和园、避暑山庄并称中国四大名园的原因吧。

《红楼梦》第十七回"大观园试才题对额"中借贾政之口说道，园林亭榭如果"无字标题，任是花柳山水，也断然不能生色"。陈从周先生也说过，园林"必借以题辞，辞出而境生"。故游览苏州园林不可忘了欣赏楹联中的佳句妙对、匾额上的墨宝和景观的题名等，这其中饱含着主人的学养和人文情致，若能解其出处，悟其用意，品味赏玩，当令景色增辉，亦为人生一乐。譬如拙政园，其主人决意归隐，取潘岳《闲居赋》"筑室种树，灌园鬻蔬，以供朝夕之膳，是亦拙之为政"的语意而名；拙政园中的"兰雪堂"，取自李白的诗句"清风洒兰雪"，"远香堂"和怡园的"藕香榭"都取意于周敦颐的《爱莲说》；苏舜钦的沧浪亭取《孟子》"沧浪之水清兮，可以濯吾缨"句意，园中的"清风明月本无价，近水远山皆有情"为集句联，上联取于欧阳修，下联出自苏舜钦；网师园中的"月到风来亭"取邵雍诗句"月到天心处，风来水面时"；同里镇上的"退思园"则出自《左传》里一句"进思尽忠，退思补过"。如此等等，不胜具纪。中国文人向来视山水景观为地上文章，文因景生，景因文传，这是西方园林所不及的。

白居易曾赞美苏州"绿浪东西南北水，红栏三百九十桥"。我想这"三百九十桥"中最有文化意义的当属枫桥了。一千多年前的一首小诗《枫桥夜泊》，使这座貌似平常的月牙形单拱石桥成了千年风景。"月落乌啼""江枫渔火"编织的意象使人"循声而得貌"，为这淡淡的愁绪感怀至今，张继也因此成为我国拥有粉丝最多的古代诗人之一。据说此诗还被编入日本的小学课本之中，可见文化的生命力和穿透力。

枫桥

苏州周围的水乡古镇星罗棋布：周庄、同里、角直、千灯、锦溪、黎里……村村层楼映水，处处烟柳画桥，十几年中我都或早或迟或多或少一一走过。其中有六七年时间，父母亲从上海退休后在姑苏古镇角直附近买了房产闲住，于是我每年几次的探亲便成了江南水乡的写生之旅。

　　苏州成了我的又一故乡。

上：街景

下：老街

083

上：留园
中：苏州山塘
下：北寺塔

外一篇

姑苏古镇

古镇很老，像一张古旧的老照片。走在被年轮磨砺得光滑闪亮的石板路上，就像走在张艺谋的电影中或是沈从文的小说里。街旁油漆剥落的木门内掩藏着岁月的故事，风雨浸蚀的粉墙上镌刻着沧桑的斑痕。

古镇傍河而筑，前街后河。街依着河的走势蜿蜒着，像岁月随意飘落在此的一条绢绸。街边青瓦木结构的老屋，历经百年风雨都有了些弯斜变形，反生出一些柔和的曲线，与平日里看惯了的钢筋混凝土建筑那刚硬平直的线条相比，多了些温软的质感。

古镇老街上热闹纷沓，经营土特产品和手工艺品的肆铺毗列，有几家称作百年老店的饭庄内人声鼎沸，生意颇兴隆。屋后河埠上舟船相衔，资物往来，让人联想到叶圣陶先生在小说《多收了三五斗》中描写的水乡米市景象。

古镇的老街都很窄，常只有两三米宽。游人多时，便有些挨肩并足，难以阔步而行。顾客稀少时，两边店铺的老板娘会隔街聊上几句。巷子最窄的地方，人们如果从两边楼上窗户里探出些身体，似乎是可以握手言欢的。要在家里讲悄悄话，还需提防隔"街"有耳呐！

古镇多桥，且都以桥闻名。如周庄的二桥，同里的三桥以及甪直的"五步一桥"。这些印刻着时光脚印的古桥，风格样式各异，材质和大小也各不相同。有些桥上，能看到石柱上斑驳的浮雕，刻着些幡、莲等佛教图案；有些桥上，石匠们的斧锤痕迹仍依稀可辨，仿佛是他们作品的钤章。这些小桥与它们在河中的倒影构成一个个圆弧、椭圆或方形的对称图案，镶嵌在曲曲弯弯的河道上。走上小桥，恍若站到了舞台上的布景里。桥下会有三两条小船咿咿呀呀地摇过来，摇橹的船娘扎包头巾，束裙裙，穿着蓝印花布衣衫和绣花鞋，像画中人。

每当黄昏降临，游人逐渐离去，喧闹了一天的古镇便安静了下来。女人们在自家后门临水的石阶上浣洗，几米外，有小船缓缓摇过，在河面上拖拽出一条长长的波纹。几位老人悠闲地坐在河边的石凳上，有一句没一句地闲聊着，楼上半掩着的轩窗内飘出几声柔婉的评弹曲调。放了学的孩童在自家门前的小桌上做作业，但注意力显然已很难集中，因为伴随着袅袅上升的白色炊烟，浓浓的饭菜香味正从屋内溢出……

此时，一抹晚霞将古镇染成了一片胭红，"渡头余落日，墟里上炊烟"，这正是古镇最美的时候啊！

水乡古镇

21.
言子阙里
常熟

常熟，一座平和殷盛的江南小城，自古就有"县庭无讼乡间富，岁岁多收常熟田"的美誉。

四十多年前我曾随无锡沪剧团去常熟演出，那时还是贫穷的年代，记得和同事在灯光昏黄的临河小店吃荤油面，感觉极鲜美。晨起逛早市，见薄雾氤氲中人头攒动，早餐摊点热气蒸腾，香气扑鼻，让我直咽口水，好一派富赡的江南小城景象。后来在南京工作后，多次去过常熟，老城区的古朴风貌尚存，琴川河一带还保留着当年记忆中的大片老屋旧宅，青瓦平铺，临街枕河，沿河条石驳岸，石阶临水，小桥横卧。那座九百岁的南宋方塔依然挺拔云端，卓立于万户千家之上。

常熟的尚湖以传说中姜太公垂钓于此而得名，湖面宽阔，波光满漾，临湖有"十里青山半入城"的虞山，湖山映带，遂成胜境。位于虞山一侧幽谷中的兴福寺常年香火旺盛，经过历次整修，殿阁巍然，乔木参天，古朴清寂。兴福寺曾名"破山寺"，唐朝诗人常建所作五言律诗《题破山寺后禅院》即为此处。在晚唐诗人韦庄编撰的唐诗选集《又玄集》中，此诗仅排在杜、李和王维的诗作之后，位列前四。诗中"竹径通幽处，禅房花木深"两句脍炙人口、伴随千年古刹传诵至今。

方塔

兴福寺

虞山北麓有孔子门生言子墓。言子名偃，是孔门 72 贤徒中唯一的南方弟子，也就是《论语》中常常提到的那位子游。在儒学的德行、政事、文学、言语四科中，言子名列文学科第一。言子学成后"弦歌归里"，"道启东南"，成为儒家文化在江南的传播者和奠基人。历朝历代对言子多有褒扬，唐朝起尊其为十哲之一而配享孔庙，明嘉靖时封为"先贤言子"，上海奉贤的地名就是"敬奉先贤言子"的意思。

作为言子故里，常熟是近水楼台先得月，自古为礼乐书香之乡，"耕读传家"之风两千年来赓续不绝。史料记载常熟历史上共出过 10 位宰相，486 名进士，"两朝帝师"翁同龢即为其中之一。翁同龢在朝为官四十余载，刚直敢言，清正廉明，因支持康梁变法，失败后被"开缺回籍"，"永不叙用"。翁氏故居就坐落在老城区内，名"知止斋"。"知止"二字使我如遇见隔世的知音。

此外，常熟多有开门派之先的文化大家。唐代书法家张旭被誉"草圣"，山水画大师黄公望位列"元代四大家"之首，清代王石谷开创虞山画派被称"清初画圣"，虞山琴派自明代肇兴以来被公认"古音正宗"，琴界皆以"自诩虞山""源说琴川"为荣……

上：街景

下：虞山城楼

在此须得一提的是虞山诗派的开创者、号称"文坛祭酒""东南文宗"的钱公谦益。钱谦益为晚明东林党领袖之一，本以"清流"自居，但在北京的明王朝覆亡后，先在南京依附奸臣当道的弘光政权，后又降清，"物望为之顿减"。之后不久，他退归林下，"操委蛇术容其身"。他常穿一种满族窄领和明式宽袖的特殊袍服，暗示他身在新朝不忘先朝之心，反被人讥讽为"两朝领袖"，可谓左右为难，里外不是人了。钱翁晚年与柳如是一起参加了一些反清复明的活动，无果而终。清乾隆帝将其列为"贰臣"之首，严禁其诗文的流传，并作诗嘲讽他"平生谈节义，两姓事君王。进退都无据，文章哪有光"。从此开了"以人废言"的先例。不过，明末清初的思想家黄宗羲对钱谦益仍以好评为主，陈寅恪先生在洋洋五十万言的《柳如是别传》中，也对晚节不坚的钱翁表露出宽容谅解的态度。其实，钱谦益只是动荡岁月中千千万万牺牲品的其中之一啊！

无论如何，钱谦益是常熟的一代"文章巨公"，因为有他，常熟曾一度成为天下书生"望走歙集，若百川之赴海"的神往之地呢！

22.
太湖明珠
无锡

从地图上看，太湖宛如一枚圆弧形的宝石，周边镶嵌着大大小小的明珠，无锡无疑是其中最显耀夺目的一颗。无锡俯临太湖，坐落在"宝石"12点钟的位置上，与30分钟位置上的浙江湖州遥遥相望，苏州和宜兴分别在一刻钟和三刻钟的位置上。

无锡是我的祖籍地。因祖父母早逝，父亲年少时就投亲到上海读书工作直至成家立业，之后也很少回去，因此在很长时间里我对无锡都十分陌生。直到中学毕业到无锡"投亲插队"，算是投入了故乡的怀抱。正是在无锡的四年时间里，我考入了剧团的学员班，接受了较正规的音乐教育，从此开始了我的音乐人生。

街景

寓居无锡期间，故乡的湖光山色伴我度过了不少寂寥的日子。闲暇时，我常去登惠山，临崖纵目，望远山近水如披长卷。炎炎夏日，我会带上一两本书，骑车到鼋头渚或蠡园的太湖之滨消磨一日时光，看云水连天，烟波无际，让清风拂袂，尽消暑热。故乡的湖山美色让我荡涤胸中块垒，纾解思乡愁绪。今日回想起来，仍十分留恋那段岁月呢！也真羡慕无锡人民有如此之福，有三万六千顷的浩瀚太湖近在咫尺且能终身相伴啊！

无锡的人文景观当属"天下第二泉"最为著名了。此泉水经唐人陆羽品定为天下第二，又有晚唐宰相李德裕做了"广告代言"而驰名遐迩。李丞相嗜饮此水，命人将水从驿站千里专递到长安给他泡茶喝，像唐明皇为杨贵妃千里送荔枝一样。为此古人有诗讥讽道："丞相常思煮茗时，郡侯催发只嫌迟。吴关去国三千里，莫笑杨妃爱荔枝"，"天下第二泉"倒也因此而名噪天下了。李德裕为晚唐能臣，为相多年颇有政绩，梁启超曾将他与王安石、张居正等名相并论，但从他为自己千里送水的作派可见他得势时的骄奢张扬。晚年失势后，他饱受抨击屡遭贬谪，最终郁郁而终于海南岛。

惠山二泉

今天更多人知道"天下第二泉"则是因无锡民间艺人阿炳创作的一曲《二泉映月》，这是一首用二胡这样一件旋律乐器演奏的五声性乐曲，却具有巨大的情感张力，拨动了千万人的心弦，著名指挥家小泽征尔曾声称要跪着倾听。《二泉映月》使"天下第二泉"走向了世界，也使阿炳成为了不朽。

从惠山寺、二泉一路下行，经过乾隆七次光临的寄畅园，就步入了近年来修复开放不久的惠山古镇。新疏浚的一弯清水在小镇中央汩汩流淌，两岸是上百座年代不一、风格各异的祠堂庭院楼阁，还借来锡山惠山的一脉青影衬为背景。漫步其间，仿佛蹚过一段从历史长河中捞起的过往岁月。

上：惠山古镇
下：古运河畔南长街

　　被称为"江南水弄堂"的南长街位于老城区南门外的古运河畔，这里百姓枕河而居，街市傍河而建，"后门洗汰下船，前门逛街上桥"的水乡样式依旧。站在有四百多年历史的拱形石桥——清明桥上，眼前两岸屋舍鳞次，肆铺栉比，正如"弄堂"一般夹着十几米宽的河面向前伸展，一直伸展到若有若无的水天交接处。前方有一条与运河垂直相交的河道，称伯渎河，相传为3000多年前由江南人文之祖、吴国的开创者泰伯开凿，是中国历史上"以备旱涝"而人工开凿的第一条河流。

南禅寺妙光塔

　　史载泰伯三让王位给弟弟，自己远避吴地，开发江南，被孔子在《论语》中赞为"至德"。唐人陆龟蒙《和泰伯庙》诗云"迩来父子争天下，不信人间有让王"。在中国几千年的封建王朝历史中，像泰伯这样兄弟间谦让天下的事寥若晨星，更多的是为争王位兄弟反目，骨肉相残，明争暗夺，烛影斧声……

　　南门外的南禅寺始建于南梁，有"梁溪十大刹，首惠山，次南禅"之誉。与寺庙交相辉映的妙光塔为"无锡八景"之一。当年南禅寺旁的旧书市场十分活跃，我往返沪宁途中有时会拐来无锡，到南禅寺逗留半日淘书，常会有不小的收获。转眼间，这又已经是十多年前的事了……

上：南禅寺

下：巡塘古镇

23.
江海通津
南通

南通位于长江北岸，与上海遥遥相望，是万里长江的最后一个驿站，自古就因"江海三会"、通达九州而得名通州。清雍正年间为避免它与北京东南部的通州重名，在名称前加一"南"字以示区别，这便是"南通"一名的由来。改革开放以来，南通正发生着日新月异的变化，但作为一座国家级历史文化名城，又有哪些亮点呢？

南通有狼山，山虽不高，但东望沧海，南临长江，有"长江第一山"之称。狼山原在长江之中，北宋时才与陆地相接。山上有始建于唐代的广教寺，《通州志》上记载的"山在巨浸中，设舟以济，号慈航院"即为此寺。狼山为全国佛教八小名山之首，文物古迹众多。

狼山

江苏
南通狼山

11·23

南通有濠河，是古时候的护城河。从航拍的图片上看，河道呈长方形环绕城区，让人可遥想到古城的形制和样貌。今日的濠河经过整治，碧波荡漾，水光掩映，被南通人昵称为"翡翠项链"。坐游船环河观光，虽沿岸景象稍显平常，仍不失为赏心悦目之事。

而南通最重要的历史文化底蕴当属它作为"中国近代第一城"在中国近代史上的地位和影响，而这与一个人的传奇人生分不开，他就是张謇。

张謇早年寒窗苦读，一心向往功名，但一路坎坷备尝艰辛。他16岁考取秀才，之后的17年中连续五次乡试落榜，到33岁才中了举人。幸好他的才华引起了当时亟须延揽人才的朝廷"清流"一派官员的关注，尤其是"两朝帝师"翁同龢的赏识。在翁公的鼎力提携下，他终于在41岁时得中一甲第一名状元，此时，张謇已经在入仕的道路上付出了半生心血，走过了整整26个年头。梦想成真并没有给张謇带来太多的欣喜，就在他金榜题名的1894年，爆发了中日甲午海战，号称亚洲第一世界第九的北洋水师全军覆灭，令张謇忧心如焚。四年后的"戊戌百日维新"失败，使他对清廷彻底失望，毅然走上了"实业救国"之路。

张謇故居

作为中国最后一位状元和第一位实业家，张謇对自己弃政从商的角色转换，自喻为"舍身喂虎"，虽然没那么壮烈，但一位半生埋头于四书五经的文人，突然跨入风云变幻的工商实业领域，也算是胆略过人了。他以半生积累的阅历和宽广的视野，踩准了历史走向进入转折的节点，顺势而为完成了从"大魁天下"的状元郎向实业巨子的华丽转身，成为中国近代世变事迁时一位承前启后的风云人物。

张謇以故乡南通作为他理想社会建设的试验田，以期"建设一新世界雏形"来示范全国。他提出"父教育、母实业"，以兴教育促进民智，办实业普惠民生，并竭全力于社会公益事业和慈善活动。经过二十多年的孤军奋战，至上世纪二十年代，据称南通街头已看不到乞丐和流浪汉，一个理想中民康物阜的社会已现雏形。这座曾经并不起眼的苏北小城因此在中国近代史上脱颖而出，成为名至实归的"中国近代第一城"。

其实，张謇的影响和贡献又何止于一时一地。胡适评价说："他独立开辟了无数新路，做了30年的开路先锋，养活了几百万人，造福于一方，而影响及于全国。"张謇对中国民族工业的兴起有拓荒之功，他提出的"富民强国之本实在于工"至今为不易之论；他一生创办或参与创办了三百七十多所学校，为后来的社会建设提供了可观的人才储备；他创办的一些社会公共事业如博物馆、气象台等均为中国史上第一……

对于中国近现代经济社会发展的影响而言，张謇这个名字的分量，也许还远未估计够呢。

钟楼和谯楼

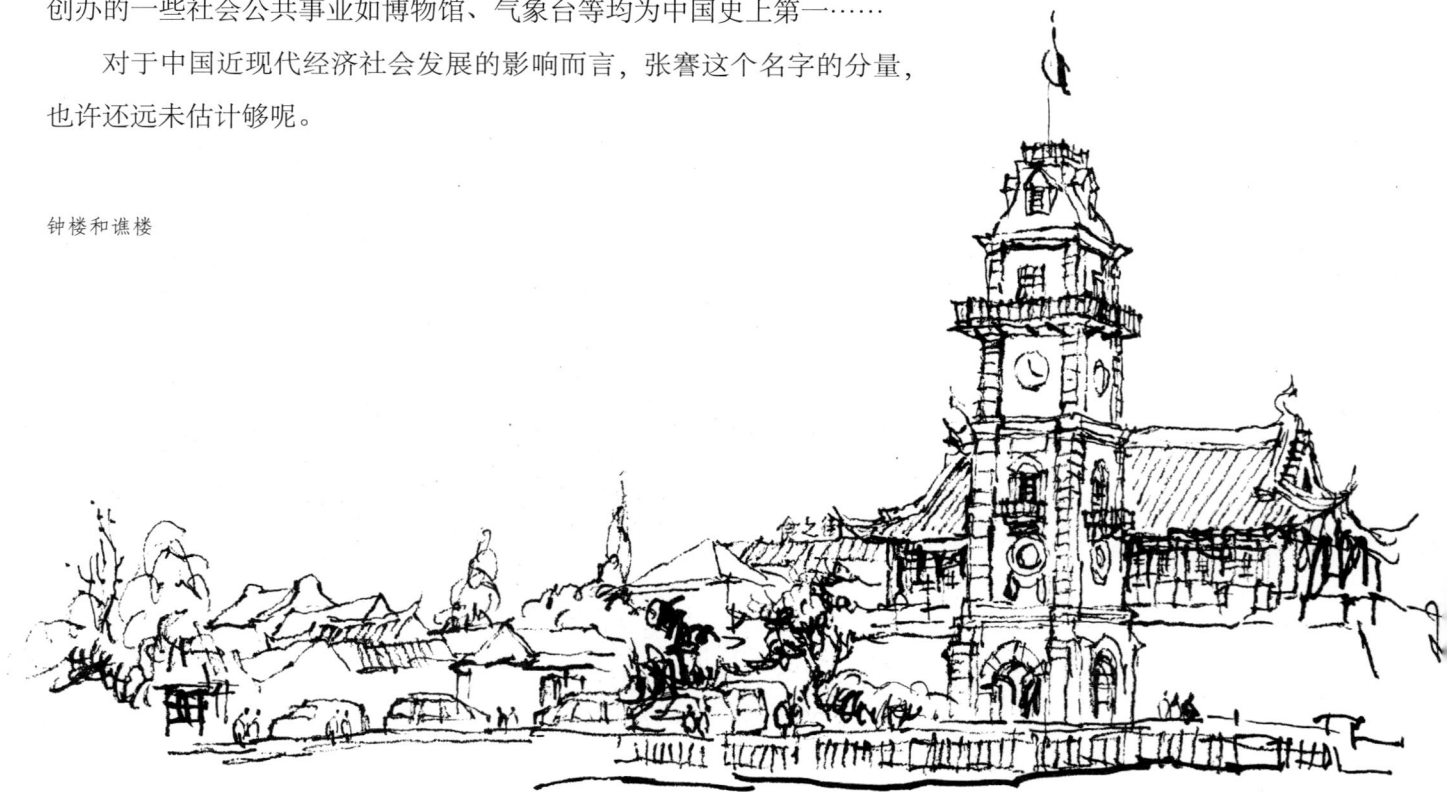

24.
城市山林
镇江

对镇江这座城市而言，"不出城郭而享山水之怡"是一种最平常不过的状态，而且全是真山真水，不是人造园林哦！

"京口三山"连同山上的千年古刹，就在市区沿江排开，超豪华的阵容。其中金山寺结构十分巧妙，殿宇楼阁沿山体梯比分布，错落相接，层层叠叠的红柱绿瓦彩槛雕楹将小小的金山从头到脚包裹了起来，为此人称"寺裹山"。焦山则正好相反，远望如"江上浮玉"，寺庙深藏于郁郁山林之间，不见影迹，故人称"山裹寺"。康熙曾为金山寺题名"江天禅寺"，为焦山寺题"定慧寺"，细想也有些道理。金山寺，见寺见塔不见山，其势外扬，名"江天"恰如其势；焦山寺形隐而内蕴，且曾为东汉名士焦光隐居之地，名以"定慧"意在内修笃行，倒也名副其实。焦山有碑林和摩崖石刻，据称规模之大仅次于西安，其中王羲之为亡鹤所作的祭文《瘗鹤铭》号称"大字之祖"，虽已残破不全，仍为中国书法史上具有重要欣赏价值和研究价值的珍贵遗迹。

金山寺

099

焦山

　　号称"京口第一山"的北固山兀立江滨，山势险峻，甘露寺高踞峰巅。登上山顶"满眼风光"的北固楼，望大江东流，水天浩阔，念千古风云，世事沧桑，你是否也会有当年辛弃疾在此拍遍栏杆、长歌当哭的豪情和感怀呢？

　　镇江的山水都有故事。我想大多数人和我一样，并非到了镇江才知道镇江，镇江早就从传奇故事小说演义中走入千家万户了。《白蛇传》故事中的"水漫金山"曾使少时的我视法海和尚如恶棍，《岳飞传》中"梁红玉击鼓战金山"让我感觉像平型关大捷般扬眉吐气，《三国演义》中"甘露寺刘备招亲"更是让我记住了"赔了夫人又折兵"这句成语。

北固山

　　翻开唐诗宋词，常会与京口山水相遇。偶读唐人张祜的七绝《题金陵渡》时竟有似曾相识之感："金陵津渡小山楼，一宿行人自可愁。潮落夜江斜月里，两三星火是瓜州"，与他同姓前辈张继的《枫桥夜泊》在意境和句式上有异曲同工之妙！"金陵津渡小山楼"为地点场景的客观陈述，一如"姑苏城外寒山寺"；"一宿行人自可愁"与"江枫渔火对愁眠"一样，表达的是相同的羁旅客愁；"潮落夜江斜月里"同"月落乌啼霜满天"，仿佛同一幅冷月夜江图，以寥落的意境折射寥落的心境；两诗末句中的"夜半钟声"和"两三星火"，一"入耳"，一"在目"，皆空灵寂寥，将诗人的浓浓愁绪渲染无遗。张祜寓居姑苏多年，潜移默化中受到张继诗意影响或许并非臆测呢。

　　张祜诗中的"金陵津渡"即镇江的"千年古渡"西津渡，位于城市的西北角，枕山临江。因镇江位于长江与京杭大运河交汇的"十字黄金水道"上，这里历史上曾经是长江南北水上交通和漕运的枢纽，有过帆樯如林市肆如织的繁盛岁月。今日西津渡已修建成一片历史文化保护区，成为镇江除了"京口三山"和"南郊四寺"外又一历史文化景观。

　　早在20多年前，我为了淘连环画就曾去过西津渡老街，那时它淹没在老城区纵横交织的街巷中，不太引人注意。我还曾写过一篇随笔"老街西津渡"，发表在我校的院报上。

101

西津渡老街位于镇江的西北角，原是长江边上的一个重要渡口和漕运码头，后逐渐形成一片繁华的街市，当地人称"小码头街"，即西津渡老街。从东吴到晚清，西津渡老街热热闹闹逾千年。直到近代铁路运输的兴起，渡口才渐渐荒落，老街风华不再，在后来很长的一段岁月里，它默默掩身在老城区杂错的市井巷陌中，似乎并不太引人注意。

我是听说老街上有好几家旧书店，便利用出差的间隙前来淘书的。

当我沿着依山而筑的小路逛进西津渡，眼前的景象让我眼睛一亮，一座喇嘛教白塔像放错了地方似的跨街矗立在这窄窄的小巷中央。走近了细看，石塔下方是一个由青石块垒砌成的约三米高的四方形石台，横梁上面刻有"昭关"字样，宝瓶般的塔身坐落在由须弥座和莲花座叠置成的塔座上。塔旁的黑铁香炉中燃起的袅袅香烟，给石塔与近旁的观音洞和刻有"同登觉路""共渡慈航"石额的券门蒙上了一片浓浓淡淡的禅意。想当年人们登舟渡江之前，会在此焚香祈告求菩萨保佑平安。

沿着石阶继续向下，穿过两道券门，传来一些嘈杂的市声，感觉便从禅境中回到红尘，来到了今日的西津渡老街——"小码头街"上。

老街弯弯扭扭五六百米长，三米来宽，两旁高高低低地排列着砖木结构的老屋，大多已显得破旧。初夏的日头已升得老高，热辣辣地照射下来，砖石铺就的街面上倒还清凉。沿街有几户人家破墙开了店，卖些烟酒日杂用品，不少人家门旁晾晒着才刷洗过的马桶，近旁的板凳上放着竹匾在晒面粉，刚起床的大男人穿着睡裤在门口的水笼头边响声震天地刷牙，旁边一家人正汗流浃背地从三轮车上往自家搭建的小厨房里搬煤基，有人在旁捧着饭碗一边看一边唏溜唏溜地喝稀粥。几个大妈坐在屋檐下的荫凉处边摘菜边呱呱地聊家常，三两小屁孩对大人的呵斥声置若罔闻，敏捷地往来穿梭……

不时有行人三三两两地从街上走过。大多是步履匆匆的过路人，也有挎着照相机的资深旅友，他们刚从庄肃的白塔下经过，到此穿行在万国彩旗般飘展的各色衣物之下。

街的尽头，墙上的一行红漆大字跃入了眼帘："阳光拆迁，早拆晚拆一个样！"预示着对老街的大规模改造和重建即将开始。那我今天的到来仿佛是在和一位耄耋的老人作别，拟或是迎接他的新生？

镇江西津渡速写
昭於〇五年
六月廿二日

上、下：西津渡老街

附（二）

朝闻道 暮听禅

周末，友人相约赴句容的"道家第一福地"茅山和"律宗第一名山"宝华一游。句容是镇江下辖的县级市，位于镇江之西南京以东，有南京新东郊之称。

车子驶近茅山，山势逶迤起伏，空气变得清新湿润。远眺大茅峰巅，那座据说有两千年历史的道观九霄万福宫确有些像九霄天宫般隐现于云雾烟岚之间。但随着车子盘旋上山，感觉却像神仙下凡，车到山门，便完全踏进凡尘。只见人头攒动，喧闹嘈杂，像个热闹的乡镇集市。

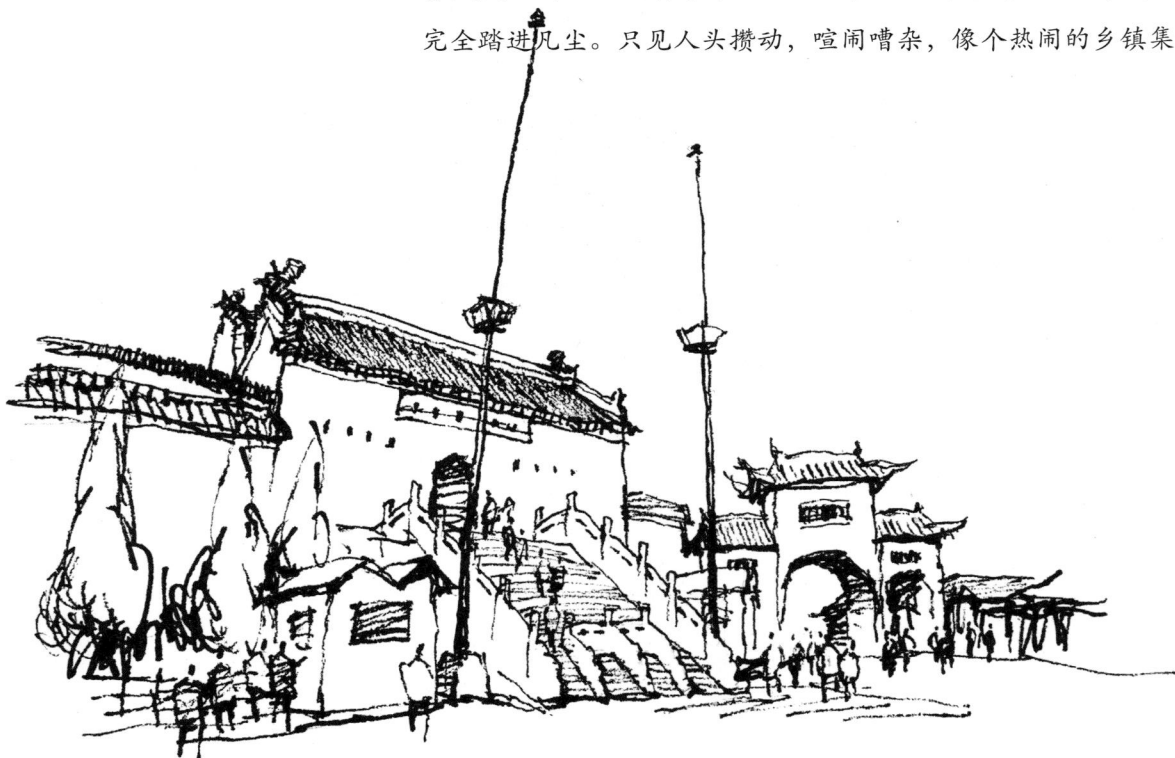

茅山道观

进山门后拾级而上来到正殿。见右壁厢围着一群人，一个道士正在发签，领了签的便到左侧排队听候解签，省略了求签卜卦过程的"形式主义"，有点像到医院挂号就诊。从解签道士身旁走过时，耳旁飘来几句苏北普通话，正在把神仙指示传达给一对母女，大意是孩子能够考上大学，但务必不可粗心云云，好像也没有什么高屋建瓴的提示和不可泄露的天机之类。正殿后院有一处景观谓"天门"，即传说中茅氏兄弟成仙升天之处，人们在此抢位拍照，有人做振翅欲飞状。后山山势略陡，新建了一圈回廊供游人凭栏远眺，依然是挤挤挨挨的人。虽是乍暖还寒的暮春时节，一圈转下来，额上已涔涔地渗出汗来。

下午驱车去相距不远的宝华山隆昌寺。进入景区蜿蜒的山道，古木参天，野花织锦，与上午的景象颇为不同，有一种"市散人迹稀，山空翠欲滴"的宁静清幽。

隆昌寺

　　进了隆昌寺窄窄的山门，到大雄宝殿、戒坛和藏经阁等处转过一圈，便沿着青石台阶来到上一层院落。正中央的佛堂内尚有余香袅袅，两座古朴的无梁殿正披着午后暖黄色的阳光端坐左右。回首眺望，目穷无际，远山横黛、轻云拂空，桑麻绿野，淡远如画。此时此刻，"数声清磬是非外，一个闲人天地间"，让人尽涤俗虑，心胸豁然啊！

　　南朝梁武帝萧衍痴迷佛教，曾四度舍身弃国出家为僧。他认为儒释道虽然三教同源，但儒、道从属于佛，因儒、道入世而佛教超脱凡尘。佛教讲得最多的是一个"空"字，一个"净"字，"本来无一物，何处惹尘埃？"佛教寺庙因此很少建在人烟繁盛之地，多建在远离红尘的山水韶秀之处，"天下名山僧占多"嘛。但古往今来，对于大多数黎民百姓来说，求现世利益总是要重于修来世福祉的，于是佛教的出世观便有点隔山隔水的遥远，不食人间烟火的味道。《红楼梦》中妙玉留发出家，不愿与凡世决绝，现世又会有多少饮食男女能甘心彻底地割舍红尘呢？

　　我们一行离开时，隆昌寺在身后掩上了山门，像水面上荡起一层涟漪后复归平静。在渐渐变深的天色映衬下，古寺像一位长者的剪影，有点孤寂而又矜持地注视着身外的世界。

25.
淮左名都
扬州

上世纪 80 年代就去过扬州，在天宁寺逛书市时知道了乾隆六下扬州就是驻跸在此，从山门前的御码头登舟去瘦西湖的。

瘦西湖无疑是扬州一道最亮丽的风景线，三月烟花、二分明月的美色佳景荟萃于此。它像一条玉带曲折绵延十余里，将两岸的水榭亭阁园林花柳串联成一体。泛舟其间，舟移景迁，忽而曲水回环，忽而柳暗花明，行至豁然开阔处，便见那横卧烟波的五亭桥与卓立云表的喇嘛塔相映相携，款款来迎……

五亭桥是扬州城的地标，是我见过的世上最美石拱桥之一。桥下十五券洞可通行船，桥上五座廊亭黄瓦朱柱，四周角亭托起中央主亭，翼角翠飞，形态俊逸。扬州人亲切地称之为"四盘一暖锅"，加上南岸那座白塔，连酒水也有了。

瘦西湖五亭桥

平山堂

　　船到后湖上岸，便是平山堂所在的蜀岗景区了。曾偶然读到沈尹默先生集宋词撰成的一联："拥莲媛三千，画舸频移，花扶人醉；度清商一曲，小楼重上，秋与云平。"像是专为瘦西湖到平山堂这一路景色所作的呢！

　　平山堂是北宋年间时任扬州太守的欧阳修所建，在堂前凭栏眺望江南，隔岸诸山，隐现于苍烟云霭之间，如一幅空际迷蒙的水墨长卷，故欧阳修为平山堂题诗中有"山色有无中"之句，历千百年传诵至今。不过后来才知道唐代王维的五言律诗《汉江临眺》中就有"江流天地外，山色有无中"之句，比欧阳太守早了300年。太守有意无意间信手拈来，用在平山堂前，却是恰到妙处的。苏轼曾赋诗"长记平山堂上，欹枕江南烟雨，杳杳没孤鸿。认得醉翁语，山色有无中。"索性将此句算在了欧阳修头上，送了醉翁一个顺水人情。

　　扬州的历史文化并非由几处孤立的古迹或一两个历史街区来体现，而是融于整座城市的风貌之中。行走在老城区街头，古城的轮廓和肌理依然清晰，青石板的小巷随处可见，老字号的商铺鳞次栉比，还有散落各处的名人故居、亭阁会馆、盐商宅邸……让人浮想当年十里长街、人烟扑地、店肆罗列、夜桥灯火的繁盛景象。

个园

　　古人有"杭州以山水胜，苏州以市肆胜，扬州以园林胜"之说，我则以为"苏州以园林胜，扬州以市肆胜"似更相宜。扬州人会生活，早上吃早茶（"皮包水"），晚上泡澡堂（"水包皮"），午后听评话，入夜看闲戏，书画古玩、盆景花鸟样样都会玩，还有淮扬菜、"三把刀"，把小日子伺候得多滋多味。扬州乡贤朱自清描写扬州生活的文章中都透出一个"闲"字，扬州八怪之一的黄慎初曾有"人生只爱扬州住"的感叹，中唐诗人张祜则干脆矫情到底，"人生只合扬州死，禅智山光好墓田"，与扬州生死相许了。扬州的市井气息逐渐形成了一种逍遥闲逸的文化，这种文化涵养出了一批淡名利、远朝堂、反主流、辟蹊径的艺术大师名家，比如创立扬州画派的苦瓜和尚石涛以及扬州八怪，他们对后世画坛的影响巨大。

　　历史上，扬州山水映带、城郭盛丽、舳舻相衔、资物阜隆，"襟江枕淮"的漕运枢纽地位曾给它带来"富甲天下"的繁华，声名一度胜过苏杭。玉树琼花，二十四桥明月夜，春江花月夜，美文绝唱，令天下众生心向往之。南朝殷芸《小说·吴蜀人》中有"腰缠十万贯，骑鹤上扬州"的故事，将发财致富、得道成仙和去扬州做官并称为天下三件乐事哩！

然而，也正因为扬州地处水陆交通枢纽而为兵家所必争，历史上屡受战火兵燹之灾，曾数遭屠城，屡兴屡圮，令人痛惜。南宋之初，金兵多次南犯，扬州城首当其冲。淳熙三年，青年词人姜白石路经扬州，目睹了这座繁华的"淮左名都"在战后的荒芜萧索之状，写下了传世名作《扬州慢》，诗中云："渐黄昏，清角吹寒，都在空城……二十四桥仍在，波心荡、冷月无声。念桥边红药，年年知为谁生？"

上、下：扬州市容

26.
苏中门户
泰州

少年时代就从电影"东进序曲"中知道了泰州，知道了当年新四军要从苏北挺进江南须从泰州这"苏中门户"经过，但人过中年后才随省音乐家协会的采风团第一次踏上泰州的土地。

在泰州兴化一个名叫缸顾的乡村，我们见到了那世上独一无二的垛田花海。这片金黄色的花海由"浮"在水面上的上千垛条块状的油菜花田拼织而成，像一幅浩瀚无际的巨型拼图。荡舟穿行其间，仿佛进入了一个天造地设、神谋化力的幻境之中！

也就是那次采风，还知道了兴化是郑板桥、施耐庵和刘熙载的故乡，无怪乎这一带自古就有"儒风之盛，冠冕淮南"之名。此外，还游览了兴化城里那座饶有致趣的私家花园——李园船厅，参观了矗立街头400多年的明代四牌楼。

江苏兴化四牌楼和郑板桥纪念馆 2013·11·21

兴化四牌楼、郑板桥纪念馆

近年来宁泰间通了高速，交通便捷，又去过泰州两次。泰州城的变化很大，通过重修复建新增了不少景点，比如望海楼、仿古街区和梅兰芳公园等。虚构的仿古街区磨石铺路，青砖青瓦的明清建筑绵延600多米，街上商铺馆舍茶楼酒肆鳞次排列，还有各种老行当老手艺的展示。虽是"无中生有"，却也以假乱真，给了现代人们一个怀旧踏古的去处。

不过我更喜欢原汁原味的溱潼老街，虽然破旧凌乱一些，却有着尘世烟火的温暖气息和风雨磨砺的岁月印痕。步入纵横蜿蜒的麻石小巷，我们在古朴的老屋宅院间进进出出，参观了私塾馆、婚俗馆等当地的民俗陈列馆，感受了小镇多姿多彩的民俗文化和风情。

来到高二适的故居纪念馆,我不由放慢了脚步。高二适是泰州乡贤,著名的书法家和文史学者。1965 年,郭沫若撰文提出《兰亭序》并非王羲之手笔而为后人伪作,"一石激起千层浪",引发了文化界的震动。学界虽有不同意见,但历经多次政治运动,且面对的是身居国家领导人高位的郭沫若以及被郭文引为"知音"的康生和陈伯达,大多数人都保持了缄默,唯有高先生撰文论辩。虽然结果未有定论,但高先生在那山雨欲来风满楼的岁月里,显示出不媚于世道的文人风骨却是令我敬重的。

参观梅兰芳纪念馆,让我对梅先生有了更深的了解。上世纪二三十年代,在亦师亦友的戏剧理论家齐如山先生的帮助下,梅先生率先在京剧的剧目编创、服饰化妆、舞蹈动作、舞台布景等方面大胆革新,使本土化的京剧艺术有了与西方戏剧互通的形式与语言(刘天华还曾用五线谱为梅兰芳录写唱腔),为中国京剧登上世界舞台奠下了基础,也形成了独树一帜的梅派艺术。他谦谦君子的儒雅之风,抗战期间蓄须罢演的民族气节也广为世人称道。梅兰芳祖籍泰州,是这座城市的骄傲。在梅兰芳公园里,有不少京剧票友在此亮嗓练唱,仿佛在向大师回课汇报,领受指教呢。

位于市中心的扬郡试院自清康熙朝起就一直是扬州府属八县的秀才考场,是江苏境内仅存的较为完整的乡试试院,其文物价值可与南京夫子庙的贡院并论。但很长一段时间内被用作机关团体的办公场所,近年来才修葺开放。漫步试场的考棚庭院,遥想当年开考季来临之时,八邑英才云集此州,斯文之风弥漫全城。商贩亦从各地汇聚,人比肩,车如流,考棚外摊位错杂,旅社饭庄昼夜营业,一城沸腾如同过节。有考生来泰时还是一介布衣,数日之后已有"功名"入囊。科举制度下,"白衣致卿相"已非天下学子们虚幻的梦想,可谓世上最有说服力的励志教育了。

时换世移,百年沧桑,当年这"争来试院考名流"的热闹一幕仿佛仍在我身边按时上演着,在每年一度的全国艺术类专业招生季来临之时。

上：扬郡试院

下：望海楼

27.
运河之都
淮安

淮安"襟吴带楚",京杭大运河纵贯全境,自古为南北交通咽喉、军事重镇。元明以降,淮安作为漕运要埠繁盛一时,有"壮丽江南第一州"之称。淮安历史上名人辈出,如韩信、梁红玉、吴承恩、关天培等,衣冠文物风流。拙以为从历史文化名城的角度来看,淮安似乎可以用"一个伟人""一条运河"和"一座城楼"来概括。

"一个伟人"就是深受全国人民爱戴的周恩来总理。他的故居位于老城区驸马巷一带的历史街区里,是国家级旅游景区。故居由一组晚清风格的平房和院落组成,青砖青瓦,沧桑斑驳,时光定格在周恩来坎坷多舛的少年时代。那时的周恩来是个懂事而可爱的大男孩,聪明好学,少年老成,性格上则继承了他生母、嗣母和乳母身上的善良和温和。成年后,他投身中国人民的解放事业,为了祖国的强盛、人民的福祉呕心沥血奋斗一生。他光明磊落、睿智渊博又温厚重情,尤其在那四凶横行、万马齐喑的年代里,他忍辱负重,苦撑危局,以自身的人性之光照亮和温暖了很多人,那光芒至今仍在人们心中熠熠闪亮。

总理故居

"一条运河"就是淮安的母亲河，淮安由运河而生，因运河而兴。河下古镇恰位于运河的入淮处，曾是南粮北上、北盐南下的漕运集散地和咽喉要冲。如今古镇风貌犹存，仿佛一段凝固的老时光。古镇规模不小，用石条铺就的主街迤逦延伸三里许，这些石条是货船空舟返程时装载的压舟石，卸下后就用来铺路，经年累月铺成了这一整条老街。

河下古镇

我们到来的日子是寻常岁月中的寻常一天，街上没有什么游客和行人，居民们一如既往不紧不慢地过着洗涮淘煮的寻常生活。漫步街头，见几家食铺的油锅热气蒸腾，香气飘散，正烹制着这里的特产——茶馓和肉丸子；前店后坊的传统作坊，依然沿用着世代相传的手艺酿造酱油；不经意间经过一间老屋，依稀可见屋檐下被石灰覆盖的"百货商店"四个字，想想这间黑咕隆咚不足百平米的房屋内曾经是镇上大姑娘小媳妇的购物天堂，不由得感慨沧桑兴替，年光如逝水。再往深处走，可见茶巷、竹巷、估衣街等好像分类经营的商业街，还有钉铁巷、打铜巷和摇绳巷等与造船修船有关的街巷，可以想象这座运河古镇当年舳舻连帆、樯桅栉比，"市不以夜息"的景像。

115

镇淮楼

　　也正因为运河，淮安才有了"半天下之财悉经此地而进"的重要地位。明清两朝都在淮安设立漕运总督部院管理全国的漕运事务，明代史可法、清代琦善、穆彰阿等重臣均曾坐镇于此履总督之职。遗憾的是督府建筑群随着清末漕运的衰退而废圮，仅剩下遗址了。

　　"一座城楼"便是镇淮楼，是淮安的地标建筑。城楼始建于北宋，下层为砖石高台，上为重檐歇山顶的两层木结构山楼，楹柱四环，古朴敦厚。城楼原为打更、报时、报警的谯楼，清朝时更名"镇淮"，镇住淮河水患的意思。现辟为市民公园。那天我们来到城楼前，见楼前广场上热闹非凡，老人们汇聚在此打牌下棋喝茶聊天，一派祥和闲逸的气氛……

淮安府署

附记 在河下古镇参观了吴承恩的故居。不由想到我国古代四大名著的作者都与江苏有缘哪！吴承恩（《西游记》）为淮安山阳县（今淮安市淮安区）人，施耐庵（《水浒传》）泰州兴化人，曹雪芹（《红楼梦》）出生在南京，罗贯中（《三国演义》）则长期追随老师施耐庵在苏州、兴化生活写作。

28.
吴韵汉风
徐州

去过徐州很多次，都是来去匆匆，蜻蜓点水，此次省政府参事室组织参事赴徐州、常州两市调研文物古迹的保护工作，给了我一次了解徐州历史文化特色的宝贵机会。

徐州古称彭城，自古为华夏九州之一，汉文化的发源地。徐州北枕齐鲁，南临江淮，既有"大风起兮云飞扬"的豪迈汉风，也沾溉了"层翠环匝，众湍交注"的柔美吴韵。借用音乐术语来打个比方，徐州好比作曲技术理论"和声学"中的转调和弦，不同调性的音乐段落经由它平稳过渡和衔接。譬如从山东南下，到徐州便有了吴越风貌的预示，而由江苏北上，经过徐州再到齐鲁大地也就不至于感到过于突兀了。

街景

然而，也正因为徐州地处"五省通衢"、南北枢纽要冲，历史上既是吐纳四方赀财、周转八方货工的交通枢纽和经济商业中心，也是兵家必争之地。所谓"南不得此无以图冀东，北不得此无以窥江东"也。"龙争虎斗几千秋"的战火破坏，加上洪水之患，徐州城屡圮屡建，虽有2600年以上的建城史，地上的古迹文物已多非原貌了。不过徐州有着丰富的地下文物遗存，上世纪末先后出土的"汉代三绝"——汉墓、汉兵马俑和汉画像石，足以奠定徐州作为国家级历史文化名城的坚实地位。

　　汉文化景区内的汉墓为西汉第三代楚王刘戊之陵，是迄今发现的汉墓中规模最大的一座，其中珍贵文物不计其数，包括堪称稀世之宝的金缕玉衣。墓中有一男一女陪葬，分别为食官和舞妃，可见天下大事"食色性"也，王公贵胄与山野村夫并无不同的。汉兵马俑成方阵布列，马步三军阵势齐整，不过兵俑仅高三四十厘米，与西安的秦始皇兵马俑相比有如玩偶。兵马俑坑距楚王陵不远，是否为王室的侍卫亲兵？

楚王陵

"三绝"之中最令人称绝的是汉画石像，这些 1500 余年前的艺术作品刻技精湛，形态逼真，尤其是造型语言中的夸张变形和象征手法极具现代感。想到毕加索曾对张大千说过，能在这个世界上谈论艺术的首先是中国人，看来并非虚美客套之词呢！

户部街

　　户部山是徐州近年来重点修复的一处历史文化街区，余、翟、郑、刘四个大户人家的宅院依山而建，相互贯通又各成单元。虽不如晋商大院的规模和气势，但布局机巧，以高度换空间，庭院错落，屋宇交叠，俯仰多姿，移步景迁。

　　戏马台则坐落在户部山的另一侧，项羽当年灭秦后自立为西楚霸王，定都徐州，于此山之上筑台观将士戏马演武而得名，是徐州城内最久远的古迹了。拾阶而上，步入山门，有项羽石雕像迎面而立，昂首挺胸，踌躇满志。可惜的是他后来将一盘开局的好棋下得满盘皆输。史家以为这并非偶然，项羽攻入咸阳后大肆烧杀，尽失关中民心，回师徐州后又吝于封赏诸侯（"忍不能予"），继而陷入连年征战的泥沼，为他日后败亡埋下祸根。更为致命的是，项羽多疑而寡断，"虽有奇士不能用"，以至麾下精英纷纷弃项附刘。到了楚汉决战的最后时刻，项羽已是众叛亲离，败局遂不可逆。

戏马台

　　不过，项羽是中国历史上少有的未被世人以成败而论的"英雄"，《史记》中以写帝王的"本纪体"来记述项羽，且排序在刘邦之前，可见太史公之用心。步入戏马台，照壁上镌有"拔山盖世"，东侧高台的铜铸巨鼎上则镌"霸业雄风"，历朝历代的文人雅士到此均为这悲情英雄扼腕痛惜，怅然而叹一番，留下了不少诗文和碑铭。

　　徐州其他的历史文化景观如燕子楼、淮海战役纪念馆和烈士纪念塔等也在两天的考察中一一览过，并与徐州市政府相关部门就历史文化遗产的保护座谈了半天。

　　临别之日，我早起闲步云龙湖畔。见湖水一平如镜，微风过处，鳞光万点，远望云龙山诸峰起伏，烟笼黛抹，恍惚来到苏杭水乡，置身东坡诗意之中。忽想起上世纪七十年代还听闻徐州有猪行街头呢，短短几十年间徐州斧旧理新，面貌焕然，不由得感慨系之。

29.
中吴要辅
常州

上午，我们在徐州乘上高铁，两个半小时后抵达常州。下午开始工作，先参观了城市规划展馆中的历史文化名城厅，接着与政府相关委局座谈历史文化的保护工作。

常州有2000多年的建城史，自西晋以来一直是苏南地区政治、经济和文化的中心，有"中吴要辅"之称。常州历史上人文荟萃，历朝历代进士、状元层出不穷，还出现过自创一格的常州学派、常州词派和常州画派等。更有史学家赵翼、文学家洪亮吉、《官场现形记》的作者李伯元以及近代的赵元任、华罗庚等一代翘楚各领风骚，可谓历史厚重，文脉深植。座谈中，当地官员坦承在前些年快速的城市建设和发展中，对古城的历史文化保护一度不够得力，近年来正积极整改予以补救，已有明显改善。2015年，常州获批国家级历史文化名城，成为江苏省第12座获此称号的城市。

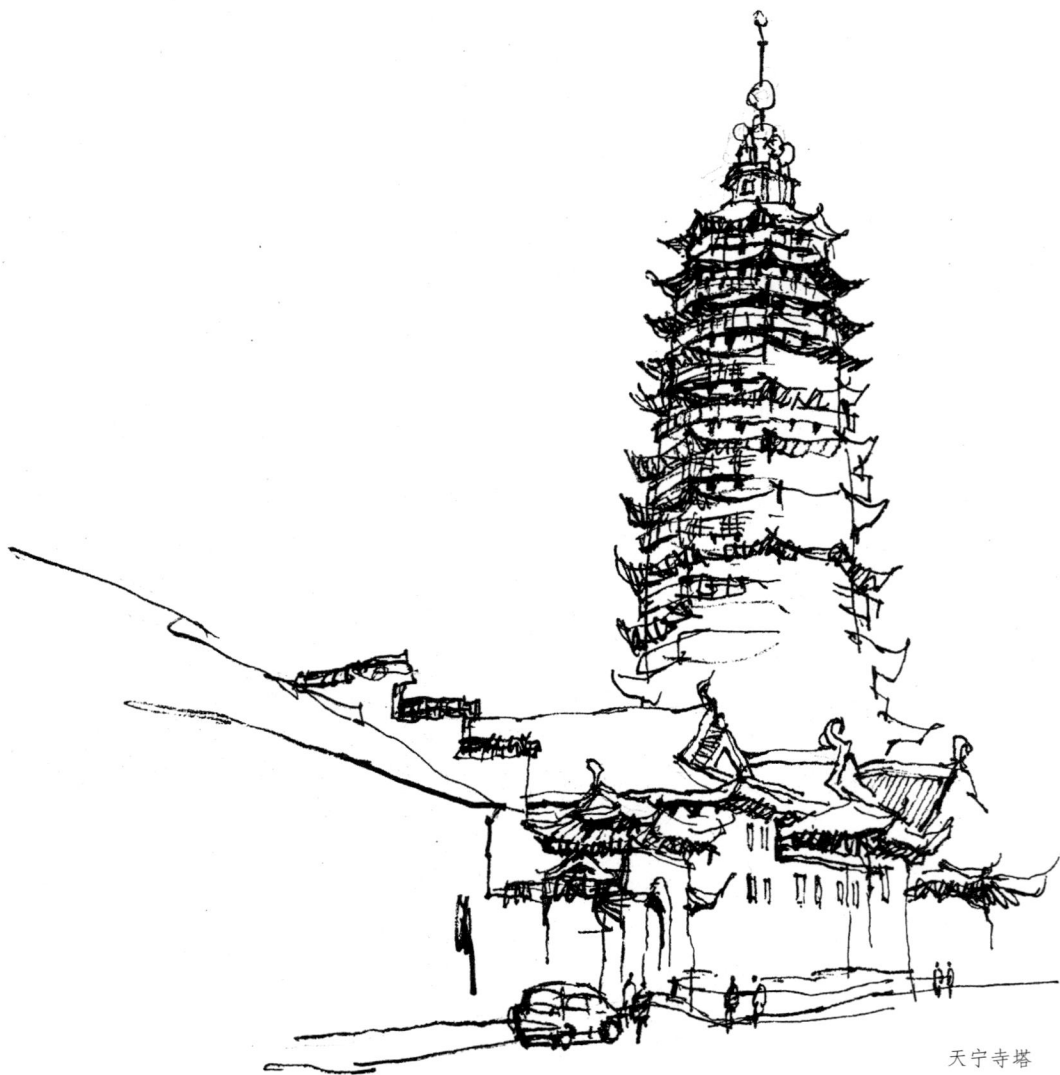

天宁寺塔

次日安排参事们分两路视察。一路去淹城，我这一路则前往天宁寺。

一别多载的天宁寺如今整修一新，金碧辉煌，释迦牟尼与观音、文殊、普贤和地藏王四大菩萨、五百罗汉共聚在此，仿佛禅林的"峰会"。近年来复建的天宁寺宝塔冲霄凌云，使这"东南第一丛林"气势更显壮伟。在寺内转过一圈，我抓紧时间来到寺外侧旁的小街上，将那座秀出云表的浮屠写入了画本。

眼前的小街与天宁寺仅一墙之隔，墙内墙外便是清静道场和喧嚣红尘两个世界了，但倘若一个人心无波澜，又何处不是碧海晴天呢？

从天宁寺向东不远处有东坡公园，是东坡先生一生中 11 次来常州的舣舟登岸之地。

蜀山镇东坡书院旧址

常州与苏东坡有着不解之缘，是他从青年时代起就憧憬可以安放人生的理想家园。但除了曾在宜兴（现隶属无锡）度过一段短暂的静好岁月外，大部分时间里他只是这里的一个匆匆过客。一代文豪一生屡遭劫难，深陷封建官场的汹涌漩涡不能自拔，只能起落跌宕随波飘零，几乎终老孤岛。晚年欣逢大赦，已是风烛之年，他没有选择归老故土蜀地，而是以抱病之躯最后一次来到常州，在这片他毕生向往的土地上度过了人生最后的 49 天，想来令人唏嘘啊！明末清初诗人吴梅村有"误尽平生是一官"的自嘲之句，恰似为东坡先生而叹哩！如今常州将东坡屡次登岸之地辟为公园，在他终老的藤花旧馆上建起了纪念馆，他居住过的宜兴蜀山镇上则有"东坡书院"存留，供人参观怀想。

青果巷位于流经市区的古运河畔，是一条连甍接宇临街枕河的水乡老街。史上有过舟船云集、货工往来的繁盛，民间有"一条青果巷，半部常州史"之说。青果巷更是一条"名士之巷"，深宅大院毗邻，名门望族蚁聚。随意行走之间，便会发现不少老宅主人竟都是如雷贯耳的人物，如瞿秋白、盛宣怀、赵元任、周有光等，让人不由得肃然起敬。近年来，政府已清醒意识到这里是常州硕果仅存的水乡风貌历史街区之一，是常州古城历史文化景观的重要载体和根脉所在。故我们到来之日，也是建筑工程队全面入驻进行逐宅逐屋的修缮之时。

青果巷

孟河镇"万绥东岳行宫"

　　此行的最后一站是市郊的孟河镇，没想到这一凡常的小镇竟是我国著名中医医派之一——孟河医派的发祥地！孟河医派源起东晋南北朝时期，一千多年来承前启后，衣钵相传，至清朝中后期已是医术精进，名甲天下。据说繁盛时期，百余户人家的小镇上药铺林立，有各地患者慕名前来小镇寻医问药，如同今日病人涌向大城市看病一样。

　　接着还有更让人惊讶的发现。在离孟河镇不远的一个村子里，我们见到了一处门额上题写着"万绥东岳行宫"的建筑，就挤在沿街的老屋铺面之间，门旁立一石碑，书刻"梁武帝萧衍旧第"（一惊）！据介绍，此地名"万绥村"（音同"万岁村"），乃南齐、南梁两朝十一位萧姓帝王的桑梓之地（又一惊）！步入行宫，见主殿建筑虽不算巍峨，倒也飞檐崇脊，碧瓦丹楹，只是年久失修，荒落残破，景象萧条。

　　不过，大殿前立有重修"东岳行宫"的募捐告示牌，修缮工作已经启动……

30.
三吴都会
杭州

午后抵达杭州，学生小莉和小李已在南庄兜高速出口处等候了，接车后前往杭州师范学院，与该院音乐学院的同行见了面，叙谈甚欢。随后在校园参观了一圈，时间尚早，便前往西湖。

美国作家梭罗在《瓦尔登湖》中写道："湖是风景中最美的、最有表情的姿容。它是大地的眼睛。"东坡先生在八百多年前对西湖也有过类似的比喻，他说"杭州之有西湖，如人之有眉目……"当我们来到这大地的"眼睛"——西湖边上时，正是金乌衔山的黄昏时分，是明人袁宏道所谓"朝日初出，夕阳未下"的西湖最美之时。此时，稠密的游人已渐散去，平阔如镜的湖面上波光粼粼，舟影点点，夕晖洒下一湖碎金，远山如水墨濡染，层层淡去，长桥就在眼前，像一条曲曲弯弯的丝带飘落在湖面上。

西湖

长桥是"梁祝"故事中的"十八相送"之处，是人们心目中具有象征意义的"爱之桥"。西湖上这样的桥还有两座，不远处的断桥，述说的是另一个家喻户晓的爱情传奇"白蛇传"，稍远的西泠桥，则是钱塘名妓苏小小邂逅情郎之处，也是她死后的埋香之地。联想到冯梦龙"三言"中的"卖油郎独占花魁""金玉奴棒打薄情郎"等话本，讲述的也都是临安城内西子湖畔的爱情故事，想想这西湖可真是称得上爱情的摇篮了。难怪鲁迅先生对西湖有"会消磨人意志"的忧虑和警惕，他曾劝阻郁达夫去杭州定居，似乎那里的香山软水会让人一不留神中了"美人计"一般。

其实，西湖的文化形象是丰富多元的。长眠在此的一代忠良岳飞、于谦和辛亥英烈秋瑾、徐锡麟等赋予了西湖刚烈悲壮的色彩，宋人林逋"梅妻鹤子"的出世品格，明末张岱雪夜游湖的名士风范以及癫僧济公惩恶扬善的侠士义举等，使西湖具有了不同的文化品格。

大文豪白居易和苏东坡曾先后步入西湖的千年岁月。他们在此为官都只有短短数年，不仅为西湖留下了千古传诵的诗篇，还主持了西湖的清淤治理，并化腐朽为神奇，以浚湖葑泥分别堆砌成白堤和苏堤！为西湖增添了"花满苏堤柳满烟"和"白堤一痕青花墨"的佳景妙趣。清人阮元任浙江巡抚时，也在西湖浚湖堆土而成一小岛，后人称之为阮公墩，与湖心亭、小瀛洲三足鼎立成就一景。

宋都御街

127

古往今来，西湖不仅是自然景观，更是人文景观，是"自然与人类共同的作品"。来西湖不仅可欣赏湖山美色，更是一种历史和文化的阅读。2011 年，西湖因其多元厚重的文化品格和广泛持久的文化影响，被列入世界文化遗产名录。

次日，到鼓楼一带的老城区闲逛。杭州的鼓楼始建于唐末五代时期，后屡圮屡建，现楼为 2001 年复建。登楼纵目，临安古城街市的肌理样貌依稀可辨，南宋御街和清河坊两条石板街像两条历史纽带在此交错回环。御街是临安城的中轴线，曾是南宋历朝皇帝去宗庙祭祖时的御道，如今修建成了一条仿古的历史街区。

相比御街，清河坊更有市井烟火气，历史上，这里就是杭州最繁华的商业区，几百年时移世换而不衰。老街上现存古建筑大多建于明末清初，一大批人们熟悉的特色老店百年商号如胡庆余堂、张小泉剪刀、万隆火腿庄等汇集于此，仿佛古钱塘"商贾并辏""开肆三万室"的情景重现。人们游过了西湖来到这里，精神与感官像经历一次频道切换——从"人间天堂"的碧波幻影中转换到万丈红尘的喧嚣市肆间。不过，"哪怕它十分喧阗，悠悠然的闲适总归消除不了"，俞平伯在散文《清河坊》中这样写道。他还说，山水是美妙的俦侣，而街市是最亲切的。

河坊街

游览灵隐寺时飘起了小雨，山道上怪石磊磊，古木苍苍，隐约于烟岚云霭中的山寺愈显得清寂出世。但我感到灵隐寺之妙不在寺之本身，而在山门外的飞来峰，飞来峰之妙不在巍然高耸，而在张岱所说的"棱层剔透，嵌空玲珑，"宛如"米芾袖中的一块奇石"。山壁上的石刻佛像更是惟妙惟肖，面目传神，尤其是那尊宋代的大肚弥勒，袒胸露腹，喜笑颜开，让人看着忍俊不禁，烦恼尽消，如同喝了"心灵鸡汤"。

灵隐寺飞来峰

31.
孔氏南宗
衢州

离开杭州时雨已下得淋漓，心中却存有侥幸，到衢州还有三个多小时车程，或许那时雨水会稍有停歇？但抵达衢州孔庙门前时，大雨依然毫不懈怠地下着，且已呈滂沱之势。后来才知道，衢州所在的浙江南部正是这场降雨的"重兵集结"之地，我们正在一头撞进雨水的重重伏击圈之中呢！

衢州孔庙不同于古时候作为州学、县学所在地的孔庙（亦常称作文庙或学宫），而与山东曲阜孔庙一样是孔氏一族的家庙，为全国仅有的两处孔氏家庙之一，世称孔氏南宗。南宋建炎年间金兵南侵，曲阜的孔子第四十八代孙衍圣公孔端友携孔子夫妇的楷木像随宋高宗南迁，敕建家庙于此，从此衢州便有了"孔氏第二故乡""儒学南方圣地"之誉，至今已有700多年历史。衢州作为国家级历史文化名城，孔氏南宗是最有分量的文化象征。

步入孔庙参观，见松柏苍翠，石蹬斑驳，雨中几无游客，愈显得古朴幽深。这里的建筑形制诸如庙门、仪门、大成殿以及"两庑"三进等均参照曲阜孔庙布置，规模上则是曲阜孔庙的缩简版。这里的孔圣人也似乎更接地气，少了些曲阜家庙中那种帝王般高高在上的威仪，仿佛就在你的近旁，带着邻家长者般的慈祥。

衢州孔庙

我转了一圈，没有找到一处既能挡雨又有角度的写生之地，于是出门察看地形。孔庙门前横贯着一条大路，将棂星门和泮池都切到了马路对面，对面好像是一座依山而建的公园（府山公园）。半山腰有一座凉亭恰与孔庙隔着大路相望，顿感成竹在胸。我来到山前登上凉亭，泮池和棂星门就在眼下，孔庙的外观因隔着一条马路有些遮挡，但整体轮廓尚在，不禁暗喜。此时雨水借着风势从凉亭透空的四周扑入，只有亭子中央一米见方之地不能侵及。于是我稳稳地占据着这一平方米的有利地形，快速将"孔氏南宗"写入了画本。

　　然后，只能无奈地带着未尽的意兴和对雨过天晴的期盼，前往下一个目的地金华而去。

　　2015年，我去往福建途中路过衢州辖内的江山市，顺道游览了世界遗产江郎山和千年古镇廿八都，现将随笔所记附录在后，算是对衢州的一点补充吧。

笔记两则　　　　　　　4 月 19 日　阴　有时有雨

　　车抵江郎山下，远远望见广袤的田野上跃起一片山峰，上有三根石柱拔地凌空，高插云表，形甚奇崛。

江郎山

步入山中，细雨绵绵，顿感云雾蒸腾，烟岚缥缈。最奇绝的是一线天，形如巨斧中劈，截然两分，中间一线窄窄的山道，高300多米，陡峭而仄迫，状若天阙。从夹峙的两壁间透入的天色，如一根笔直的光柱从天穹直刺入地面。从这里登攀而出，是一个豁然开朗的坪台，在雨雾的缠绕中，山景如梦如幻。忽而一阵风过，恍若有一只无形的巨手拉开了帷幕，奇异的峰石，苍翠的林木瞬间历历展现眼前；忽而一股云雾从山谷升腾而起，如同舞台上施放的烟幕，又将一切收入混沌之中……

小雨时断时续，我们走走停停，还有最后几百米的顶峰因峭陡路滑未再攀登，只能留待日后了。

下山后去往廿八都古镇的路上，拐道来到保安村的"戴笠故居"一访。这是浙西一座普通的自然村落，阡陌纵横，远山如眉。大小狗们在村前闲荡，一群白鹅在田畴间争食打斗，胜者如获胜的拳击手般傲然扇动双翅仰天长啸。浓郁的田园风情扑面而来。

来到故居门前，一位自称是戴笠堂孙的老人收了每人10元的门票后为我们讲解。老人自我介绍已77岁，染了头发略显年轻，头脑还很清晰，一口浙普，语速甚快，边讲边咳嗓子并大力啐到周边地上。从他的讲述中得知，临近解放，戴笠的弟弟和儿子逃到广州被抓获，1950年枪决。戴笠有三个孙子一个孙女，其中两个孙子与其母逃到台湾，其中一人后来染上吸毒恶习病亡，另一人在美国完成学业后任外交官。近年来两岸关系解冻，曾于清明回乡祭祖。留在大陆的孙子孙女都改名换姓托人收养，孙子送在上海，后来情况没听清，孙女曾嫁到江西上饶，近年也已认祖归宗……国共两党历史中你死我活的沉重一页就这样被轻轻翻过。

此外，还第一次知道了国民党军统人员中江山籍人氏占大多数，这不仅因为军统首脑"一戴三毛（戴笠、毛人凤、毛森、毛万里）"均为江山人，有同乡情结，还因为江山方言极为难懂，不怕窃听。

傍晚时分赶到廿八都古镇入住，大雨如注。

4 月 20 日　阴转多云

一早起来一路逛进老街。

与皖南古村落相比，廿八都老街给我的第一印象是一片马头墙的世界。这里的马头墙大都为二至三重，高高低低层层叠叠，沿屋顶的坡度耸列着，张扬恣肆地喧闹着。墙头在尽端处调皮地翘起反卷，将街中央屋檐间露出的灰白天色切出各种曲线的图案。

廿八都古镇

老街的另一特点是各家的门面都极考究，大多是向前伸出的楼阁式门楣，木结构框架，饰以精致木雕，黛瓦覆顶，檐角起翘。行走街上，望着这些岁月精心雕琢的古宅老屋，感怀敬惜之心油然而生。

廿八都古镇位于鸡鸣三省的偏地僻壤，四周群山环峙、地势险要，是从浙江南下入闽的通道和门户。当年日本人占领江山后曾一度南下，但在仙霞关遭遇抵抗后，就未再向南推进。在后来的整个抗战期间，日寇也始终没有通过这里向福建进攻。

我想这与日寇将重庆作为战略主攻方向有关。按照这一战略部署，东南方面日军主要的进攻路线是向西推进攻占两湖而不是南下，最终与从西北南下的日军会合攻占重庆。这也就是抗战中的一些重大战役如上高会战、徐州会战、武汉保卫战、四次长沙会战和湘西会战等都在这一战略方向上展开的原因吧。正因为此，廿八都虽也历经烽火硝烟，相对还算平静，在浙南的大山坳里较完整地保留了下来。

　　看看画画，在老街逗留了一个上午。

廿八都老街

32.
两浙要冲
金华

清晨起床，天色依然阴沉。窗外细雨霏霏，街上伞影幢幢，水光闪闪，心情便也有些阴郁。

冒雨来到太平天国侍王府。侍王府由前朝官衙改建，掩身在一面高大的照壁后面，一不留神就走过了。王府曾经的主人是太平天国晚期四位主将之一，年仅 27 岁的左军主将侍王李世贤。另三位是后军主将忠王李秀成、前军主将英王陈玉成和中军主将辅王杨辅清。太平天国经连年征战及数次残酷的内斗，后期领军的主将大都是 30 岁上下的少帅了。

金华位于浙江中部，有"两浙要冲"之称，对于定都南京的太平天国政权而言，是具有重要战略意义的后方根据地。1861 年，李世贤攻占金华后就坐镇于此，使之成为浙江的军事、政治中枢。但三年后南京即被清军攻破，根基已腐的"天国"大厦瞬间倾圮。李世贤从浙江转战福建，一年后死于内乱。世变时迁，白云苍狗，如今唯有从王府当年留存的壁画中依稀可窥那段岁月的某些痕迹。

出了侍王府，附近就是老城区。一条东西向的狭长石板老街弯弯斜斜地从鼓楼向两边伸展着，街两侧排列着砖木结构的老屋，有几里路长。漫步在雨中的老街上，不经意间到了八咏楼前。

八咏楼始建于 1400 多年前的南齐，由时任东阳太守的沈约所建，是一组建在石砌台基上的楼阁建筑，歇山飞檐，垩壁朱梁，结构工巧。但有人称其堪比黄鹤、岳阳，就有点说不过去了。八咏楼原名玄畅，因沈约多次登楼赋诗，尤以《八咏》诗享誉一时，唐代遂更楼名为"八咏"。后来李白、李清照和赵孟頫等都曾到此登临吟诗题咏，使此楼渐闻于遐迩而跻身名楼之列。

沈约擅长诗文，一度有"齐梁文坛领袖"之誉，曾为南齐时的文学"朋友圈"——"竟陵八友"中之一员。南朝钟嵘在《诗品》中评点沈约说，"虽文不至其工丽，亦一时之选也"。沈约先历仕南朝宋、齐两朝，后积极为"竟陵八友"中的萧衍密谋代齐自立，成了南梁的开国勋臣。晚年却因与梁武帝萧衍有了些嫌隙，竟忧惧而亡。

今日八咏楼令我略感遗憾的是置身于市井之间，既乏远眺之景，也难显峻拔之姿。我想这定是千百年来城郭迁移街市演变的结果吧，不会是当年沈约建楼选址的初衷。

老街八咏楼

　　下楼来到街上。迷蒙的烟雨给老街笼上了一层古朴苍凉的色调，颇有意境。于是L君打着伞，我站到街心写生。因为雨天，街上少有行人，但有一种卖早餐的三轮车不时往来，车上的雨蓬向两侧伸出几乎与街同宽，当它经过时，就如同铲车般将街上的行人铲到两边街沿上。我和L君也被屡次铲出街心，如此再三，总算画成。

　　两年前，我还去过隶属金华的三座古村落——兰溪的诸葛八卦村和武义的俞源村、郭洞村，有一种来到世外桃源般的清新和好奇，仿佛步入了中华数千年农耕文明和乡土文化的实景博物馆，目睹了中国传统乡村中宗族文化、耕读文化和风水文化的鲜活样本。三座村落均按风水原理布局，其中诸葛八卦村为诸葛亮后裔按八卦图形设计，村落主体结构以中央池塘为中心向八方辐射，与村外的八座小山相对应。俞源村的太极星象格局相传是由元末名士刘伯温设计，行走村中，阴阳双鱼的太极图案在池塘边、田野旁以及路面、墙面、梁柱上和生活用品上随处可见。当今时尚的Logo设计理念，在这座小山村里几百年前就有了。

上：诸葛八卦村

中、下：俞源村

上：郭洞村

下：诸葛八卦村

33.
台州府城
临海

从金华去临海的途中，雨区终于被我们甩在了身后。天放亮了，心情也随之亮堂了起来。沿途简单地用过午餐便匆匆赶往临海的"江南小长城"。可就是这一顿快餐的工夫，雨云的前锋已拍马追到，"小长城"下已呈"黑云压城"之势。当我们登上城墙时，雨便渐渐沥沥下了起来，把我们逮了个正着。

临海自古是浙东门户，为台州府治。临海长城原为台州府城的城墙，始建于东晋，经历代修缮扩建渐成规模。明朝戚继光驻守台州的八年期间，城墙得到进一步修筑加固，成为海防的坚固壁垒，被称为"江南八达岭"。临海长城有十几里长，依山就势，起起伏伏，敌楼雄峙，雉堞连云，形势险要。不过相比之下，北方大山巍峨雄浑，苍茫无际，北方长城有如一条巨蟒逶迤盘桓，而临海长城则更像一条灵动穿行的小青蛇，遇山上坡，逢水绕弯，沿着江流绵延成一条宛转如带的曲线。北方山体黄土巨石，长城好似一个袒露着褐色肌肉的魁伟壮汉，而临海长城沿途林木参天，浓荫掩映，秋令时节，深红嫩黄，一片绚烂，好比作飒爽英姿了。登高眺望北方长城，一望无际尽收眼底，临海长城则于千重翠幄之间时隐时现，有些"山重水复""柳暗花明"的意思，透着婉约和含蓄。

小长城

后来戚继光调任蓟镇总兵期间，曾把在临海的筑城经验应用到北京八达岭长城和慕田峪长城的增扩和加固上。如此说来，这临海长城后来居上，还成了北方"老大哥"学习的榜样呢！

冒雨沿城墙一路行至后山，从城隍庙下来时雨水已成强弩之末。半山腰上有一座新落成的戚公祠，入内看了一圈，像按快进键般掠过了一代将星戚继光六十载的人生踪迹。戚公戎马一生转战多地，纪念他的祠堂现存多处，但最应感念此公的当是临海啊！是他屡次救临海于危难，成就了临海"抗倭名城"的英名。当然，临海也成就了戚公一生的伟业，在这里，他九战九捷，彻底肃清了祸害浙东二百余年的倭患！一个人与一座城就这样在特定的时空中相遇，交相辉映，互为因果，在历史长卷中留下了闪光的一页。戚公晚年受万历朝清算张居正一案的牵连而遭革职，从辉煌的顶峰跌落尘埃，不久便在贫病交迫中郁郁而殁。墓碑上只有不冷不热的九个字"蜡日，鸡三号，将星殒矣"，令人怆然。

戚公祠

紫阳街

　　沿着石阶小道继续下行到了山脚下，便一步跨进了"紫阳古街"。这里宋代遗风犹在，明清格局尚存。粗朴的石板路，砖木结构的二层宅屋，前店后坊，楼上居家。一些传统手艺的裁缝铺子、剃头店以及补锅修鞋等老行当依然在营业中，老字号的饭庄茶楼杂错毗列，游人不绝于途。老街上每隔二三百米就有一道青砖砌就的高约十米的跨街坊墙，上开拱门，长街便被切分成了几段，这利于防火防盗，也便于外人寻访辨识。浙北的其他古镇如乌镇、西塘等也有类似的坊墙，但此处更为高大厚实，如同小城门一般。

　　老街上尚存有文庙府学、道教遗址、状元宅邸、名人故居等历史遗迹，而古水井、老石坊更是信步可数。千年古城积淀的有形和无形的文化就这样浓缩在这条两里路长的老街上了。

34.
东方港都
宁波

宁波历史悠久，唐时称明州，明初为避国号之讳，取"海宁则波宁"之意改称宁波。

宁波有七千年前的河姆渡古文明遗址，有中国现存最古老的民间藏书楼——"天一阁"，有奉化的蒋氏故里、宁海的前童古村，还有风物清丽的三湖（月湖、慈湖、东钱湖）和香火千载的三寺（天童寺、保国寺、阿育王寺）等。可谓风景隽美、文物风流之地。

宁波堪称佛教之乡。有人专门游遍宁波城区及其下辖的二县三市，记录有寺院133座之多。其中七塔寺是宁波市区规模最大也最古老的寺庙，号称"浙东四大丛林"之一。它始建于唐，曾名"楼心寺""补陀寺"等，清康熙年间在山门前建了七座象征禅宗起源的小佛塔，遂改用现名。七塔寺建筑严整，气象庄肃，只是位于车水马龙的闹市繁忙路段，寺院的山门牌楼紧临大街，七座石塔被推挤到人行道上，多少影响到了交通。

上：七塔寺

下：保国寺大殿与钟楼

　　天童寺和保国寺两座名刹则都隐于深山，远离红尘。尤其是保国寺，坐落在群山环列的山坳中，从头门沿着一条石径盘纡向上数里方抵山门，好像从凡尘步入佛国的过程。寺内殿堂为唐、宋、明、清历朝所建，依山势缓缓层递而上。其中大殿为宋代的全木结构建筑，整体构架与斗拱昂枋等由数以千计的木构件架叠而成，绣错绮交，琳琅繁复，令人叹绝，这在长江以南地区已不多见。

宁波号称"书藏古今，港通天下"。宁波港自古为深水良港，有"海道辐辏"之誉。宋元两朝，宁波（明州）与泉州、广州同为我国沿海最大的贸易港口，又是海上丝绸之路的始发港之一，曾经桅樯如林，商贸如织，繁华盛于一时。后因明清朝实行海禁，宁波港荒废300余年，错失了世界大航海时代的发展良机。鸦片战争后宁波被辟为通商口岸，才重拾东南沿海重要贸易港口城市的地位，有"浙江的上海"之称。

天一广场宏大而时尚，被称为宁波的"客厅"。广场的中心位置上高耸着一座天主教堂，像一个象征开放、包容和外向的符号。附近是宁波的"老外滩"，是"五口通商"中最早开埠的地方。漫步其间，可以看到当年的英国领事馆、巡捕房、轮船码头和浙江海关等旧址，几乎可以拼凑出当年宁波开埠时的完整画面。

近代以来，众多宁波人来到上海发展，他们吃苦耐劳，善于经营，勇于开拓，逐渐形成了叱咤商海的宁波商帮——甬商。包玉刚、邵逸夫等甬商大佬都是从上海发展起家的。国人在上海开办的第一家银行、第一家保险公司和第一家信托公司皆出于甬商手笔，孙中山先生曾盛赞甬商能力之强、影响之大为"首屈一指"。

上：天一广场

下：城隍庙天封塔

据说今日上海人中百分之三十是宁波人，似乎可信。在我的记忆中，年少时身边的邻里熟人中宁波人很多。上海话中的"阿拉"便来自宁波方言。当年上海老一辈滑稽戏演员姚慕双、周柏春有个节目用 Do、Re、Mi、Fa……七个乐音模仿宁波人说话，很受听众欢迎，给童年的我和全家带来过欢笑。五十多年过去了，两人早已作古，但他们的音容笑貌还仿佛就在眼前呢。

35.
鱼米之乡
嘉兴

离开宁波驱车向北，跨过杭州湾大桥来到嘉兴时，好像终于冲出了南方雨云的包围圈，几天来老天第一次放晴了！一路上田畴平衍，湖汊纵横，农桑稠叠，禾稼青青，杭嘉湖平原的鱼米之乡风光一如百里画图展开眼前。

嘉兴，这名称就有中国传统文化的意境，让人联想到一座古色古香的小城。可来到市内，发现它走的是时尚路线，加上一点欧陆风情。街上可看到巴黎凯旋门、奥赛博物馆模样的建筑，还有维也纳酒店、格林小镇等。也能看到一些造型独特的现代建筑，让人联想到太空星球之类。主城区有宽阔的大道，两旁是刚落成或正在建设中的大楼，高高的塔吊正在忙碌中。如果王国维、徐志摩或李叔同等嘉兴乡贤见到这般景象，不知能涌上几多乡愁？

嘉兴有南湖，与杭州西湖、绍兴东湖合称"浙东三湖"。湖心岛上有烟雨楼，是到嘉兴必看的一道风景。从南湖景区内乘坐游船登上湖心岛，从清晖堂进门便来到烟雨楼前。

烟雨楼

烟雨楼为江南水榭楼阁风格,并不特别华丽壮观,却也重檐叠脊,画栋雕梁。不过,烟雨楼的动人之处应该不在楼的本身,而在楼外"微雨欲来,轻烟满湖,登楼远眺,苍茫迷蒙"的烟雨佳境中。遗憾的是我们此行长驱千余里,走过五六城,天天淋在雨水中,到此想看看潇潇烟雨时,却偏是碧天晴空,阳和景丽,烟雨妙景只可凭栏遐想了。

参观中发现,烟雨楼的名声远扬还与清乾隆帝的格外"恩宠"有关。乾隆六下江南,八次登楼,一再赋诗题词,并刻碑立于楼侧,像在为它站台。不仅如此,乾隆还在承德避暑山庄内仿建了一座"烟雨楼",好像要与它相伴终身哩。

下了烟雨楼,漫步湖堤,"温风如酒,波纹如绫",令人舒畅。经过停泊在岸边的"红船"——中共"一大"会议的游舫时,驻足感怀片刻,"不忘初心"。

嘉兴还有两座千年水乡古镇——西塘和乌镇,分属嘉兴下辖的嘉善县和桐乡市。记得十几年前,以乌镇为外景地拍摄的电视剧《似水年华》一经播出,乌镇便惊艳亮相,即刻摄住了世人的眼球。我第一次来乌镇时,感觉整个古镇像裹上了一层岁月的"包浆",苍凉古朴,凝重深沉,就像茅盾《林家铺子》中那个上世纪初的场景。相比之下,苏州的周庄就要略显俗艳一些。

乌镇

西塘、乌镇除具有"小桥流水人家"的江南水乡典型风貌外,还各有特色。西塘的临河人家都在自家门前搭建挡雨的廊棚,相连成片,绵延伸展一千多米,类似南方城市中骑楼的作用,可以"雨天不湿鞋,照样走人家",被称为"烟雨长廊",是西塘古镇独有的景貌。乌镇则有一种叫作"水阁"的建筑,在较宽阔的河道两侧,枕河人家伸向河中加建一间,加出的部分向河底打入木桩或石柱作支撑,往上架梁立柱盖屋,那屋悬于水上,如同古典园林中的水榭。

西塘

　　江南的水乡古镇是千百年间在江南纵横交织的河湖港汊地貌之间逐渐形成的,它们因河成形,因河繁盛。今天,这些孕育滋养了古镇的河道水网依然呵护着它们。由于"推土机式"的发展方式无法在密布的湖汊间进行,古镇因此可置身于工业化都市化的浪潮之外,依然以延续了千百年的传统习俗和舒缓节奏从容不迫地生活着。

上、下：乌镇

上：乌镇

下：西塘

150

36.
水城桥都
绍兴

一座真正的水城，应该有河道水网构成城市的肌理，像血脉贯通城区的各个部分，可以以水为衢，行舟当步，串起日常生活。绍兴曾经就是这样一座水城，后来经过上世纪的几次填河运动而"伤筋动骨"，幸好还有近半河道得以留存，所以在今天绍兴的老城区，我们还能见到它往昔的身影——河网交织，港汊纵横，高楼广厦不多，临河人家粉墙黛瓦石板小巷，古老的石拱桥千姿百态，一叶乌篷，仍划过一座座桥洞，穿梭于城区的大街小巷，抵达千家万户，船夫依然戴着乌毡帽……

临河人家

绍兴古称会稽,历史悠久。《史记》中说大禹曾在此汇集诸侯共商大计,故名"会稽"("稽"同"计")。绍兴有"文物之邦"美名,人文景观灿若星河。城南会稽山麓有大禹陵和禹王庙,记载着大禹治水的功德,府山脚下的越王台,让人怀想"卧薪尝胆"的典故;唐代大诗人贺知章在此建宅归老乡里,明朝思想家王阳明曾筑室开坛授徒;陆游在沈园题壁《钗头凤》,留下了一阕凄美的爱情叙事,王羲之于兰亭办雅集"派对",诗酒唱和,写下了流传千古的《兰亭序》。还有如雷贯耳的青藤书屋,它的主人徐渭徐文长号称明代"才子第一",连郑板桥也自甘成为其"门下走狗"。

临河人家

近代史上，绍兴英才辈出，有辛亥英烈秋瑾、徐锡麟，有文化名人鲁迅、蔡元培，他们皆为中华民族之脊梁。今天，这些名人故居均保存修缮完好，鲁迅故里更是被专门整合成了一个历史街区，其中有鲁迅故居、鲁迅祖居——周家老台门，有鲁迅童年玩耍的百草园和少年时就学的私塾"三味书屋"，还有土谷祠、咸亨酒店等。街区内人流涌动，成群结队的中小学生前来参观瞻仰。

与鲁迅故居相比，位于邻近一条僻静小巷内的蔡元培故居则显得有些冷落。蔡元培先生是我的母校南京艺术学院前身——上海美专的董事会主席和创始人之一，因此，似有一条情感之线与我相系，既遥远又亲近。作为中华民国首任教育总长，任职12年的北大校长，蔡公强调学校教育的首要目的是"养成健全人格"，认为美育具有陶冶人道德品格的重要性，并开创了大学"学术"与"自由"之风，可谓中国现代学校教育的奠基人。

　　蔡公仁义宽厚，对他的小老乡鲁迅一贯关照提携。鲁迅生前，蔡公曾多次出手相助帮他脱离困境；鲁迅死后，蔡公操办葬礼，书写挽联，还为其文集作序，称其为"新文学开山"，可谓倾心尽力。但从鲁迅的信札中，却少见对这位仁厚的同乡前辈有热情的回应，这是他"孤独斗士"的脾性所致吗？

　　这让我想起上世纪末国内文坛围绕鲁迅的思想、作品、在中国当代文学史中的地位以及他的个性等展开的一场讨论。这场被学界称为"鲁迅事件"的论辩，其最为可贵之处是让长期以来如神一般存在的鲁迅先生走下神坛来到了我们身边，让人们可以看到一个有血有肉的"活着"的大先生。他有脾气，但不乏柔情，他对同道师友并不太讲情面，对后进晚辈却爱护有加，他思想敏锐，但还不够豁达，他是个革命者，却也是个好玩的性情中人。他有时幽默，有时多疑，有时善怒，有时稚气，有时随和，有时却格外严厉……不过，这一切都并不有损鲁迅先生作为文学家、思想家和革命家三位一体的划时代人物形象，反而使这一形象更全面更真实而更加鲜活可信。

　　北大钱理群教授认为鲁迅最大的好处是拒绝被收编，同时他也不想收编别人，"他逼着你跟他一起思考，但并不把现实答案告诉你。"

街景

附记 青藤书屋屋主徐渭曾自镌一印——"秦田水月","秦"字可拆为"三人禾",正合"徐"字,"田水月"即"渭"字,倒也合乎他放浪不羁的性情。

37.
丝绸之府
湖州

民谚说："湖州一个城，不及南浔半个镇"，我也是先听说南浔镇而后知道湖州的。

近日与作曲系师生去江浙采风来到南浔，正逢古镇"双喜临门"的好日子。第一喜是江南运河南浔段的頔塘古道随我国"大运河"项目一起被列入世界遗产名录，南浔镇作为运河附属遗产地被同时列入；第二喜是湖州获批国家级历史文化名城，南浔镇历史文化街区在其中厥功甚伟。

来南浔前才去过乌镇，两地虽相距不远，人文风貌的差异却十分明显。

我想一地的风貌景观必会折射当地的人文理念，而人文理念又建立在经济发展水平之上，经济发展水平则与自然地理条件息息相关。南浔首先有着得天独厚的"地利"之优。它依托江南运河支线——頔塘古道的水利和运输功能以及周边长三角腹地发达的蚕桑与农耕经济，早在南宋时就已"耕桑之富，甲于天下"了。明清以来，南浔经济"转型升级"，渐渐以生产蚕丝为主业。清末上海开埠后，打开了南浔蚕丝直接运抵上海进入国际市场的快速通道，使南浔的蚕丝贸易适逢"天时"，得到突飞猛进的发展，"丝绸之府"之名闻于四方。蚕丝的巨利使小小的古镇富豪云集，出现了如福布斯排行榜般的"四象八牛七十二只小金狗"之说，南浔遂成为中国最早的民族资本发源地。在清末民初汹涌的历史大潮中，南浔富豪张静江倾力支持共和，"天时""地利"之外又得"人和"，中华民国临时大总统孙中山曾将南浔镇升格为"市"而轰动一时。

小莲庄

在这一繁盛时期，南浔涌现出一批富商的豪宅大院、私家园林和商号会馆。这些建筑的典型特色便是中西风格的杂糅和交融，仿佛是折射那个年代的一面镜子。最具代表性的有张石铭江南风格故居中的西式洋楼和舞厅，刘氏梯号中被称为"红房子"的罗马式建筑，还有小莲庄东升阁内的罗马立柱以及南浔商会、丝业会馆的欧式门饰等，形成了南浔有别于其他江南古镇的独特面貌。

老街

嘉业堂藏书楼是南浔的又一特色。楼主刘翰怡祖上以丝业起家，到他那一代已是富甲一方，但他对祖传产业并无兴趣，却痴迷藏书。其时正是清末民初世相纷乱之时，不少有名的藏书楼如海源阁、铁琴铜剑楼等都已难以为继。嘉业堂则倾其财力八方搜罗，遇有好书，不惜千金求购，还聘名家校注刻印，鼎盛时期，嘉业堂藏书达 16 万余册。刘氏身为鸿商富贾，一生嗜书如命，醉心中华文化，不惜以书破家，晚年时家业已十去八九，却使很多无价的古籍善本经乱世而得以留存，实为难得。

南浔镇东头，沿运河有一处长约 400 米，称作"百间楼"的明清民居建筑群，是古镇的另一道亮丽风景。这里连排的楼屋鳞次栉比，橡木栋接，高低错落，相比相衔，沿着河道蜿蜒开去。楼屋大都为二层，楼之间有形态各异的重重山墙道道券门间隔，楼上的房间以山墙为柱跨过街面伸到河边，在其下方形成了一条遮风挡雨的骑楼式长廊。行走街上，游目四望，只见屋宇映水，河埠临水，小桥卧水，绿柳拂水，家家都是推窗见水的景观房啊！

当夕阳将金黄色的余晖涂抹在临水老宅及其水中倒影之上，一叶小舟咿呀划过之时，从对岸望去，真如一幅百米长卷，美轮美奂呢！

百间楼

38.
江淮要埠
安庆

安庆城之名始于南宋，是一座沧桑八百年的古城。安徽省名即由"安庆"和"徽州"的第一个字组成。安庆地处皖鄂赣三省交界，扼长江下游，锁东南要冲，自古就是战略要地。当年太平天国就是在安庆保卫战失利后战局逆转，其大本营南京以西门户洞开，屏障尽失，形势危殆终至覆亡。

来到安庆城，正踌躇着怎么走，就见一个塔尖从楼群上方探出头来，正是迎江禅寺的振风塔！于是跟着它的指引很快就来到了江边的迎江禅寺。

迎江禅寺始建于北宋，现存为明清遗构。山门不大，入内则殿宇巍峨，飞檐交叠。振风塔位于寺院中央，为砖石结构的七层八角楼阁式建筑，每层四面有门，护有石栏，塔身嵌空，玲珑剔透，檐角卷云，铃铎应风。登临其上游目四眺，滚滚大江，历历街肆，皆奔来眼底。舟船顺江而下到此，人们远远望见那座浮屠屹立江干，竟有"过了安庆不看塔"之说，赞之为"万里长江第一塔"，可见其夺目的风采。

距寺院不远，有辛亥革命陈列馆。参观后得知，辛亥革命的星星之火，实在是从安庆点燃的。1907年徐锡麟在此刺杀安徽巡抚恩铭，1908年城郊马炮营新军起义，皆可视为辛亥革命之序章。安庆现有一批以辛亥英烈志士来命名的道路，如锡麟街、德宽路和吴越街等，这在国内是并不多见的。

振风塔

安庆
沿江街景
9.29

钱牌楼老街

晚饭后，散步到了位于市中心的钱牌楼老街。老街是条步行街，东西走向，沿街铺户毗列杂错，曲里拐弯三百来米，西边顶头有一座倒扒狮牌坊，东首便是那座为明朝尚书钱如京所立的石牌坊——钱牌楼。我们沿着老街逛了个来回，便已是暮色四合之时。次日早上临行前又经过这里，此时老街的早市已近尾声，但仍是人头攒动热热闹闹，像是一处乡镇的集市，能感受到小城市井浓浓的烟火气，便停车速写了一幅。

接着前往桐城。桐城是安庆辖下的县级市，但这座不显山不露水且有些偏离中华文化圈中心的小城却孕育了辉耀清朝文坛200余年的散文流派"桐城派"，数百年来"文风昌盛"，鸾翔凤集，而以一小小城邑在全国千城百府中独享"文都"之名！记得中国近代第一所国立大学——京师大学堂（北京大学前身）的总教习吴汝纶即为清末的"桐城派"领袖。不过，但凡文学艺术一入流派，也易固步成型，拘于格套。钱玄同先生曾批评"桐城派"文章为"高等八股"。

　　桐城文庙就在老城中心，门卫称当日有接待任务而闭馆，只能在外围转了一圈。文庙规模较小，大门仅一开间，想象中"文都"的文庙似乎应该更壮伟大气一些。不过既然"山不在高"，庙也就不在大了，也许孔子会说，何陋之有？

桐城文庙

著名的六尺巷就在附近，但那高墙深巷早非原址原物，只如同摄影棚里的布景板了。而大学士张英给家人的回书"千里家书只为墙，让他三尺又何妨？万里长城今犹在，不见当年秦始皇"则几百年来众口相传，穿越岁月传诵至今，被世人引为醒世箴言。这其中"让他三尺又何妨"的一个"让"字，恰是儒家思想文化和伦理道德的根基。江南吴氏的始祖泰伯三让王位，被孔子称为"至德"。

　　张英之子张廷玉秉承儒门家风，"让"字当先。他儿子在科举会试中成绩优异将取为探花时，廷玉再三辞让，终降为二甲，颇为世人称道，与乃父有"父子宰相"美名。满清十三朝共有 26 位王公大臣配享太庙，张廷玉是其中唯一的汉人。

　　在街上看到有"孔城老街"的广告，说是"新桐城十景"之一，有些好奇，前往一观。原来"老街"还在"泥萝卜洗一截吃一截"的分段开发中，就已经前后封堵，出入设卡，建起售票处，门票 60 元，颇有失"文都"斯文之风。不过既然来了，还是进去转了一圈。

　　桐城近年来也正积极申报国家级历史文化名城，尚未获批，便将它归入"安庆"顺带一表了。

桐城孔府老街

39.
神医故里
亳州

从商丘沿济广高速南下，一个多小时的路程便到了亳州。

亳州位于安徽省西北端，与皖东北的淮北市如同锥入河南省域的一对犄角。亳州可上溯至三千七百多年前的商朝成汤都城"南亳"，今日城郊外还存有汤王的"衣冠冢"。亳州是曹操父子的桑梓之地，"三曹"遗迹众多，也是三国时曹魏的陪都。元末农民起义，红巾军还曾在此称王，定亳州为"大宋"国都。有了这三次为"都"的履历，就有人提议称亳州为"三朝古都"，不过唱和者寥寥。亳州是神医华佗的故里，城内有祀奉华佗的华祖庵。近年来，又有人惊喜地发现老子的故里竟然在亳州，而不是几千年来被官方和民间公认的河南鹿邑，从而使亳州加入到多地"名人故里之争"的队伍中，与河南鹿邑攻防往来，互不相让，僵持数载，最终不了了之。不过，这倒是反映了当下人们越来越多地意识到城市的精神在文化，城市的灵魂在历史，而历史文化名人正是一座城市无价的财富！

街景

亳州不大，行走街头总的感觉颇为老旧，城市规划和风格也有些驳杂凌乱。但未经拓宽拉直的长街小巷倒有了些古朴的味道，尤其是北关城楼外的白布大街一带，巷陌蜿蜒交织，肆铺排比罗列，历史街区的原貌尚存。亳州有众多中药材的店铺。作为"神医"华佗的故乡，亳州早就形成了中药材的产销市场，是我国历史上的四大药都之一，目前是全国最大的中药材交易中心。

街景

　　华佗是中医外科的开山之祖，《三国演义》中，他为关羽刮骨疗毒治愈箭伤的故事家喻户晓，脍炙人口。华佗在公元2、3世纪就发明了全身麻醉术，比西方医学中使用全麻术要早一千六百多年。他模仿虎、鹿、熊、猿、鸟的动作，创造了"五禽戏"健身法，提倡防病为主，治疗为辅，至今为不易之论。华佗之后，医师皆以被誉"华佗再世"为至高褒奖。然而就是这样一位中华历史上不可多得的伟大医学家，只因开罪了权倾天下的曹操而遭杀害。威权之下，生命真微如草芥！为此千百年来，尽管史学界对曹操的功过评判不一，民间则始终视曹操为涂白鼻子的奸雄，这多少与他滥杀误杀了不少正直忠良之士有关。

　　亳州的第一胜迹花戏楼就位于北关城楼外的一片仿古街区中。进了景区，一眼便可望见那座牌坊般耸立的门楼，来到近前，见门楼的水磨墙面上镶满了镌镂精致的砖雕，目光瞬间便被摄住。步入拱门，迎面是关帝庙大殿，端重轩昂，那座琉璃瓦歇山顶的戏楼，面向大殿坐落，两侧为钟楼和鼓楼，格局规整。

这座名为花戏楼的建筑群原是清顺治年间由山陕商人筹资兴建的关帝庙，又称"山陕会馆"。明清时期的同乡会馆大都看重"义气"二字而供奉关羽，山西人更是对关羽这位老乡倍加敬重，故山西会馆常常就是关帝庙。会馆经康雍乾三朝多次修缮扩建，增建了戏楼和其他辅助建筑，形成今天的格局。其中戏楼在无数能工巧匠年复一年的精雕细琢下，不知不觉间被打造成了一座徽雕艺术的宝库。整座戏楼布满了砖雕、木雕、彩绘的各种戏文、传奇和掌故，让人眼花缭乱，于是人们在戏楼名前冠以"花"字来形容其玲珑细密的雕琢和彩绘流丹的绚丽。渐渐地，花戏楼便"喧宾夺主"成了关帝庙的主角，声名播于遐迩了。

　　亳州有民谚："不到花戏楼，不算到亳州。"一座花戏楼，令亳州不致平庸了！

花戏楼

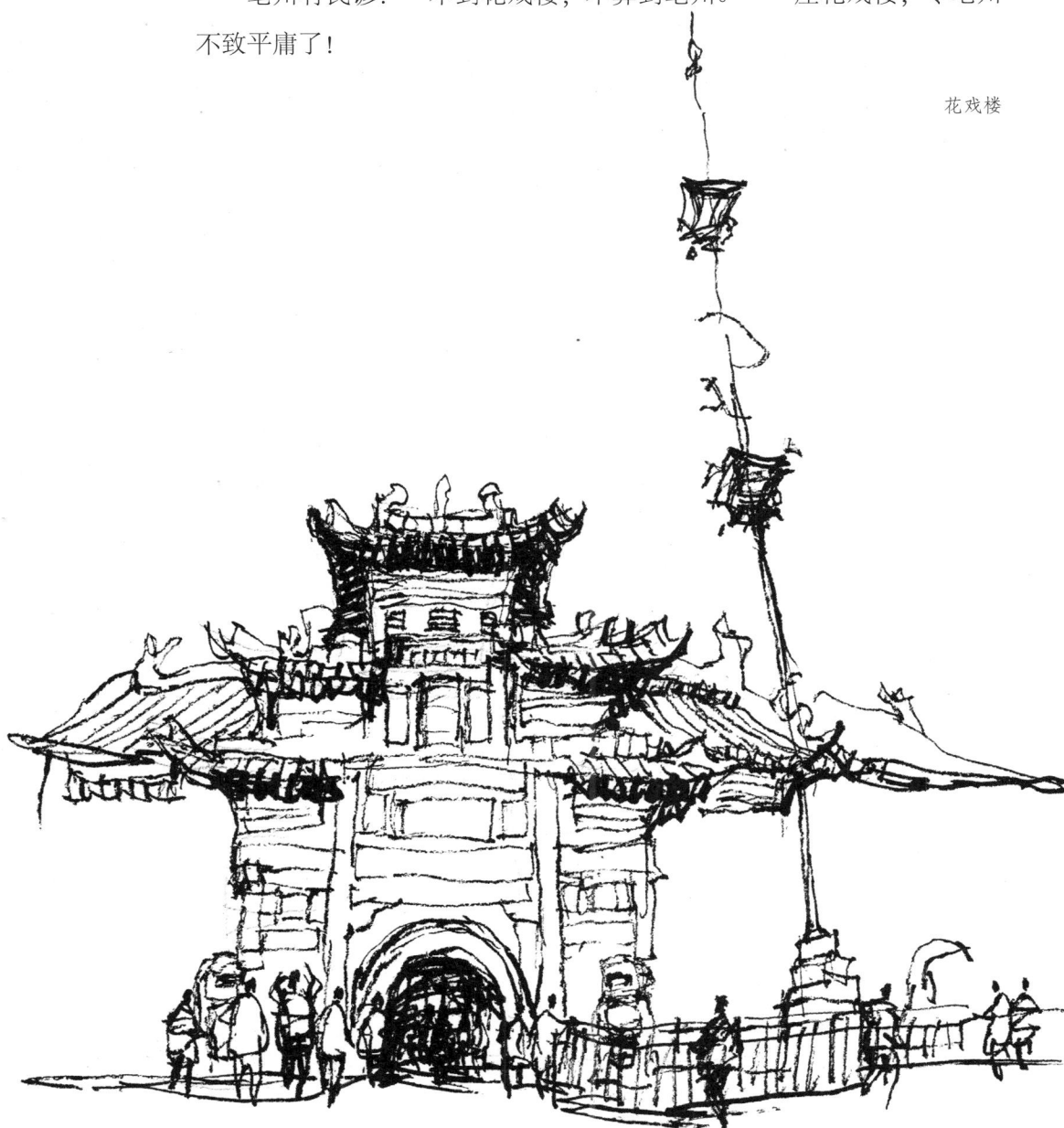

40.
淮南重镇
寿县

寿县地处安徽腹地,控淮淝,锁吴楚,山河襟带,形势险要。自古烽火连天,战事频仍,每当改朝换代之际,更是兵家必争。

寿县很小,被"城堞坚厚,楼橹峥嵘"的宋代城墙框成了一个边长三里多的四方形。城墙四面有门,东、北二门还建有瓮城,城楼巍峨,气势雄浑。

我们驾车从南门进城,不多时已将全城绕行一圈。城内纵横两条主干大道在城中心交汇成十字,形成东西南北四条大街,其他分枝的街巷也都横平竖直,如棋盘般方正。城内几无高楼,主街上新建的楼房也保持着粉墙黛瓦的古韵。其中东西大街是全城繁华的中心,商铺林立,行人如织。建于唐、宋、明、清各朝各代的古建筑遗存如展览般沿街排开,东街有城隍庙、卧佛寺、关帝庙,东北角上有报恩寺,向西则有清真寺、孔庙、魁星阁等。门楼相望,台阁并陈。

北门外数公里处有八公山,即东晋十六国时期"淝水之战"的主战场。这是我国历史上一场以少搏多、以弱胜强的经典战例,也为今天留下了"风声鹤唳""草木皆兵"和"投鞭断流"等成语。《世说新语》上有一则关于这场战事的东晋主帅谢安的记述,给我印象很深。大意是当日谢公看完战报后,若无其事,继续与客人对弈,客人不安而询战况,公淡然答曰"孩儿辈已破贼矣","意色举止,不异于常"。谢安沉着淡定的魏晋名士之风与前秦国君苻坚的飞扬浮躁相比,高下立判。故"淝水之战"的胜负结局并非偶然,此可为一证。

走进西大街上的寿县博物馆,便走进了古城的岁月深处。

寿县历史可上溯商、周,战国时楚国迁都于此名"郢",后朝又更换过寿春、寿阳、寿州等名,民国时改现名,沿用至今。

寿县

汉初这里是淮南王刘安的都城。《淮南子》一书即由刘安及其门客撰著于此。《淮南子》又名《淮南鸿烈》，"鸿"指"广大"，"烈"为"光明"，意指书中涵括了广大而光明的道理。该书在先秦道家思想的基础上，吸收了诸子百家的部分学说，究天研古，叙论驳杂。令我甚为好奇的是书中已经有关于音乐对人心影响的论述，如"动诸琴瑟，形诸音声，而能使人为之哀乐……"这应该是世界上最早的音乐审美理论了吧。但总体而言，《淮南子》属道家思想，为之作注的东汉训诂大家高诱认为"然其大较，归之于道"，称"其旨近老子淡泊无为，蹈虚守静"的理念。可悲的是这位淮南王看似醉心老庄，却学而不能致用，理论严重脱离实际，身为藩王还觊觎帝位，既不"光明"也不"广大"，最终谋反失败，被汉武帝赐死了事。

三国时曾称霸淮南的袁术也一度在此称帝，国号"仲氏"，不伦不类，数载即亡。

　　寿县周围，古王侯将相的墓葬颇多，较著名的有蔡侯墓、楚王墓、廉颇墓等，已出土蔡器、楚器为主的历代文物数以万件。故博物馆虽不大，稀世之宝却不少。

　　就这样走走看看，在两层四个展馆内俯仰低徊、上下盘桓了一个多小时，走过了两千五百年。

　　出了博物馆，回到喧嚷纷杂的大街上。时已向晚，夕照给古城镀上了一层淡淡的橘黄色。站在路边画了一幅速写，记录下 2010 年 10 月 4 日这一天寿县西大街上的景象。

安徽寿县博物馆

41.
徽州府城
歙县

在皖、浙、赣三省接壤处，有方圆数百公里的丘陵地区为古徽州的地域。这里层峦耸翠，碧水萦回，田畴如织，鸡犬相闻，自古有世外桃源之称。悠悠岁月还在这片土地上留下了星罗棋布的民居、祠堂、牌坊和楼、阁、塔、桥等古建筑遗存，其中民居、祠堂和牌坊被称为"古建三绝"。入徽州之境"遥望高墙白屋"已成为一道独特的风景。

老街

歙县就坐落在这古徽州的腹地，因山环水抱、"山水歙聚"而以"歙"为名。自隋朝之后的1300多年间，歙县一直是徽州府城所在地，是新安江上游一带的政治、经济和文化中心。

老县城

　　东晋士族南渡，南宋定都临安，徽州遂成了京畿近地。受随之不断东移的中华主流文化影响辐射，徽州歙县一带文风蔚起，人才辈出，至明、清臻于鼎盛。"以才取仕，以文垂世者"代出不穷，"父子尚书""十里四翰林"佳话乡里，并渐渐孕育形成了新安理学、新安画派、新安医学、徽派建筑、徽派雕刻等具有鲜明地域特色的徽文化。我们的国粹京剧，也是发源于此地啊！

　　明代中后期，徽州商帮崛起，逐渐成为中国历史上一支重要的商业力量。徽商奉行正统的儒家思想，以诚信为本，"贾而好儒"，首开"儒商"之风称誉天下，在三四百年间，纵横四海，富甲八方。

到了清末民初，徽州的中心迁移至屯溪，歙县从曾经的繁盛渐归于平淡。

近二十年来，歙县周边的旅游业蒸蒸日上。有着"世界遗产"桂冠的黄山和西递宏村就在歙县相邻的黟县境内，齐云山、绩溪龙川和桃花潭等著名山水人文景观亦环布四周。还有不少原本"养在深闺人未识"的山野古村被陆续开发出来，以其原汁原味的古朴风貌吸引游人寻幽探古。于是，歙县古城曾经的亮色便融入这一片重叠而交汇的璀璨光华之中，成了古徽州旅游热线中之一站，而不再是游客的终极目的地。

对我而言，三次歙县古城之行虽匆匆来去，但都依依难忘！

老县城古朴温暖的市井气息让我感到亲切；

渔梁镇的老街像是被遗忘在练江边上的一段老去的时光；

步入县城的宋代阳和门，一座四面八柱高大敦厚的石坊——许国石坊迎面矗立，令人仰视，这是皇上"眷酬"臣下的一块放大的"奖牌"？还是臣子衣锦还乡荣归故里的"凯旋门"？

许国牌坊

棠樾牌坊群则仿佛是一支威仪堂堂的仪
仗队伍，正从村外大路上络绎而来，鸣锣喝道
之声似犹在耳……但在这焕赫的荣耀背后，有
多少贞女节妇的泪水和叹息啊！

2007年秋，我和
南京市音乐界的同事
们来歙县采风时写下
过一首歌词《朝夕徽
乡》，不揣谫陋，附录
在后。

上：棠樾牌坊群
下：老宅

172

附：

朝夕徽乡

清晨的远山，
披着缥缈的轻纱，
屋前的山涧，
倒映着粉墙黛瓦。
村道上回荡着，
雄鸡高亢的啼唱，
一会儿东一会儿西，
起起伏伏传开去；
炊烟袅袅，
上学的孩童嘻嘻哈哈。
哦！
徽乡朝夕，朝夕徽乡，
你是我心中
一缕不舍的牵挂！

黄昏的田野，
裹紧了萧瑟的秋装，

一抹夕照，
拂过了桑叶芦花。
小河上荡满了，
浣衣村姑的笑声，
一阵儿响一阵儿轻，
热热闹闹飘过来；

灯火闪闪，
归巢的鸟儿叽叽喳喳。
哦！
徽乡朝夕，朝夕徽乡，
你是我梦里
一幅永远的图画！

上：唐模古镇
下：宏村

173

42.
皖南名镇
绩溪

早上八点半从南京出发，到芜湖下高速，转到去绩溪直线距离最近的 G205 国道，行驶了一段后发现路况不好又拐上高速，终于一鼓作气在下午一时半左右抵达了绩溪县城。

绩溪县位于皖南，隶属宣城市，虽只是一座人口不足 20 万的小县城，但自唐朝建县迄今已有 1300 余年，是徽文化的发源地之一。县城以东十多公里处的龙川村是绩溪千年历史文化的渊薮和象征，也是绩溪望族胡氏的世代聚居之地。

我们在县城老街上品尝了当地的特色菜臭桂鱼和毛豆腐后，径直前往龙川。

从一扇类似庭院的小门步入龙川景区，眼前立刻展开了一幅画卷。在四围绰绰青山环绕下，一条清澈的溪流从西向东在村落中穿行而过。溪水两岸，屋舍铺面楼宇宅院橡连栋接，一字排开，如同徽派建筑一览。因这两街夹一水的格局，龙川又名"水街"，和无锡南长街的"水弄堂"是一样的意思。

胡氏宗祠

沿着溪流南侧的石板路缓步向东，经过奕世坊，将近河口时，便到了胡氏宗祠前。胡氏宗祠号称"江南第一祠"，坐北朝南，气象庄肃。祠堂始建于宋，明朝大修并扩建，高廊宏敞，面开七间，梁枋门柱均不描漆画，愈显得苍古。于是和宗建一起坐在隔岸的美人靠上画了幅速写。然后过桥入祠内参观，见祠深三楹，规制严谨，祠内满堂满室的木雕花雕令人目不暇接，小到花草虫鸟，大到戏文掌故，均图案细密，栩栩如生，为徽派木雕艺术的拔萃之作。

　　之后从北侧往回一路逛到中石桥，对岸就是那座巍峨敦厚雕饰精美的奕世尚书坊了。这是明代嘉靖朝为旌表龙川的两位胡氏尚书而建。其中胡富为明成化年间的户部尚书，胡宗宪为嘉靖一朝的兵部尚书，两人荣任尚书之职恰相距一个甲子——60年，时称两代。"奕世"为代代相续之意，故名"奕世坊"。

奕世坊

　　明嘉靖年间东南倭乱频仍，时任直浙总督的胡宗宪为平定东南沿海的倭患立下大功，抗倭名将戚继光、俞大猷等皆出自他麾下。但他与奸相严嵩有朋党之嫌，严嵩倒台后胡公也遭清算，命运随即逆转，光华瞬间褪尽，最终死于狱中。后朝虽获平反，但一缕冤魂，早已去了黄泉路上了。须得一提的是，对于这位胡尚书，今日国人更要感念的是他与幕僚编写的《筹海图编》，这是首部将我国钓鱼岛绘入中华版图的珍贵史料！

绩溪胡氏族人中还有一位鼎鼎大名者便是晚清巨商胡雪岩。胡雪岩在鼎盛时期富可敌国，同时又是当朝二品高官，可谓左右逢源，政商通吃，是中国历史上少有的"红顶"商人。民间因之有"为官须看曾国藩，经商必读胡雪岩"之说。胡雪岩有卓越的商业才能，主要经营钱庄和药行，人称"江南药王"。在今日杭州的清河坊老街上，仍有他当年创办的药房"胡庆余堂"，堂名取"积善人家庆有余"之美意。但时逢清末乱世，何来"余庆"，晚年的胡雪岩也落得被革职查抄、郁郁而终的下场……

走走看看想想，不觉间已到了"斜阳远近山"的向晚时分。我们离开了龙川古村，仿佛离开了一个岁月深处的世界，走出了一段苍烟迷离的历史，重回到车水马龙的现实之中。

房舍栉比、屋宇连片的胡宗宪尚书府

43.
八闽首府
福州

福州临江面海，四面群山拱抱。

城东的鼓山因文化底蕴丰厚而有福州第一形胜之名。千年古刹涌泉寺依山偎谷，坐落山腰，寺内两座宋代千佛陶塔以及血经和佛牙舍利子是佛界稀世之宝，为天下丛林所景仰。

涌泉寺

鼓山不算高也并不险，让人于登山途中可尽情观赏历代文人名士的摩崖题刻。这些题刻上起北宋蔡襄、朱熹、李纲，下迄当今的朱德和郭沫若等，前后延续近千年，如同一部书法史。登临山巅，俯仰皆景，海阔天空，江流如带，远山逶迤于烟霞之际，苍苍茫茫……林则徐少年时登上鼓山之巅后，曾留下"海到尽头天作岸，山登绝顶我为峰"之句，其浩然的气度和奇拔的意境，恐令后人不敢轻易再题鼓山了。

三坊七巷是福州城最重要的一处历史文化遗存。这里曾经是福州的中心城区，是今日福州城之滥觞，也是我国现存不多的古代城坊制建筑样式的珍贵样本（另外几处在西安、大同等北方古城中可见）。三坊七巷以南北向的南后街为主干道，两侧十条坊巷——西三坊、东七巷呈鱼骨状散开，布局独特。近年来，政府投入巨资整修，面貌一新。漫步街头，满目青瓦粉墙，朱柱花窗，修彩补绘的楼馆屋舍迢递相衔，斧旧理新的商号铺面鳞栉排开。景貌虽如同当下城市中常见的仿古街区，但这里厚植的文化根脉却是别处难以望其项背的。

上：三坊七巷
下：林则徐纪念馆

就在这片不大的街区中，走出过晚清爱国名臣、被称为中国近代"开眼看世界第一人"的林则徐，走出过毕生研究介绍"西洋近世思想"、推动了晚清的思想开放和社会变革的严复，还走出过撰写《瀛寰志略》系统介绍西方文明的徐继畬、献身维新变法的林旭和血洒辛亥革命的林觉民兄弟等。在中国近代史上，这些名字都熠熠闪光。走进这些名人的故居和纪念馆，仿佛走进了100多年前那段风雨如磐的岁月，依然会被那些曾经如长夜闪电般的启蒙文字和振聋发聩的思想惊雷所打动！

近代以来，福州的名士俊才辈出不穷并非偶然，显示出几千年来中华文化重心由西向东从北往南迁移、由传统农耕文明向新兴海洋文明转型的发展路径。曾有民国学人做过一项有意思的研究，将我国正史中立传的文化人物注明省籍，然后按年代先后排列成序，形成这些文化人物时空分布的图表。从中可以看出，中华文明滥觞于黄河流域，直到 12 世纪前后，其中心区域依然集中于中原关洛一带。自明朝以降，政治中心虽仍在北方，江浙闽粤等长江流域和东南沿海地区的文化精英人数已呈明显升势。明清两代七成以上的进士，都出生于南方。经济文化重心东移南迁，"孔雀东南飞"的趋向十分明显。近 100 多年来，海洋文明更是具有高屋建瓴之势。

榕城老街

福州因"闽在海中"的特殊地理方位，自古就是东南沿海的重要港口，作为对外贸易和文化交流的海上丝绸之路门户，逐渐形成了兼具农耕文明和海洋文明特质的闽文化。相较于建立在农耕文明基础上的中原文化，闽文化具有明显的开放意识和世界视野，因而更顺应时代潮流。因此，当我们看到在短短的我国近代史上，从小小的三坊七巷中集中地走出了那么多文化名人和志士也就不会觉得奇怪了。

在中国近代社会政治变革的历史大潮中，我们还能看到众多广东人搏击潮头的身影，如中国民主革命的先驱孙中山，戊戌变法的主将康有为、梁启超等。广东具有与福建相似的沿海地理方位，同样受到海洋文明的熏陶和影响。

屹立江心的宋代金山寺

44.
闽海港城
泉州

泉州城不大，楼不高，路不宽，车不挤，气候温润，空气清净。漫步街头，绿荫蔽日，清影布地，身心轻松，无紧迫感，无焦躁心。街市的闽南风貌依然鲜明，建筑白石红砖，拱窗券柱，百年骑楼绵延伸展，主街旁有巷弄如枝丫般蔓延开去。

泉州是中国的"移民城市"，每当中原战乱，便有大批士族庶民举家南迁来此。他们"衣冠南渡"，带来了中原文化，逐渐同化了当地的闽越族人，也逐渐形成了独特的客家族群。到了南宋和元代，泉州与广州和明州（宁波）同为我国沿海最大的贸易港口，同时也是海上丝绸之路的起点，一时舳舻千里、帆樯连云，海外通商大盛。"海丝"沿线各国的商贾、游客和传教士纷至沓来，旅居泉州的外国人一度数以万计，其中尤以阿拉伯人为多，伊斯兰教徒中甚至已有什叶派和逊尼派之分了。于是"市井十洲人"共处一城，夷夏杂语，宗教纷呈，泉州因此有了"世界宗教博物馆"之称。

东大街

在市中心的府学路和涂门街一带，坐落着建于唐朝的文庙、北宋的关帝庙和南宋的伊斯兰教寺院——清净寺。关帝庙前最为热闹，香火蒸腾，香客纷纷拥拥，各自专注地忙着磕头摇签焚香祈告。关帝信仰在闽南颇为兴盛呢！关帝庙是闽南传统民居的建筑风格，屋脊中间下沉两头上翘如"微笑曲线"，木雕砖雕彩塑琳琅繁密，橘红色的面砖和屋瓦明媚俏丽，与毗邻的清真寺肃穆凝重的风格形成对照。

来到城南的天后宫，方知这里是我国最早的妈祖庙，也是海内外妈祖文化的发祥地和大本营！妈祖原型是泉州莆田一位正直善良的民女，被沿海百姓神化为理想中救苦救难的海上女神而立庙祭祀。后经历代帝王旌表册封，由"神女"而"天妃"，一直到康熙年间因"协助平台（湾）有功"加封"天后"。如今，妈祖信仰已远播海外，台湾一地就有妈祖庙500多座，信众千万以上，并以这座泉州天后宫为一脉同宗的香缘祖庙。

上：关帝庙
下：天后宫

清源山老子像

　　清源山位于北郊，山不高却"有仙则名"。山下有雕凿于北宋年间的老子巨型坐像，据称是我国最早最大的老子石像了。因石像位于老君岩，亦有称其为太上老君的，一时有些混淆。但石像旁有刻录《道德经》的碑石，应当是道家老子无疑。《道德经》碑刻为赵孟頫所书，十分喜欢，遗憾的是周围礼品店均无此碑帖出售。

　　参观千年古刹开元寺让我屡感意外！大殿前的石台上竟有源于埃及的人面狮身浮雕，据说是从废圮的印度教寺院遗址中移建于此的。大殿内的斗拱上附饰着一群飞天乐伎，盘旋飞舞，流光溢彩。走近细看，飞天乐伎皆有翅膀，显然受到西方天使造像的影响。在中国古人"精骛八极，心游万仞"的艺术想象中，飞天女神是从不需要翅膀的。

　　高耸于大殿两侧的千年古塔巍然凌空，是泉州的城市地标和象征。远眺双塔恍若楼阁式的木塔，近观方知是用花岗巨石垒叠而成，仿木构的斗拱、腰檐、立柱额枋和佛龛等均以石材雕琢而成，镌镂细密，罗汉、金刚等佛像浮雕遍布塔身，极尽工巧……

人类历史几千年，宗教冲突绵延不绝。从十字军东征、欧洲三十年战争到当今的中东乱局，兵连祸结，致生灵涂炭，社会倒退。由此想到这开元寺的多教一体，涂门街的三教毗邻和清源山的释老共处，泉州城完全可以挂牌"世界宗教和谐共存教育示范基地"了。

附记 泉州历史上还出过两位名将。一位是收复台湾的民族英雄、抗清名将郑成功；另一位是中国人民解放军的开国上将叶飞。两人均为泉州南安人。

45.
海滨邹鲁
漳州

从泉州驱车一个多小时抵达漳州。天上正下着雨，一阵阵忽大忽小，把古城濡染得水雾氤氲。

老城区规模不大，但保存较完整。几条石板老街如棋盘般横竖交织，临街的闽南骑楼式建筑之间偶尔会夹杂几座南洋风格的小洋楼，建于北宋的文庙就坐落在老城区修文西路的深巷瓦屋之间，朱柱画梁，高廊轩朗，紧邻的香港路上伫立着"尚书探花""三进宰贰"两座明代石牌坊，仿佛在暗示牌坊与文庙之间的某种因果联系。

老街

漳州史上俊彦辈出，这不能不提到曾任漳州知州的朱熹。朱熹知漳之际正是闽南佛道盛行、寺观遍布之时，朱熹深感将人生寄托于彼岸世界的神佛庇佑并不能真正救危济困，要拯救时弊唯有以儒学为范。为此他办官学，兴文教，定礼仪，易风俗，知漳虽仅一载却政绩彰著，遗泽深远。经他"教化"，漳州风习大变，文风蔚起，士民"服习诗书，敦尚礼义"，漳州遂有"海滨邹鲁"之称。

上、下：老街

古人云："孟子生而杨墨熄，程朱出而佛老衰。"儒学自唐末趋于式微，经北宋五子（周敦颐、邵雍、张载、程颢、程颐）的精神反思到朱熹集前儒之大成，缉故理新，逐渐形成了一个以"格物、致知、诚意、正心、修身、齐家、治国、平天下"为途，抵达"明德、亲民、止于至善"之境界的儒家理学思想体系，世称"三纲八目"。朱熹集中阐述这一思想体系的《四书章句集注》19 卷便是在漳州首先刊出。理学从此在漳州薪火相传，根脉深植。明代中叶以后王阳明的"心学"一度盛行，唯漳州士子秉持朱子之学不为所动。漳州名士黄道周即为朱子理学一脉相承的明末思想家。

　　漳州城区不大，所辖地区却不小，其中位于西南沿海的东山岛距漳州约 150 公里，比去泉州还远。但在这座并不太知名的小岛上却有着众多的自然和人文胜迹。岛上的"铜山古城"建于明洪武年间，花岗石砌就的城墙依旧浑厚坚实，雉堞严整，依山势盘桓起伏，戚继光曾在此驻守抗倭，郑成功曾在此屯兵反清。城内的关帝庙伫立在一片临海的山冈上。如仅看外貌，难以想象它竟是全国四大关庙之一！移居海外的闽南人将此东山关帝神灵的"分神"迎请至港澳台各地，使之成为港澳台数百座关帝庙的亲缘祖庙。关庙前的山崖边上有一奇石名"风动石"，状若巨球，底部与磐石相接处仅为数寸，几乎悬空，风吹石动，却千百年踞立不倒，这是大自然的杂技表演啊！

东山关帝庙

漳州下辖的南靖县，是福建土楼的两处主要集聚地之一。土楼中最享盛名的"四菜一汤"就在南靖县书洋乡的田螺坑村。登上村旁一侧山头，即可俯临这一席上天的飨宴！这些世界上独一无二的童话般的民居建筑就这样散落点缀在山环水绕轻黄浅绿的闽西大地上，或连绵或攀叠，若聚米若布棋，仿佛是客家文化在这片土地上书写的神迹。

上、下：土楼

土楼

　　走进客家土楼，可以感受到客家人和睦共处，互助友爱，和善好客，怀德重教之风。正如门联所书："一本所生，亲疏无多，何须待分你我；共楼居住，出入相见，最宜结重人伦"。客家土楼不啻是一种建筑形态或生活形态，更是源自中原儒家伦理的文化形态。

　　2008 年，福建土楼被联合国教科文组织列入了《世界文化遗产名录》。

　　附记　读过一篇文章，说移居台湾的漳州后裔有读书传统，故后来从政者众多，如吴敦义、王金平、吕秀莲、萧万长等人祖籍均为漳州；而在台湾的泉州后裔则具经商天赋，以台塑创始人王永庆、旺旺集团董事长蔡衍明等为例。聊备一说吧。

46.
客家首府
长汀

从一本薄薄的旅游小画册上知道了长汀。书中将长汀与沈从文先生笔下的湘西凤凰并称"中国最美的两座小城"，让我充满了好奇和向往，便利用小长假前往一游。

长汀历史悠久，汉朝已置县，唐代设汀州，宋时与福建省内其他七府并称福建八闽。古人诗中"清可照人心"的汀江从岁月深处缓缓流出，由北向南纵贯长汀城。站在县城中心太平桥的长廊上眺望，始建于唐代的城墙枕山临江，盘桓如环，数座城楼重檐叠阁，斗出其间。远山近水，瞭然在目。

长汀号称"客家首府"。史上数次"衣冠南下"的中原士族百姓大多沿汀江南下，汀州便是他们最先的落脚之地，于是逐渐成了客家群落聚居最集中的城市。在之后的几个世纪中，不少汀州的客家人沿汀江继续南下，由闽入粤，抵达粤东粤北定居，明清两代更有大批汀州客家漂洋过海迁居海外。故今日长汀是海内外客家最主要的祖籍地，孙中山、郭沫若的祖籍均为汀州客家人。

长汀的红色文化极为丰富，它曾是闽西第一个红色县级政权，后来成为福建省苏维埃政府的所在地。那座自宋朝起就是汀州八县学子科举考场的试院，便是当年福建苏维埃政府的旧址。

汀江沿岸古城墙

汀州试院

　　步入汀州试院，主殿檐下高悬的红五星和大堂内苏维埃代表大会会场的布置，把人带入当年那段激情燃烧的岁月。在后院，有中共早期主要领导人之一——瞿秋白的"被囚处"和纪念馆，参观者络绎不绝。瞿秋白是江苏常州人，其故居就在名人辈出的常州青果巷。瞿秋白出生于书香之家，极富文才，还擅吹箫，善篆刻，是个多才多艺的文化人。同时他也是一位坚定的革命者，长汀就是他被捕和英勇就义之地，临刑前一句"此地甚好"，面不改色，从容赴死，年仅36岁，让人感慨动容。

　　云骧阁是长汀最富形胜的一处古迹了。它踞于临江高岗之上，若从江畔仰首观望，只见飞阁凌云宛如奔马腾空，并与周旁的奇石古木组合成了一幅风物幽丽的图画。当年长汀县的红色政权——县革命委员会便在阁内办公。此时楼阁旁边的空场上，一群退休老人正在旧戏台上自娱自乐地表演，从一唱一和的表演方式和高亢悠扬的曲调来看，应该是客家山歌，于是坐到大榕树的浓荫下观看了一会儿。

之后沿着城墙迂回向下，来到江边蜿蜒起伏的羊肠小巷中。巷内竟还挤着几座斑驳的祠堂和名人故居。在一处标写着"东山书院"的宅门前，我不由得停下了脚步，这座紧挨在逼仄的小巷边、看上去陈旧暗敝的宅院，竟是当年朱熹来汀州开馆授学的馆舍。

上：朝天门城楼
下：三元阁

老城门

　　然而，作为"最美小城"，长汀尚难副其名。漫步城中，马路上车辆行人挤作一团，平庸粗陋的楼房随处可见，在一条所谓的"唐宋老街"上，建筑多已老旧失修，古城墙和古城楼旁仍混杂着一些凌乱的民房，汀江两岸有拆建施工，搅拌机轰鸣，烟尘漫天。

　　长汀的"最美小城"之名是新西兰人路易·艾黎送上的。抗日战争期间，艾黎受宋庆龄的委托来长汀发展工业生产，支援前线抗战。他对长汀的赞美，饱含着在那战火纷飞的艰苦岁月里与这座闽西小城结下的深厚情谊。

　　此外，八十多年前的长汀也一定更为宁静古朴吧。

47.
红色故都
瑞金

瑞金给我的第一印象是马路宽阔（好像是八车道）高楼也不少，有些大城市的样子。但瑞金的城市人口还不到一百万，故大马路上行人车辆不多，显得空旷冷清。

第二次国内革命战争时期，瑞金有过一段难忘的岁月，中国第一个红色政权——中华苏维埃共和国临时中央政府就在这里诞生。市内现有革命旧址一百多处，其中在叶坪曾召开第一次全国苏维埃代表大会（简称"一苏大"），沙洲坝则是"二苏大"会址，这两处的革命遗址最集中也最具规模，现已整修建设成两大红色旅游景区。叶坪景区内还复建了当年临时中央政府的一批部委机关旧址，今日的中央机关各部委办局常组织前来此地"寻根问祖"，承续"家谱"，接受"不忘初心"的革命传统教育。

叶坪苏维埃中央临时政府旧址

我们到此也直奔红色主题，前往叶坪和沙洲坝参观瞻仰，了解和感受那段红色的过往。两个景区相距较远，又都颇具规模，行走一圈，画了一幅速写，已是斜阳衔山、景区下班的时候了。在景区旁的礼品店买了一本《红都瑞金史》，带回细读。

瑞金毗邻长汀，两地虽分属闽赣两省，相距仅五十多公里。长汀为"客家首府"，瑞金也有着悠久的客家文化。次日上午我们临时决定，去瑞金以西四十多公里外的大山中寻访一个叫密溪的客家古村落。

一路上山丘起伏绵亘，山道盘桓。车辆在盘陀路上盘上盘下数次，竟把"老驾驶"宗汉盘晕了车。其间穿过数个集市，一路打问，最后拐进一条毫不显眼的小道，在两侧丘陵夹峙的山路上又走了几公里，眼前豁然开朗时便到了目的地——九堡镇的密溪村。

这里四面山峦环列如屏，形同一个箩筐，密溪村就坐落在平敞的筐底，深藏不露。遥想当年，客家先人为避中原战祸一路迁徙南下，历经磨难，最终找到这样一处群山深阻、隐秘幽静如出世外的地方落脚生根，终于可以安顿余生，告慰先祖，遗泽后人了。

步入村口，在一个椭圆形的水塘后面，五座明清时代的祠堂呈"背山面水，负阴抱阳"之势迎面一字排开，虽已古迹斑斑，老旧不堪，仍有一种庄重的仪式感，让你不由自主放慢脚步来面对它们。祠堂为徽派风格，屋顶大都是两面坡下水的歇山顶，檐牙飞翘。正中的罗氏大宗祠，大门两侧高高低低地排列着明清朝的石碑（未细看内容），高敞的大门上方高悬金书，煞有气势。祠堂内外的柱梁、顶棚和斗拱上都有龙凤花鸟的木雕图案，雕镂繁密，可见其曾经的显耀。

密溪作为瑞金的一处旅游景点已见诸广告宣传，但行走村中，老旧屋舍未见修缮，旅游条件远未完备。村中青壮年大都外出务工，仅有老弱妇幼留守，显得荒落萧条。看到游客，村民们还颇有些好奇呢。

九堡镇密溪村

　　写生时有村民在旁观看，随便搭话中得知，密溪村历史上乡宦众多，文风昌盛，村中原有历代旌表乡宦名人的牌坊多达百处，可惜大多被毁，仅存村口这几座了。密溪村千百年来也曾历经战乱匪患，但村中这上百处古建文物并非毁于外患，却是毁于"文革"中充分发动起来的本乡革命群众，嗟乎！

　　下午返回瑞金后直接前往赣州。小雨淅沥。

48.

江南宋城
赣州

赣州城不小，但从导航上看，景点大都集中在城北的一小片老城区内。前往八境台，远远就望见了沿江绵延展开的古城墙。

赣州的城墙始建于北宋，后世有过多次修缮，望去像镶补过的牙，新旧痕迹明显。八境台也是北宋遗迹，三层楼阁，高踞于城墙之上，飞檐崇宇，气势壮观。城墙在这里划出了一道饱满的弧线，三面临江。登楼眺望，240度的广角江面上，水天浩渺，云气卷舒，舟楫三五，往返于烟波之间。只见"章水"和"贡水"从左右两边迎面相向而来，两条清晰的水线慢慢靠拢，越来越近，直到在不远处合二为一，汇成赣江，滔滔奔流而去。赣州原名虔州，南宋时就是取章、贡二水合流之意改名为"赣"，沿用至今。

八镜台

我们在修缮平整的城墙上一路向西，走不多远便望见了那座兀立在山丘之巅、"隆阜郁然孤峙"的郁孤台。此楼的始建年代已不可考，但唐宋之际名士骚客到此登临题咏甚多，其中尤以辛弃疾的《菩萨蛮》"郁孤台下清江水，中间多少行人泪？"中所饱含的忧国忧民的悲愤和愁苦之情令人怆然，名闻于世。春秋更迭，物换星移，今天的郁孤台已装饰一新，置身于人烟稠密的繁华闹市之间，似难觅当年苍凉孤高的意境了。

蒋经国旧居位于八境台与郁孤台之间，返途中顺道前去转了一圈。抗日战争期间，蒋经国曾在赣州主政赣南约六年时间，这里是他走向政坛独领一方迈出的第一步，也是他后来政治生涯的重要起点。他在赣州还留下过一段刻骨铭心的婚外恋情，故终其一生对赣州念念不能忘怀，称之为"第二故乡"。今天，一切已归于沉寂，宅院的主人早已远去，对他的态度和评说，已非纯粹的"历史"叙事，而更多是"政治"语境了，像一座风向标，可让人捕捉到某种气候变幻的微妙迹象。我在这里的总体感觉是微风习习，颇有些暖意的。

从城墙上下来，到附近的老城区和明清老街巷——灶儿巷画了两幅速写，便是暮霭四合之时了。

街景

灶儿巷

　　晚上入住江边的酒店，临窗俯瞰，见章、贡二水"不舍昼夜"奔流到此，激情相拥，合为一体而去，竟有灵感一现：这是一个多么形象而生动的关于美满婚姻和爱情的象征啊！

　　当年元代大书画家赵孟頫欲纳妾，其妻管夫人作《我侬词》一首："你侬我侬，忒煞情多；情多处，热如火；把一块泥，捻一个你，塑一个我，将咱两个一齐打碎，用水调和；再捻一个你，再塑一个我。我泥中有你，你泥中有我……"将夫妻关系比作和成一团的泥那样再难分离，子昂读后深受感动，从此罢议纳妾之事。不由得联想，世上还有什么比水合在一起后更难以分离的呢？如果新人们到八境台古城墙上举行婚礼，既有如同章、贡二水汇成一体永不分离的美好含义，沧桑千年的八境台和古城墙又是象征"长久"和"永远"的厚重庄严的历史见证，此外，城墙还有"牢不可破"的寓意，八境台上的佳绝景色则象征"美好展望"，俯仰烟波也是完全可以和"永沐爱河"相联系的。

　　又想，既然章、贡二水汇流的赣江具有"好合"的寓意，那赣州的"赣"和江西别称的"赣"岂不是具有相同的美好含义？有关方面如能宣传运作，做好文章，使越来越多的外省市新人能选择前来江西赣州的赣江边举行婚礼，岂不对赣州的旅游业和经济社会发展大有裨益？

　　哈哈，胡思乱想罢了。

49.

千年瓷都
景德镇

去景德镇的路上途经浮梁县城。

浮梁县隶属景德镇管辖，但历史上情况正好相反，景德镇长期隶属于浮梁县。一千多年来，因景德镇的制瓷业兴盛，浮梁县曾经有过繁盛的时光，城郭轩丽，市肆兴隆，富赡甲于一方，是历朝历代所倚重的经济商贸"望县"。缘于此，浮梁县令的行政级别一直是正五品，比一般县令的七品芝麻官要高出好几个层级。据说河南内乡县也有过五品知县，但浮梁县衙大堂里有"特调浮梁正堂加五级"的"奉旨碑"，是"中央红头文件"规定的，内乡的五品县令则可能是一次偶然的"低职高配"。

步入县衙，确能感受到"五品"与"七品"的不同。仪门、衙院、大堂二堂和三堂等，沿中轴线层层推进，深不可测。大堂前院，吏、户、礼、兵、刑、工六科用房分列两廊，按部就班，颇壮声势。大堂殿宇高敞，面宽五间，符合隋唐以来历代沿用的官衙建筑等级规制，五品官以上的正堂可宽五至七间，六品官以下到平民百姓的府宅则宽不可过三。整座县衙建筑群规模宏大，占地近百亩，超过了很多四品府衙州署的气派。于是写生一幅，记录在案。

浮梁县衙

景德镇距浮梁县仅十几公里路程，片刻即至。

　　2005 年，我曾作为教育部专家组成员来此对景德镇陶瓷学院进行本科教学水平评估，弹指间已有十年。这里的陶瓷文化肇始于隋唐，北宋景德年间因烧制御瓷而名噪京华，从此便以"景德"年号为名，"天下咸称景德镇"了。景德瓷器经过元朝的革新和发展，到明清时已是"集天下名窑之大成"的珍品，"行于九域，施及外洋"，尤得西方人青睐，一度成为中国的符号和代名词。景德镇遂与河南朱仙镇、湖北汉口镇和广东佛山镇并称中国四大名镇。

老街

　　行走在今日的景德镇街头，陶瓷的元素无处不在。从路边的街灯、街头的路牌、店面的装饰、柜面的摆设中随处可见，时时撞入眼帘。"瓷都"的地标建筑龙珠阁就耸立在市中心珠山之巅的明清官窑遗址上，红墙黄瓦，重檐画栋，以居高临下的巍然之势，象征着景德镇曾经的辉煌。

龙珠阁

　　游观中注意到，景德镇对历史遗迹采用了一种"易地集中保护"的方法，即把分散在各处的古建筑、古窑场和古作坊等集中至一处，复原重建成一个专门的景区——"陶瓷文化博览区"，以此来兼顾历史遗迹保护和老城改造。这自然不失为当今城市建设发展的一种创新思路。但意大利著名建筑师阿尔多·罗西曾经说过，"一座城市的母体就是众多富有意义的、与不同时代的特定生活相关联的事物的聚集体"，而迁移后的古址遗迹是否会从城市的历史形貌——即城市的母体中分离出去从而失去与特定时代和环境的联系呢？比如我们参观景德镇著名的湖田古窑，就会发现它与周围的环境密不可分。湖田古窑依山傍水，山上有取之不竭的烧窑所需的松柴，河道则利于运输，当地又盛产优质瓷土，故湖田窑场才有"陶舍重重倚岸开，舟帆日日蔽江来"的千年繁盛。而如果迁入博览区的古窑场，会不会成了一件仿制出来的展品，成了一个没有来龙去脉、没有生命力的标本呢？

50.
江右名府
南昌

这是国庆节长假的最后两天，南昌正处于节日的最后一波亢奋和狂欢之中。大街上车水马龙，烟尘飞扬；人行道上如集市般热闹，商贩如织，人行如鲫，摊位迢递相衔，尤以小吃为多，烹炸煎烤，百味杂陈。

我们在挨肩叠足的人群中缓缓而行，前往洗马池八一南昌起义指挥部旧址参观。来到大门前，方知它假期闭馆。门口聚着不少游客，和我们一样吃了闭门羹，只能隔着大门的栅栏向里探头探脑地张望，或把相机伸进栅栏拍照。按理来说，像博物馆纪念馆或故居旧址之类的文化场所和景点，假期更应该开放才是啊！

返回时路过八一广场，把南昌起义纪念塔写入了画本，留作纪念。

八一广场

绳金塔景点位于老城区的街巷之间，边门开在一条小街上。我们想就近从边门进去，未料想再次陷入人流重围。小街两旁各色餐饮排档连绵相贯，食客纷纷拥拥，挨挨挤挤，在不绝于耳的叫卖声、蒸腾的烟火气和轰鸣的电声音乐中吃得酣畅淋漓。有摊主仍嫌不足，到路中央占道排开桌椅揽客，人流到此便像水管堵塞般挤作一团，只能排成单行蠕蠕而行。不知何时，从边上的小巷内又蹦出来一支舞狮队，挤到人流中间舞狮，因施展不开，只能晃头晃脑缩手缩脚地跳动着……

绳金塔

　　终于进了绳金塔的院落才松过气来。绳金塔高约 50 米，在市井巷陌间尤显得孤标斗立，挺拔云天。绳金塔始建于唐，已是风雨千年，曾多次毁于兵火，现修葺一新。登上塔顶可远眺湖山平川，俯临街市万家，是南昌的城市地标之一。

　　次日一早起来前往滕王阁。虽已是第二次前来，那崇楼叠阁壮伟宏丽的气象仍摄人心魄！

滕王阁

　　清人尚熔有《忆滕王阁》诗曰："天下好山水，必有楼台收；山水与楼台，又须文字留……"我国古代文人素有"山水乃地上文章"之说，谓天地山水的神韵妙境当"借人而发"，"借人而言"，依托世人言语文章之妙，"发潜而流远"，恒久而不朽。千百年来，文人墨客赞誉称颂滕王阁的诗文词赋满箧盈笥，不知凡几，其中以初唐文坛神童王勃的"千古一序"最为博大雄峻，使滕王阁"阁以文传"，名扬千秋。

　　王勃为初唐四杰之一，在他 27 岁的短暂一生中，为世间留下了数十卷诗文作品，多为风华掩映之作。毛泽东在评注王勃诗文时将他与同样英年早逝的西汉名士贾谊、魏晋玄学创始人王弼并称，多有惋惜之意。

滕王阁远眺

　　如果说王勃之"序"对滕王阁作了细腻入微的描摹，一代宗师韩愈则有高屋建瓴的评语："江南多临观之美，而滕王阁独为第一，有瑰伟绝特之称……""绝""特""独""第一"均为汉语中表示"最高级"的用词，大文豪在此一并送上给了滕王阁。

　　滕王阁内有一副长联："杰阁得公论之先瑰伟绝特江南著名景观数黄鹤岳阳而此独为第一，高楼有人文之最雄奇壮丽唐代文章巨子除王郎韩愈更谁侧显其间"，可谓此楼最全面精到的概括了。

　　在1300多年的历史长河中，滕王阁迭兴迭废，屡圮屡建达29次之多，虽早已非原物，然壮丽不减。南昌有此一楼，让天下城市都要眼热叹羡呢！

　　附记　唐人笔记《唐摭言》中有一篇写王勃与"滕王阁序"的短文，谓滕王阁主人阎都督一开始并不看好王勃，听到王勃"序"中第一句时曰："亦是老生常谈"，听第二句时，"沉吟不语"，到第三句时矍然而起曰："此真天才，当垂不朽矣！"用的是反衬笔法，十分生动有趣。

51.
海滨山城
青岛

青岛是一座海滨城市，又有山城特色，蔚蓝大海近在咫尺，崂山余脉绵亘眼前，红瓦黄墙的小楼散落在起伏的山坡上下，蜿蜒盘桓的街道交织在林木苍翠之间。俞平伯先生有诗云："三面郁葱环碧海，一山高下尽红楼"，正是青岛的写照啊。

青岛的建城史才逾百年。历史上，它地处的胶东半岛与其他沿海地带一样从来就只是大中华帝国版图上的边角。中华文明的历史叙事主要是在以农耕文明为主的黄河流域以及渐向东移的长江流域一带展开，这与滥觞于古希腊海洋文明的西方文明正相反。因此，当19世纪下半叶西方列强的坚船利炮打开国门之后，青岛和上海、天津、烟台、大连旅顺等这些"僻在海域"之地恰恰成了列强争抢和瓜分的"香馍馍"。1897年，青岛被德国侵占而沦为半殖民地，后又被日本强占，至1922年才由北洋政府收回，辟为商埠。

与青岛的最初谋面是在崂山。那一年暑假我和太太从南京坐夜班大巴赴青岛，凌晨5时前抵达，随即打车前往崂山。很快我们就发现直接前来崂山是多么正确。其时天未破晓，四围群山弥弥莽莽一片混沌，仿佛还在睡意蒙眬之中。幽深盘曲的山道上只有我们两人。不久，几缕晨曦如一笔淡墨勾勒出了层峦曲线优美的轮廓，渐渐地，云气行于天，大地在苏醒，有霞彩浮出远岫，曙光便如一层薄纱般披拂下来，于是百鸟啾啾于耳畔，溪水淙淙于足下，千姿百态的奇峰秀水、古木繁花、深谷幽壑一路向我们迎来……让我们意外地领略了这座"海上名山"拂晓时分的风物之美。

下山来到海滨，日头已升得老高，但咸咸的湿润的海风荡却了七月的暑热。青岛城区的海岸线弯弯曲曲地划出了四个半圆形的海湾，因海湾突出的岬角阻隔减弱了海浪的冲击力，使沿岸水平浪静，波澜不惊。远望海滨浴场内人头攒动，密密麻麻的人群，都在与大海相戏相亲呢。

在青岛的德式建筑中，我印象最深的就是观海山上的原德国提督府和八大关的花石楼。虽难以准确描述它们的造型，但可以清楚看出，它们的美是突破对称与方正而以绮丽灵巧见长的。外观造型的某些部分被建筑语言细化和强调，另一些部分却如绘画中的留白，洗练而简约，形成一种多变而和谐，繁复又有序的美感。整栋建筑仿佛用各式各样的几何体镶嵌拼接而成。

上：栈桥．海滨

下：原德国提督府

上：花石楼

下：天后宫

文学和历史的爱好者应当去小鱼山一带的文化名人故居看看。上世纪 30 年代，国立青岛大学（山东大学前身）成立，校长杨振声秉承蔡元培先生"兼容并蓄"的办学理念，爱才若渴，唯才是用，青大一时名师萃聚，学者云集，考生只要有一门功课成绩突出便可破格录取，凡有学者路过青岛，必诚邀到校演讲，章太炎、蔡元培、胡适、竺可桢等都曾登上过青大的讲坛。在中国近代那段乱世之中，青岛恍若一方学问的净土。故后人评说山东大学历史时，称有两段兴盛时期，一为杨振声时期，一为华岗时期，并非姑妄言之呢。

　　那段时期，一批国内的文化界人士也先后热热闹闹地汇聚青岛，其中有受聘来青大任教的，也有专程游历到此生活和创作的。这些中国近现代文学史上的风云人物用他们如椽的大笔记述下了当年心目中的青岛，如闻一多的《青岛印象》、王统照的《青岛素描》、老舍的《五月的青岛》和苏雪林的《栈桥灯影》《青岛的树》等。沈从文在青岛的两年时间是他写作生涯中的高产期，共完成传记、小说十余篇；萧红和萧军则在"观像一路一号一座石块垒成的二层小楼"里分别写完了《生死场》和《八月的乡村》；老舍的名作《骆驼祥子》也是在青岛完成的，他在自传中直言青岛适于写作，是他舍不得离开的地方。梁实秋到青岛大学担纲英文系主任兼图书馆长时年不满三十，在青岛度过了他一生中风华正茂、志得意满的四年青春岁月。生命中的这段美好时光让晚年身在台湾的梁实秋怀恋不已，并为无缘重回这曾经的"悬想可以久居之地"而惆怅慨叹。青岛，成了梁先生晚年一份浓浓的化不开的乡愁。

52-53.
登州海市
烟台和蓬莱

我们此次胶东半岛之行始于青岛，到荣成后一路西行经过威海，最后到达烟台和蓬莱。当年秦始皇则是从蓬莱向东巡行至威海成山头为止，和我们背道而驰。

烟台旧称芝罘，古时属登州地域，历史悠久。《老残游记》中对芝罘有"城中人户，烟雨万家"之述，由此想象烟台应较青岛有更多的历史遗迹吧。但游览一日，总体印象平平，见到的多是现代元素，似曾相识。不过，烟台有其得天独厚的自然资源——900多公里长的海岸线，比青岛的海岸线更长，且沙滩平敞，沙质细腻，海水清澄，海浪柔缓，被誉为"中国北方第一海滩"。漫步海岸，见海天壮阔，巨津无际，让人心胸舒爽。不远处，烟台山傍海而起，穹隆突兀，因明朝在其山巅设烽烟台防海而得名，后来也成为烟台市名的由来，是这座城市的地标和象征。

烟台山

烟台山近代建筑群

　　烟台于 1861 年第二次鸦片战争后即被辟为通商口岸，要早于青岛，是我国较早开埠的城市之一。先后有英、美、法等十几个国家在烟台设立了领事馆和商行等机构。在今天的烟台山公园内，较好地保留着这些风格多样的西式建筑，名为"烟台山近代建筑群"，是烟台开埠文化的缩影。

　　蓬莱为烟台辖下的县级市，与烟台同为国家级历史文化名城。但在古登州的千年建城史中，蓬莱有很长时间是登州府治所在地，管辖着今日属于烟台的大部分区域，就如同嘉定曾是上海的中心，浮梁县一度管辖景德镇一样。

　　从烟台乘坐巴士，一个多小时便可来到蓬莱阁前。搭眼望去，见一座丹崖突入海中拔海而立，山巅轻烟缥缈间殿阁峥峥依山环布，宛如琼楼玉宇。崖下浪花啮壁，水击石矶作澎湃之声。但登山入阁，便陷入游人重围，只能随人流慢慢移步。在喧嚷纷杂之中，面对沧茫浩渺的大海也难以找到旷然舒爽的心境，至于"海市蜃楼"，想想秦皇汉武屡次前来都未能一遇，自然就更没有痴心奢望一睹了。

蓬莱阁中多有历代名士的题词碑刻。主楼后壁上镶嵌有清道光年间山东巡抚托浑布所题"海不扬波"的石刻，当时听讲解员解说"海不扬波"，是为"太平之世"的意思，但回来后读到清人焦循《雕菰楼集》中"登州观海记"一文，对这四字有了别样的心悟。焦循写他登阁临眺之时，见大海"波纹平秀，不似江河之险"，恰如同壁上所题的"海不扬波"，不解而询道士，答曰"其浪广数里，非人目所能尽，故不见其状"。焦循由此联想而悟出：山不见其高，是为至高；海不见其波，是为巨波；圣人不见其德，是为大德！仔细想来，老子《道德经》中的"大音希声，大象无形"和"大方无隅"、庄子《逍遥游》中的"至人无己，神人无功，圣人无名"，说的不都是这个意思吗？

　　胶东半岛三面环海的地理环境，使古代先民对海洋以及大自然的力量充满敬畏，并渐渐将其神化为神力无边的神仙世界来崇拜，这种神仙信仰便是道教的起源之一。到了蓬莱才知道，这一带正是我国道教的发祥地之一，是神话中八仙的漂洋过海之处，也是金庸武侠小说中那位抗金护民、武艺高强的道教真人丘处机的故里。

蓬莱

上：海滨
下：毓璜顶

从我们此行经历来看，胶东半岛可能是海内道教文化较为集中的地区之一了。我们一路经过的青岛崂山、荣成槎山和文登昆嵛山等皆为道教名山，沿途主要的宗教胜迹亦以道教场所为多，如崂山太清宫、荣成圣水观、烟台的毓璜顶和蓬莱阁等，让人感受到这一带仙道文化的浓郁氛围和强大气场。

54.
周齐王城
临淄

《战国策·齐策一》中写苏秦游说齐王参与合纵联盟共同抗秦时，有一段苏秦对齐国都城临淄的描述："临淄之途，车毂击，人肩摩，连袂成帷，举袂成幕，挥汗成雨。家敦而富，志高而扬。"一派人烟繁庶、商旅殷盛的王城景象。因此当导航显示已经到达齐王城的所在地——临淄齐都镇时，我们都有点傻眼了。

眼前是一个极为寻常的北方乡镇的模样。一条新建的略显夸张的大路从小镇中央穿过，两旁是与之并不相称的老旧粗陋的屋舍。可能是拓宽道路时去除了一些行道树，街道显得光秃秃的，此刻正袒露在夏日正午炽烈的阳光下吞吐着热气。路上几无行人，偶尔有车辆驰过，扬起一片黄尘。

在对历史文化遗产和古迹的认定和感知方面，中西方的观念并不相同。当西方人告诉你这是一处历史古迹时，常有原形原貌的遗存可辨。而我们则重概念，有时可以忽略实物本身，指着一处仿建的东西说是古迹，或指着一群高楼说是古城。我们此次的临淄之行便大多是在历史博物馆、管仲纪念馆、东周墓殉马坑等展馆以及新建的孔子闻韶处、姜太公祠、姜太公衣冠冢等"古迹"中完成的。不过，虽然看到的并非都是原貌原物，对齐地的历史文化也算有了大概的认识。

博物馆

管仲纪念馆

　　山东向称齐鲁大地，春秋时期分属齐、鲁两国。齐、鲁疆域毗邻，文化形态却迥然相异。鲁国是孔孟故里，儒家文化的发源地，推崇忠孝礼义君臣父子的伦理秩序，重名而轻利，有点"宁要社会主义的草，不要资本主义的苗"的意思。据说在鲁地的考古发掘中从未出土过钱币呢！

　　齐国则完全不同，为政简而不苛，务实而简礼，不似鲁国教条守旧。经济上通商惠顾，"通工商之业，便鱼盐之利"，使"天下商贾归齐若流水"。齐国自西周初开国到秦统一全国，历时约 800 年，出过不少明君贤臣，如齐桓公与管仲、齐景公与晏子、齐威王与邹忌等。记得小时候读过的古文《邹忌讽齐王纳谏》，说的就是邹忌直言进谏和齐威王从谏如流的故事。说到齐威王，还可以多讲两句，他曾下诏："群臣吏民，能面刺寡人之过者，受上赏；上书谏寡人者，受中赏；能谤议于市朝，闻寡人之耳者，受下赏。"他还创办了稷下学宫——一所官办的高等学府，广招天下贤士议政讲学，鼓励百家争鸣，并聘请"儒家三圣"之一的荀子（荀况）在此三度担任学宫之长（祭酒）。齐文化这种尊贤任能和开放包容的特性，终使得齐国国富兵强，齐桓公时"九合诸侯，一匡天下"，成就了春秋霸业，田齐时代为战国七雄之一。

自小就从《封神演义》中知道了掌管天下众神的姜太公，"姜太公钓鱼——愿者上钩"的典故也是老幼咸知。但来到临淄后才知道，原来这齐地是周武王赏赐给姜太公的封国，姜太公就是齐国的始祖啊！上世纪90年代，临淄在老城区建起了一座姜太公祠，供奉"周师齐祖"的姜太公牌位和他的衣冠冢。祠堂建成后很快就热闹起来，海内外姜氏宗亲纷纷前来寻根溯源，认祖归宗。出乎意料的是其中还有韩国姜氏一支，执着地认姜太公为先祖，尊称他为国父。时任韩国总统的卢泰愚也自称太公后裔，曾前来祭奠拜谒，格外地虔诚哩！

姜太公祠

55.
齐鲁名邦
济南

抵达济南时已入夜。早晨起来眺望旅舍窗外，见楼下有一座壮伟的城阁雄踞于繁忙的街衢中央，这应该就是为纪念济南解放而建的解放阁吧！楼阁虽是新建，台基却是原来济南城墙的一部分，斑驳的砖石中凝聚着岁月的厚重。这座被称为济南十景之一的城阁就这样与我在旅店客房内不期而遇了！从窗户可俯瞰它的全景，视野宽阔，构图别致，当即把它速写了下来。

济南，如同一个北方女子却有着江南姑娘水灵灵的妩媚，黄庭坚有诗曰："济南潇洒似江南。"不过有人不服气，《竹枝词》中写道："未必江南如此好，可怜只说似江南。"是啊，济南满城遍地的泉水是让江南城市亦要叹羡的。

济南古称泺，后称历下，至今已有2000多年的历史。济南城内百泉争涌，清代《评泉斋记》中有"著名者七十二，名存不著者五十九，其它无名者奚啻百数"之说。其中趵突泉是曾任济南地方官的北宋文学家曾巩命名，为济南众泉之冠。那天，我们挤在摩肩叠背的人群中凭栏观赏，见三股泉水喷涌腾跃，溅花吐玉，声似隐雷，势若沸汤。时值盛夏，一股清冽之气扑面而来，直沁入心脾。

济南城地势南高北低，城北的大明湖即由众多泉流汇注而成。漫步大明湖畔，花木扶疏，亭榭错落，一路景色如披山水长卷。照张相片，确实像身在江南。200多年前，清人刘凤浩撰写，铁保书丹的联语"四面荷花三面柳，一城山色半城湖"，与大明湖的湖光山色珠联璧合，相互映照，可谓大明湖最经典的广告语了。近年来，大明湖畔还建起了一座重檐翠瓦、金碧联辉的巍峨楼阁，名曰"超然"，虽为新建，却有盎然古意，很是入画，为济南又添一景。

解放阁

上：趵突泉

下：大明湖超然楼

大明湖以南，是济南的历下老城区。老舍写济南："有睡着了的大城楼，有狭窄的古石路，有宽厚的石城墙。"现今大城楼和石城墙已难觅踪影，唯有"狭窄的古石路"还纵横盘桓在历下古城的曲水亭老街上。游人在此尚可一睹《老残游记》中描绘的"家家流水，户户垂杨"的景貌，泉水依然从市井民舍间淙淙流过，如同流淌千年的岁月。

曲水亭街向西不远是芙蓉街，曾是老济南的繁华商街。沿着狭长的老街，修葺一新的明清风格的店铺商号和酒肆茶楼排列如栉，游客熙攘。在古色古香的楼馆之间，还有外国洋行的欧式砖石门楼嵌列其中，颇有特色。便在往来纷沓的人群中，艰难地写生了一幅。

芙蓉街

　　杜甫曾为大明湖中小岛上一座名"历下"的小亭赋诗曰："海右此亭古，济南名士多。"说到名士，济南确是俊彦翩来，高贤流寓，"江山代有才人出"！宋代有被称为"济南双安"的李清照和辛弃疾（李字易安，辛字幼安），有唐宋八大家之一的曾巩，元代有曾任济南路总管的赵孟頫，还有金元之际的元好问、张养浩，明代晏璧、清之蒲松龄、何绍基……这些名士俊彦为济南留下的诗文词赋辉霍绮丽，不可胜记，为济南的湖山添彩、林泉增色。刘鹗《老残游记》中写济南风光的寥寥数笔，让人为之神往；晏璧曾作《济南七十二泉诗》，将济南名泉一一咏过；蒲松龄的《趵突泉赋》更是让我百读不厌："石中含窍，地下藏机，突三峰而直上，散碎锦而成绮……漱玉喷花，回风舞霰。吞高阁之晨霞，吐秋湖之冷焰。树无定影，月无静光，斜牵水荇，横绕荷塘。冬雾蒸而作暖，夏气渺而生凉……"辞藻精妙却不矫饰，意境华丽而入细微，读来深为汉语文字之美而自豪呢！

附记　李清照的居宅就在趵突泉之侧，故她的词集以"漱玉"为名。

56.
江北水城
聊城

在我国的历史文化名城中，聊城的城市规划是较为科学合理的。

四四方方的聊城老城区——东昌府区（历史上的东昌府）——位踞正中，四周被护城河扩展而成的东昌湖环绕，如同一座湖心岛。东昌湖外围是一圈新城区，把湖和老城一起框在了其中。城套湖，湖环城，像极了一环套一环的"回"字。老城踞中，利于保护，新城在外，便于发展。新城与老城以东昌湖为楚河汉界，隔湖相望，有桥连通，各自独立，又相互映照。东昌湖便有如一条历史长河，让人在千百年的岁月之间往来穿越。

那天我们抵达聊城外围时正逢修路而堵车，进入城区已是傍晚。新城道路平直宽阔，大街两旁已耸立起一些高楼，不过城市面貌总像是从某个熟识的模子中浇铸出来，似曾相识。

次日上午跨桥过湖进入老城，便是另一番光景了。老城的建筑虽多为重修或仿建，但原有的肌理与风貌大致完整。青石板的街巷纵横交织，粉墙灰瓦的老屋鳞次栉比，没有明显的现代化工业化的痕迹。当你走进老城区，那座作为古城象征和地标的光岳楼便在半空中俯视着你了。

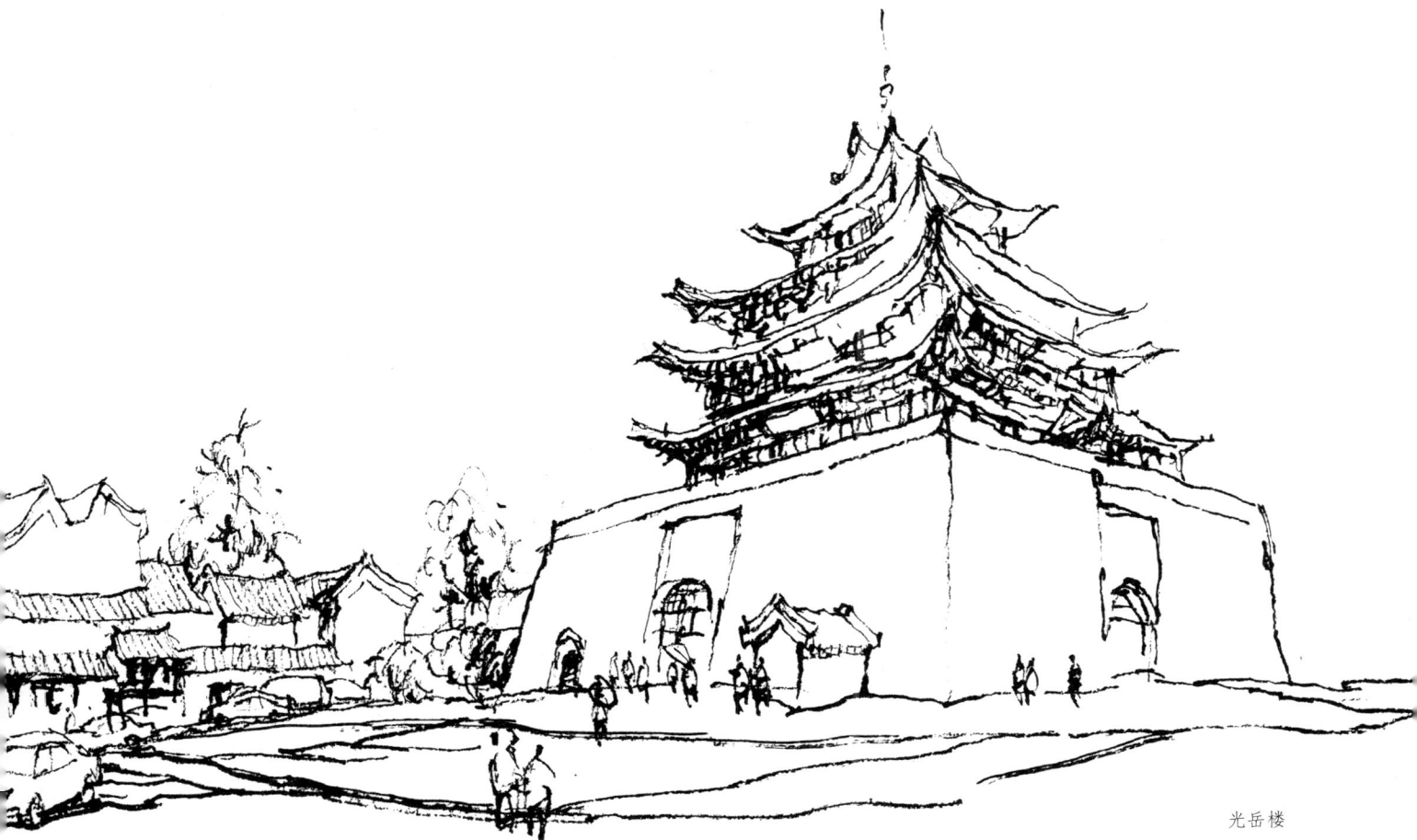

光岳楼

光岳楼位于古城中央，建于明初，迄今有 600 多年的历史。原为城内"窥敌望远"的普通更鼓楼。建成一百多年后，偶有文人登楼大发感慨，颇为过分地赞之为"虽黄鹤、岳阳亦当拜望"，并"取其近鲁有光于岱岳"而名为"光岳楼"。后来清朝的康乾二帝又多次登临并为之赋诗题匾，渐渐身显名扬，遂成鲁西北著名古迹。

光岳楼不远处的一处宅院内，坐落着中国历史上最著名的私人藏书楼之一——海源阁。楼主为本城进士杨以增，建楼于清道光年间。后经杨家四代人将近百年的悉心收藏和相守，藏书一度多达二十二万余卷，虽然在清末民初的乱世中散失甚多，仍有相当留存，深受学界的赞誉和钦慕。杨以增因之与江苏常熟"铁琴铜剑楼"的主人瞿绍基有"南瞿北杨"之称。

漫步在老城区，想到我少年时的偶像、《水浒传》中的没羽箭张清就曾是这里（东昌府）的守将哦！他飞石取人，勇不可当，曾一战连伤梁山一十五员大将，后被吴用使计降服，便也落草成了梁山好汉中的一员。由此想开去，发现聊城有着丰富的"水浒"文化哩！《水浒传》中"入云龙斗法破高唐"，就发生在今日聊城的高唐县，聊城的阳谷县更是因为武松而有"英雄阳谷"之称。武松景阳冈打虎后在阳谷县任县衙都头，后在狮子楼斗杀西门庆为兄报仇，是《水浒传》中最脍炙人口的故事。一部《水浒传》，讲到了半座古聊城呢。

明清两朝，聊城作为京杭大运河沿线九大商埠之一曾商旅云集，帆樯如林，繁盛长达 400 年之久。坐落在古运河边的山陕会馆便是那段岁月仅存的印记和见证了。会馆坐西面东，四重进深，左右楼殿相辅，共有殿阁楼台百余间。远远望去，层层屋脊参差错落，檐牙高耸，与茂密的古木虬枝一起从围墙上探出头来挤作一团。步入山门，四处朱梁画栋，满眼木雕石刻，整座会馆靡丽纷华。会馆也是供奉武圣关羽的神庙，正殿为关帝大殿，檐廊正中高悬"大义参天"匾额，两侧有"道续尼山"和"义秉麟经"匾。可见当年的商贾并非全然"土豪"，"商而兼士，贾而好儒"似成风尚。

老城不大，一天下来已经转遍，光岳楼和山陕会馆也已顶着七月的烈日写入画本，还意外地在一家旧书店里淘了几本书，便心满意足地告别古城旧事，跨越"时光之湖"，回到正在进行火热的现代化建设的新城中。

山陕会馆

57-58.
孔孟桑梓
曲阜和邹城

曲阜是春秋时期鲁国的都城，更是中国古代的思想家教育家、儒家学派创始人孔子的故里。来到曲阜，仿佛走进中华文明史，来到了两千年儒家文化的源头。

曲阜古城给我的第一印象是古味犹存。以孔庙为主体的老城区保存较完整，新区在老城外围拓建。即使在新区也少见高楼广厦，建筑大都为青灰色调，有瓦檐覆顶，风格与老城区既有不同，又存在某种亲缘关系。

孔子家族可谓是"天下第一家"了！曲阜孔庙虽也历经世故惊涛，但香火传续至今已有两千多年，应当是世上历史最长久的祖庙了。孔府是孔子嫡长子孙世代居住的府邸，已历 77 代，孔林则是孔子及其后世子孙的家族墓葬之地，同样历 77 代而不变。而古来帝王，即使"图阁书帛，砺带山河，功盖一世，但祀不延于易代"，都享受不到如此待遇的。

上、下：曲阜街景

步入孔庙，走在中轴线长长的甬道上，感觉这里的一切都是对称的，严谨执中，不偏不倚。上千年虬曲苍劲的老干古木如同仪仗侍立两侧，让人肃然。经过道道坊门重重殿堂，来到主殿大成殿，"至圣先师"孔子像戴王冠着王服，手执镇圭，端坐于飞龙舞凤的神龛楼内，"四配""十二哲"分列两侧。堂前檐下的十根蟠龙石柱，象征着这座大殿至尊无上的地位。

自汉武帝独尊儒术，表章"六经"起，孔子当年栖栖惶惶奔走列国游说的"善政"方略堂而皇之地成了官方哲学。但长久以来，学界对孔子思想是否属于宗教还是一种哲学，或者仅是一种学说而论说纷纭。一种观点（如季羡林先生等）认为儒教就是宗教，《论语》就是儒教的圣经。另外的观点则认为儒教是一种关于政治理想和道德教化的学说，甚至只是一种处世方式。也有折中的说法，说儒教是一种让人完善道德行为的道德宗教。黑格尔则率直地认为《论语》只是记载了孔子师生间的一些谈话，讲的是一些在其他地方也能找到的"常识道德"。他认为孔子是一个俗世的智者，"在他那里思辨的哲学是一点也没有的，只有一些善良的、老练的、道德的教训"。

孔庙奎文阁

225

但谁也不能否认的是，这位春秋时期的教书先生创立的以仁、义、礼、智、信等理念为核心的儒家学说，经后世不断补充完善，成为 2000 多年来中国传统文化的正统和主流思想，对中华文明产生过强大而深远的影响。

　　从曲阜驱车不到半小时就来到了亚圣孟子的故里——邹城。孟庙、孟府与孔庙、孔府的规制相同，面积则小很多。与孔庙摩肩接踵的人流相比，这里显得有些门庭寥落，不过"尘嚣远则清淑出"，倒也更有苍凉清寂、深幽邃古的沧桑感。

　　孟子对儒家学说是既继承又发展还有超越的。比如，儒家学说的核心是"仁"，孔子推崇"仁者爱人"，孟子则倡"仁政"，前者属社会道德层面，后者则上升到了社会政治的高度。孔孟都是在为君主谋划治国平天下之策，孔子的着眼点是从上而下，孟子则是自下而上的。他的"民贵君轻"的民本主义思想曾激怒朱元璋，几乎被逐出文庙配享。朱熹说过，"六经如千斛之舟，孟子乃运舟之人"，是为中肯之语。但作为千年老二，孟子思想的光芒在很长时间内被孔圣人头上耀眼的的光环所遮蔽了。

孟庙

孟庙

　　在曲阜时，听说孟子也是曲阜人，后来才迁居邹城的。但一到邹城，又看到了"孔孟桑梓之邦，文化发祥之地"的宣传语，称孔孟均为邹城人氏。双方各执一词，针锋相对。我想，两地都在方圆数十平方公里的范围之内，我在此合并一述，统称"孔孟桑梓"，应不算有谬吧。

　　邹城东南不远处的峄山有"邹鲁灵秀"之称。山不高却奇崛，无大名却有大美。晚明人称"游记妙手"的王思任曾描写此处景色："山如累卵，大小亿万，以堆磊为奇巧，以穴洞为玲珑，以穿援为游览……"可谓笔笔如画。来到山前，果然满山怪石胡乱堆垒，或圆润光洁，或兀立峭特，千重万叠，形态奇异。登攀途中，更有古碑残碣记述秦始皇当年登临之事，引人怀古……

59.
岱岳古郡
泰安

曾经三次来泰安登上泰山，最近一次与第一次相隔有十五、六年，这对于万世雄峙的泰山而言只是烟云过眼，对于我却是一段不短的生命历程啊。自己能感到年岁的增长，体力的衰退，沿途常驻足摄影写生才不致于太累。泰山道上留下了我生命流转的痕迹呢！

五岳为中华名山之首，而泰山又是"五岳之首"，真正是"天下第一山"了！王安石曾说过，"世之奇伟、瑰怪、非常之观，常在险远"，登临泰山便是进入奇伟之境了！只见漫山雄重盘磅，巨石垒叠，峻崖横披，巉岩壁立，一条陡峭的山道蜿蜒盘曲直上云天，仿佛要把你引入天界。遗憾的是，我三次登山都匆匆上下，未能在山上过夜，也就无缘观赏气象万千的泰山日出，领会徐志摩笔下的"绵羊"和"染工"了。但登临极顶，"凭崖望八极，目尽长空间"的磅礴壮阔之势是让我终生难以忘怀的。

泰山是世界自然和文化的双重遗产，它岂止是一座"横空出世，擎天捧日"的大山，更是中华文化的一个图腾。泰山是从秦始皇至清乾隆帝的历代帝王封天禅地之处，皆有史可查。2000多年来"易姓而王，致太平，必封泰山"，成为泰山文化的特有现象。山脚下的岱庙便是历朝帝王驻跸和祭祀泰山神灵之地。

岱庙历史久远，可上溯秦、汉。《水浒传》第74回中，燕青来岱庙打擂，见"庙居泰岱，山镇乾坤。为山岳之至尊，乃万神之领袖……"感叹它"果然是天下第一"。今日岱庙内文物珍稀，古迹荟萃，有史上最早的碑刻——秦泰山刻石原迹，有汉武帝手植的两千多岁的汉柏，有始建于北宋，与北京故宫太和殿、曲阜孔庙大成殿并称我国古代三大宫殿建筑的天贶殿以及殿内巨幅的宋代壁画等。明清古物在此都只算得"小字辈"了。

岱庙

登山道上

　　《泰山志》上说"泰山胜迹，孔子称首"。孔夫子"登泰山而小天下"的壮语豪言，令后世文人名士相率前来登临游览。李白在泰山"平明登日观，举手开云关"，神魂为之飘逸；杜甫虽未能登临，却表达了"会当凌绝顶，一览众山小"的美好祈愿。沿山道一路之上，历朝历代骚人墨客的碑碣石刻琳琅满目，麟麟炳炳，成了一条露天的历史文化长廊。

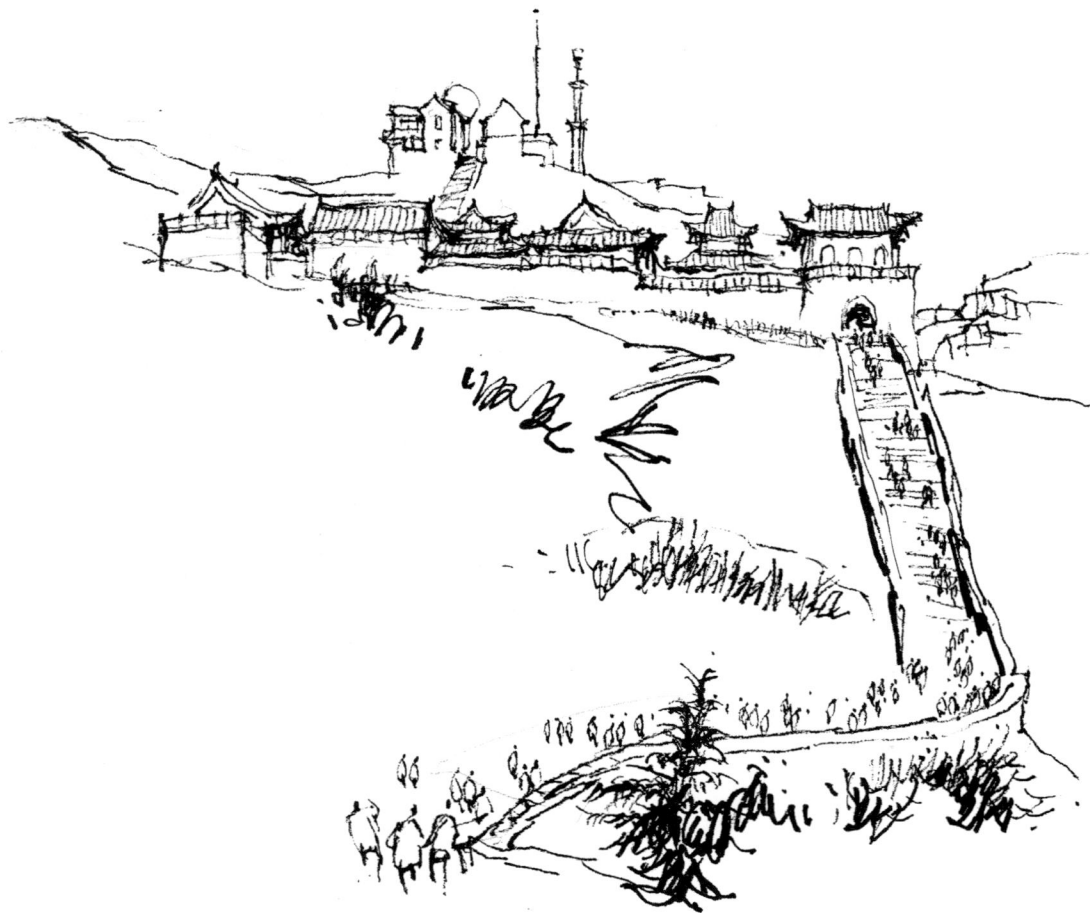

碧霞宫

　　摩崖石刻中的"虫二"二字寓"风月无边"，早为世人津津乐道。山脚下"孔子登临处"坊门旁有一块"登高必自"的碑石，亦充满意趣。说来惭愧，数年前我见到此石碑时，想当然地以为"登高必自"是"登高要靠自己"的意思。后来偶然看到韩国前总统朴槿惠访华的报道，她在一次讲话中引用了儒家经典《中庸》中"行远必自迩，登高必自卑"之句，即从近处行稳致远，自低处步步登高，表示必须要脚踏实地，一步一个脚印，不可好高骛远之意，使我顿然而悟。"登高必自"碑的妙处在于省去了原句中有"低处""下方"之意的"卑"，而以石碑位于山脚的地理位置来象征这一"卑"字，像指示牌一样告诉每个经过的登山者，登高就要从这里（低处）一步步开始了！

　　此外还有一种解释，"登高必自"刻之于碑，"碑""卑"谐音，故以"碑"喻"卑"。与"虫二"一样，这是汉字所独有的文字游戏。

　　十九年前第一次到泰安时，在县城街旁的古董地摊上买了一对仿古花瓶，虽非贵重之物，却很欢喜，至今摆放客厅，偶尔会勾起我对泰山之行的回忆。

230

60.
九朝都会
洛阳

洛阳有 4000 多年的建城史，其中 1700 年是建都史，也是中华大地上最早的王朝都城（始于夏）。司马光有诗："若问古今兴废事，请君只看洛阳城。"在历史上，洛阳地位显赫。

洛阳有"九朝都会"之称，指的是夏、商、周、东汉、曹魏、西晋、北魏和隋、唐九朝。后有学者将"周"拆分为"西周"和"东周"，并在"唐"后加上五代时的后梁、后唐、后晋三朝，号称十三朝古都，之后又有人将唐朝武则天时期和西汉早期添列其中而成"十五朝"。通常所说的"九朝都会"则被被解释为是虚指而非实数，因为在我国古代八卦学说中，"九"是最大的数字。

但也正因为是皇朝都城，每逢中原板荡天下大乱之时，洛阳城易遭受战火兵灾，几千年来迭兴迭废，大起大落。经考古发现，至今在地下还有五座洛阳皇城的废墟遗址沿洛河错杂排列着。

老街

洛阳是华夏文明的摇篮。东周礼乐制度首行于此，被孔子毕生奉为圭臬；老子的《道德经》著述于此，开启了道家学说的先河；白马驮经首传佛学在此，由此而建的白马寺被尊为"释教之源""中国第一古刹"；伊川二程的义理之学也肇始在此，影响广被，流蕙深远……中华传统文化中赓续千年的儒、释、道、理诸学原来都与洛阳有关啊！

十多年前，我途经洛阳时去了城郊的龙门石窟。奉先寺卢舍那大佛那雍容高贵的风姿、超凡脱尘的"卢舍那微笑"和状若天阙、"千龛邻峭壁"的龙门风光，曾让我流连忘返。这次国庆假期再赴洛阳，是想看看"九朝都会"的城市风貌。

龙门石窟

寻寻觅觅，走走看看，一天下来颇有些失落。千年风雨已经洗去了《两都赋》中盛赞的皇城风华，《洛阳伽蓝记》中描述的旧日胜概也已百不存一。在老城区的中州路、凯旋路等主要街道上，还有不少属于上个世纪的简陋居民楼和旧厂房，这是洛阳曾经作为国家重点建设的工业城市而留下的标记，让人想起当年的"东方红"拖拉机。今天的洛阳如果没有龙门、关林和白马寺等几处胜迹，与国内大多数城市并没有多大差别。只有文化广场上六匹骏马驾车的雕塑似乎在以一种含蓄的历史优越感告诉人们，这里曾经是享有最高层级的礼仪——"驾六"的周"天子"之城啊！

广场雕塑

　　九朝都会，已是烟云过往，但洛阳牡丹却是富贵雍容千载不移的！周敦颐《爱莲说》谓："牡丹之爱，宜乎众矣。"确实，古往今来，没有哪一种花像牡丹那样令世人爱之若狂，历代文人骚客无不以生花之笔竞相描摹：红牡丹为"红衣浅复深"，黑牡丹是"春烟笼宝墨"，白牡丹"似厌繁华存太素"，黄牡丹则"一朵淡黄微拂掠"……

唐宋之际，洛阳牡丹主要姓"私"，"家家庭院，无不培植"。欧阳修《牡丹谱》中记载的"姚黄""魏紫"便是出自姚家的一种黄牡丹和魏家培植的一种肉红色牡丹，皆为牡丹中之极品，故冠以姓氏以"保护知识产权"，相传至今。今日洛阳牡丹则主要姓"公"，驱车城中，可见大片围圈起来的园地，牡丹们被规模化地养植其中，单等四月花季来临时供人们观赏。

　　临别洛阳前，我们在老城区一家老字号面馆感受了一下"舌尖上的洛阳"，品尝了洛阳特色的"调面"。"调面"其实就是南方所说的"拌面"，几元钱一大海碗，手工擀制，味道不错，只是有点干。不过，有服务员提一大水壶在店中往来穿行为顾客添水，那壶中并非茶水，而是肉骨熬制的面汤。

白马寺

　　附记　吴昌硕擅画牡丹，被公认为清末以来第一人。看他的牡丹图会发现一个特点，在艳丽盛开的花朵边，常会有一方顽石或数根寒枝相伴，从而使画面疏密相间，布局有致，不会显得纷杂琐碎。

61.
中原枢轴
郑州

作为国家级历史文化名城，郑州的"功夫在诗（市）外"。

首先，郑州应该感谢身下的这片土地。作为古老的黄河文明发祥地和中华民族最早的聚居地之一，叠叠累累的历史根系在这片土地下盘结成一张稠密的网。先是在郑州市内发现了商城遗址，而后又在登封王城岗发现了夏都遗址，使得郑州这座新兴的工业城市仿佛突然间继承了一笔意外的巨额遗产，转眼间成了5000年（后追加至8000年）的历史"富翁"。

其次，郑州得益于左右相邻的两座千年皇城的历史文化辐射，在周边留下了众多灿烂的历史遗存。比如北魏孝文帝为前来洛阳传授佛学的印度高僧所建的嵩山少林寺，比如因北宋王朝尚文崇儒之风而臻于鼎盛的嵩阳书院，以及古称"洛阳八陵"的巩县宋陵等等。这些名胜古迹更多地折射出两座古都的文化光照，其实与郑州没有什么关系。但如今古迹集中的登封市、巩义市都划在省城郑州辖下，古迹们便也都归到了郑州名下，从而夯实了今日大郑州的历史文化底蕴。

宋陵

从洛阳前往郑州途中，行不多远便来到了巩义的北宋皇陵。这里安葬着除徽、钦二帝之外的其余七位北宋皇帝，加上太祖赵匡胤之父赵宏殷，人称"七帝八陵"。这些皇帝们死后倒也不再端什么架子，皇陵成了寻常百姓的休闲场所，不要门票，孩子们在宋代遗存的石人石兽间躲藏玩耍，妇女们则在陵前的空场上练腰鼓舞。虽是国庆长假期间，游人依然不多，倒是可以让人静下心来发一番怀古幽情，思考一些诸如人生、命运、信仰和死亡之类的哲学命题的。想想北宋皇朝一百六十年的兴衰荣辱都浓缩在这一方陵园中，你是否也会有"把风云庆会消磨尽，都做北邙山下尘。便是君，也唤不应"那样的感叹呢？

离开宋陵，继续向东，沿途的嵩阳书院、中岳庙和少林寺等胜迹近年都已陆续去过，于是一鼓作气来到了郑州。

郑州主城区正在建地铁，马路中央用隔板拦住，上面写着"克服暂时困难，将来一劳永逸"等口号，机动车、自行车和行人都挤在窄窄的路边上缓缓蠕动着。在市区绕行了一大圈，好像没有感受到5000年或8000年的历史与这座正在崛起的中原大都市之间有何内在的因缘或外在的关联。2004年，郑州跻身中国八大古都之列，但就城市形象风貌而言，感觉像是把一个看起来时尚的青年人说成是位长者，让人一时转不过弯来。记得作家沈嘉禄先生说过："没有皮壳的历史是可疑的。"郑州城应该如何来呈现古都的"皮壳"，更好地展示古都历史文化的魅力呢？

最后来到市中心的二七广场，远远就看到了峻拔耸立的二七纪念塔。这是一座楼阁式的联体双塔，结构别致，仿古又出新，可看作郑州的城市地标了。不过，此塔建于1971年，是为纪念1923年京汉铁路工人大罢工和被军阀杀害的烈士而建，应该说是一座现代的仿古建筑。

附记 读清朝无名氏所撰闲书《绿牡丹》（又名《四望亭全传》），几个章回后便读不下去。唯有开篇一首《西江月》朗朗上口，似可为醒世之言。词中提及"北邙山"，不由联想到巩义宋陵，便抄录于此：

"道德三皇五帝，功名夏后商周。英雄五霸闹春秋，顷刻兴亡过手。青史几行名姓？北邙无数荒丘。前人田地后人收，说甚龙争虎斗！"

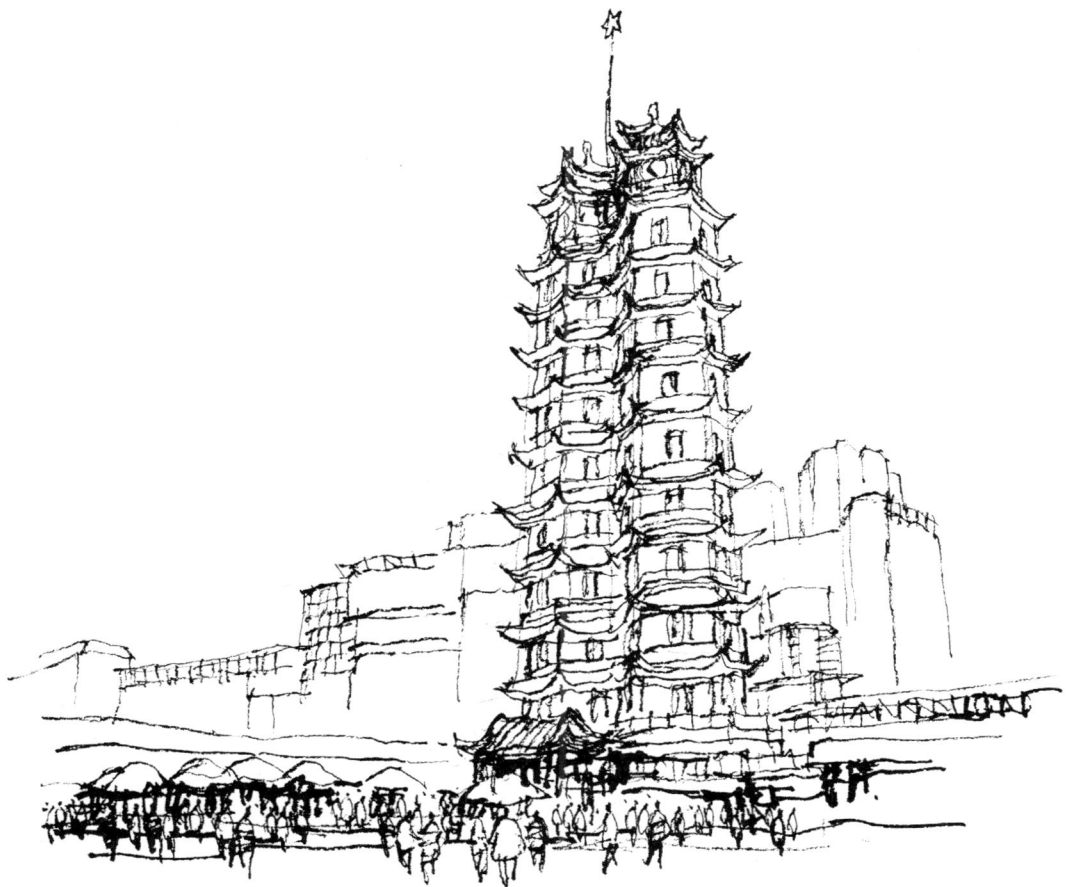

上：二七纪念塔

下：嵩山脚下的嵩阳书
院，为我国古代著名的
四大书院之一

上：嵩山中岳庙，现存为清朝遗构，结构仿北京故宫

下：少林寺，因位于嵩山少室山下的丛林之间而名"少林"

62.

七朝京华
开封

进了巍峨的大梁门，两侧街道上绵延着鳞栉排比的仿古建筑，在弥蒙的暮色中勾勒出古城开封的轮廓线。

回想少年时代，在我国六大古都中，除北京之外最熟悉的便是开封了。《水浒传》和《七侠五义》等古典小说把我带入了一个个发生在北宋的传奇故事中，让我记住了北宋王朝的都城——城郭壮丽、衣冠如云、市肆繁庶、文物风流的东京汴梁开封府。《水浒传》中有词赞开封："千门万户，纷纷朱翠交辉。三市六街，济济衣冠聚集。凤阁列九重金玉，龙楼显一派玻璃。鸾笙凤管沸歌台，象板银筝鸣舞榭。满目军民相庆，乐太平丰稔之年；四方商旅交通，聚富贵荣华之地……"一派"富丽甲天下"的古都繁华景象跃然眼前，让我心向往之。这次国庆假日终于成行前往。

次日，逛过了建在宋金故宫遗址上的龙亭和仿建的宋都御街，远远眺望了凌空高耸的开宝寺铁塔，去到花和尚鲁智深倒拔垂杨柳的中原名刹大相国寺寻旧怀古了一番。午后穿行在老城区纵横短长的街巷中，到包公祠拜谒了一代名臣，参观了道教三大观之一的延庆观，然后来到仿张择端《清明上河图》而建的清明上河园游览。正是假日期间，园内人流如织，摩肩接踵，洋溢着节日的喜庆气氛。站在《清明上河图》中的虹桥之上，恍然来到了千年之前楼台林立的开封府，来到了《水浒传》中人烟阜盛的汴梁城。

河南开封

2010. 10. 2

宋都御街

239

上：大相国寺
下：老街古塔

匆匆一日，浮光掠影，却让我对这座城市充满好感。作为千年古都、七朝京华，开封少了些北京或西安那种皇城的凝重威严，多了些烟火小城的闲逸轻松。曾是宫廷大内的龙亭现在是市民的休闲公园，走在幽深的小巷中偶一抬头，会发现正面对着一座年代久远的古塔，千年大相国寺平平淡淡地坐落在闹市临街处，山门前便是人头攒动的小商品集市，《东京梦华录》中描述的大相国寺庙会集市的烟火气从岁月深处飘飘袅袅延续至今。这座城，厚而不重，尊而不贵，充满了市井生活的温暖和踏实。

北宋百六十年岁月，自始至终面临着北方游牧民族的军事威胁，但历朝帝王似乎都有些书生意气，重文而轻武，认为治国"在德不在险"，更有"半部《论语》治天下"之说。也正因为如此，北宋王朝除了杨家将和仁宗朝的狄青外，名将屈指可数，文臣名相则辈出不穷，讲经论籍蔚成风气，诗文书画灿若星河。皇帝们也还算温和儒雅，没有明朝的锦衣卫，少见清朝的文字狱。寇准直言进谏，敢扯住太宗衣角不使离去；包拯弹劾"国丈"，唾星直喷仁宗面颊，为此民间有称包拯、寇准和范仲淹为宋朝"三大狠人"的说法，这也从另一方面说明北宋的君臣关系尚较平等，政治环境相对清明。虽说苏轼身陷的"乌台诗案"也算是一桩文字狱，但北宋一朝有"不杀士大夫"的祖训，最后神宗皇帝"独怜之"，将他贬去黄州当了个团练副使（相当于今日的人武部副部长）便算了事。要是在明、清两朝，早已是层层株连，血流成河了。苏轼到黄州后找到一块坡地开荒耕躬，称之为"东坡"，自称"夜饮东坡醒复醉"的东坡居士，遂有苏东坡之名。

这个"斯文"的朝代最终在塞外铁骑下惨淡地结束了百年繁华东京梦，但它在大中华文化发展史上却留下了一道炫目的亮色。这也是一些后世学人始终对北宋王朝存有某种好感、惋惜和追念的原因吧。

附记 有了五代时期武将乱世的前车之鉴，北宋自太祖赵匡胤起就重文抑武，以文御武，常以文官而非武将来执掌兵权，之后世代沿袭，渐成祖规。文臣韩琦与范仲淹就曾为仁宗朝抗击西夏的统兵主帅，《水浒传》中，作为当时朝廷最高军事长官的枢密使是太监童贯，太尉是蹴鞠出身的高俅。东坡被贬为黄州团练副使也算是个八品武官呢。

63.
北宋南京
商丘

商丘，商民聚居之丘也，中华古代文明的发祥地之一。它是上古时期商朝的国都和春秋时期宋国的都城，秦之后称睢阳，隋唐时亦称宋州。

商丘对于赵宋王朝的意义非凡。赵匡胤曾在此任节度使，称帝后视宋州为龙兴之地而定国号为大宋。真宗景德年间改宋州为应天府，并定之为陪都"南京"，与"北京"大名府（今邯郸大名县）、"西京"河南府（今洛阳）同为北宋一朝三大陪都之一。靖康二年北宋覆亡之际，康王赵构又在此"南京"应天府即位，肇始了南宋王朝150余年的基业。商丘一城真堪称"两宋"福地了。南宋亡后，应天府改称归德府，元明清三朝沿用。

商丘地处豫鲁苏皖要冲，"乃天下之腹心"，历来为兵家必争之地。有一套四册的连环画《浴血睢阳》（由著名连环画家宗静草等执笔），讲述的就是唐"安史之乱"时睢阳（即商丘）保卫战的故事。睢阳守将张巡率数千将士顽强抵抗十几万叛军达十个月之久，最终粮尽援绝城破而殉难。战火频仍加之黄河洪水肆虐，商丘城屡圮屡建，毁灭复重生。据考在层层淤积的泥沙黄土之下，摞叠着自西周至明初不同时期的6座商丘城池遗址。

城楼

古城俯瞰

今天的商丘古城始建于明朝正德年间，距今约五百余年。过护城河步入城门，四周城墙拱抱，街道横平竖直，四四方方，与安徽寿县古城、湖北襄阳古城的形制相似。古城不大，登上南门城楼，沿中轴大街可一眼望到北大门。正是十一长假期间，古城内人烟稠密，街肆熙攘，恍若过往岁月中某座小县城的集市……城内机动车限行，有人力三轮车可供乘坐，但即使步行，两个小时也足够在全城转完一圈了。

信步之间，岁月的踪迹随处可见。纵贯南北的中山大街两侧排列着不同年代不同样式的楼面商铺，侧巷内老旧的民宅间还存有明清时代名门望族的府邸宅院。明清以来各个时期的建筑在不到两平方公里的空间中混搭在一起，没有太大的涂改，也没有太多的粉饰，较为自然地留下了商丘城近五百年来稠叠错杂的历史样貌。

到了商丘才知道，孔子的先祖为商部落的后裔，故他的祖籍地就在商丘。商王朝前三百年间都城屡次迁徙，最终定都于殷（安阳），故商也称殷。《史记》载，孔子临终前对子贡说"予殆殷人也（我终究是个殷人啊）"，由此看来，关于孔圣人的祖籍地似乎是可以一锤定音的。

既是孔子祖地，想必文庙一定热闹，于是一路寻去，看到的却是有些芜漫萧条的景象，几乎没有游客，显得冷清寥落，颇出意外。

明末才子侯方域的书斋"壮悔堂"就坐落在与文庙相邻的小巷内，是一座硬山式砖木结构的两层楼老宅。孔尚任的《桃花扇》使侯方域仿佛成了我们南京人的"姑爷"，对他便有了些别样的亲近感。明朝灭亡后，侯方域回到故里隐居此间，不问世事潜心著述，但忧愁悲愤、伤时感事之情终郁郁不能释怀，37岁便染病身亡，令人唏嘘。

宋代四大书院之一的应天书院旧址在南门外护城河边。北宋一代名相、"先忧后乐"的范仲淹曾在此苦读，"五年未尝解衣就枕"。后又执教于此，使应天书院一度名冠四大书院之首，为天下儒生所向往。只是人祸天灾，年淹代易，原物早已无存。如今正在书院旧址上仿建重修，落成开放之日，商丘当新添一文化地标了！

转眼到了离别之时。此行虽然行色匆匆，但古城已在画本里存下了图像，在脑海中留下了记忆。临上车前，回望了一眼壮伟的城楼，高悬的横匾上"南通古亳"四个大字映入眼帘，仿佛是古城为我们送行时的指引和叮咛。

亳州正是我们的下一站。

64.
澶渊旧郡
濮阳

濮阳，是上古五帝之一颛顼的故里，中华古代文明的又一处发祥地。春秋时期，濮阳是卫国的都城，孔子曾在这里寓居十年之久，其儒家思想就是在濮阳逐步形成的。他的得意门生子夏、子贡都是卫国人。

濮阳地处冀鲁豫三省交界，扼南北要津，为中原屏障，自古为兵家逐鹿之地。《三国演义》第十二回"曹孟德大战吕布"就在此地，春秋时期晋楚的"城濮之战"也发生在这一带，晋文公承诺楚王的"退避三舍"，后来成了一句成语。

此次濮阳之行有当地兄弟单位接待引导，参观效率很高。

首先参观的是从当地一座6500年前（仰韶时期）墓葬中出土的用蚌壳拼塑而成的龙形图案——"中华第一龙"。6500年前！我们的先民已经有了如此丰富的艺术想象力和创造力？6500年，世界的变化何止天翻地覆！大地裂变，山川腾挪，一些新的物种诞生，另一些已经消亡，而这件形成于中华民族精神世界中的图腾却穿越茫茫时空，从远古洪荒直抵当今，而且造型没有太大的改变！它确实太让人不可思议了，当然也引起了一些质疑和争议。比如相比之下，为何1000多年后的红山文化反而在倒退？比如墓主人有青龙白虎相伴，可见其地位尊贵显赫，为何不见其他随葬器物？此外，还有质疑蚌塑工艺过于先进，龙的四足应该到秦汉后方才出现等等。我想，这些争议是有益的，态度是科学的。对"蚌塑龙"进一步的考古学研究，将是对中华文明起源的一次再认识。当谜底破解之时，"蚌塑龙"不仅是"中华第一龙"，也必将是最古老的世界文化遗产！

出土的仰韶时期蚌塑龙图片

十字街四牌楼

　　下午来到位于老城区的十字街参观。这是一片明清风格的历史街区，两条石板老街十字相交向四方伸展，沿街两侧大都为青砖灰瓦古色古香的铺户老屋，十字路口的中央便是濮阳的地标建筑四牌楼。四牌楼由四座牌坊围成正方形、上覆四角攒尖的琉璃瓦顶构成，有点像一座凉亭，可通车辆行人。四面牌匾上分别镌刻"颛顼遗都""澶渊旧郡""河朔保障"和"北门锁钥"的横额，皆为濮阳历史文化与地理方位的揭纲统目之语。

　　御井公园就在老街对面不远处。园内的北宋"回銮碑"，是宋朝历史上一次重大事件的记录和见证。

宋景德元年契丹兵临澶州（濮阳）城下。因澶州距开封仅百余公里，一时京师震动，形势危迫。经丞相寇准力谏，宋真宗御驾亲征。宋军受到激励，士气大振，打了一场胜仗。可获胜之后，宋朝却向辽邦纳贡议和，订立盟约，史称"澶渊之盟"。在此以前，中原王朝常以做老丈人或大舅爷的和亲方式来与草原游牧民族议和休战，"澶渊之盟"开创了向草原王朝纳贡求和的先例。

　　订盟之后，烽烟散却，大军"凯旋"。御驾回銮之际，宋真宗亲撰"契丹出境诗"刻录于碑石，即为今日所见之"回銮碑"。诗中有"坚冰消巨浪，轻吹集嘉祥。继好安边境，和同乐小康"之句，想到可以从此停战休兵，"归马于华山之阳"，真宗皇帝的欣喜之情溢于言表啊。

　　后世常有人指责"澶渊之盟"是真宗怯懦畏战的表现，是屈辱的"城下之盟"。但也有人认为此盟的缔结，结束了宋辽之间长达四十多年的敌对状态，用可预的财物来化解不可预的兵灾战祸，毕竟是个社会成本相对较低的选项，由此换来的是北宋一百多年社会经济文化的繁荣（陈寅恪先生更有"造极"之说），故并非不可接受。

御碑亭

65.
殷商故都
安阳

去安阳，最应该去看的就是殷墟博物馆！

考古学家在对殷墟历时近一个世纪的考古发掘后，已确认从公元前14世纪下半叶商王盘庚迁都于此至商纣亡国，安阳是我国历史上第一座有文字记载、有文物可考的帝王都城，历8代12王250多年。今天的殷墟博物馆力图还原这座有着宫殿、宗庙、作坊、王陵墓葬群以及群落聚居遗址的商代都城的样貌，连同那个时代的青铜器、玉器、甲骨卜辞等珍贵文物一起呈现在世人面前。

殷墟

我们从博物馆入口处走进"历史走廊"，如镜头回放般从"现在"经"清""明""元"等朝代一步步倒回历史的深处，直到跨入"商代"展厅，带着几分神秘感来到3300多年前的世界。展厅按"都市""青铜文化""礼器"和"甲骨文"四大板块陈列，这正是考古研究认定的殷商文明的核心元素，中华文明的源头便是从这些涓涓细流开始，流淌几千年，汇涌成今天波澜壮阔的浩瀚江流。2006年，殷墟入选《世界文化遗产名录》，它所体现的以奴隶制青铜文化为特征的殷商文明是人类文明史上出现在东方的第一缕曙光！

走出殷墟回到今天的安阳。在余下的时间里，我和L君、Z君随兴所至在古城的长街短巷中逛逛，到零星散布的文物古迹旁看看……

安阳文峰塔

　　远远就望见了那座建于后周的天宁寺文峰塔，塔身圆滚滚胖乎乎，下细上粗，造型别致，看过一眼便不能忘记。赵朴初先生对它有过"层伞高擎"的形象比喻。

　　去了被称为"袁林"的袁世凯陵墓。袁复辟帝制，却定年号为"洪宪"，说是"弘扬宪政"的意思，如同扯了一块"遮羞布"，遭到世人的猛烈抨击和讥嘲。

　　安阳的地标性建筑——钟楼，昂然耸立在一片喧闹繁忙的商业区中央。人们逛街购物，在钟楼台基的券门之间来来往往，仿佛从历史中进进出出。钟楼的背后巷陌纵横，挤满了小店小铺车辆行人，有些拥塞和杂乱……

　　安阳的汤阴县是民族英雄岳飞的故里。岳飞庙就坐落在县城西南的岳庙街上，坐北朝南，六重进深，布局严整。岳飞的彩色塑像端坐在正殿中央，堂上高悬"还我河山"匾额，令人仰止。两廊有历代书法碑碣数百件，名家荟集，众彩纷呈。临街面西的精忠坊，是一座建于明代的三间四柱木牌楼，左右两间呈八字形排列，坊顶如盖，斗拱繁密，绿瓦朱檐，翼角翠飞。牌坊正中为明孝宗题额"宋岳忠武王庙"。

上：鼓楼

下：汤阴岳庙

岳飞冤死风波亭是中国历史上一桩令人扼腕痛惜、"自毁长城"的冤案！秦桧为罪魁，但背后显然有高宗赵构的支持和授意。元朝撰写的《宋史》中说："高宗忍自弃其中原，故忍杀飞。"正因为此，后来南宋历朝对岳飞的平反昭雪总有些瞻前顾后，拖泥带水，投鼠忌器。岳飞遇害21年后，宋孝宗方下诏追复原官，"以礼改葬"，又过了十几年，才赐谥"武穆"，直到理宗朝改谥号为"忠武"，算是给岳飞尘埃落定的最高评价了。此时距岳飞被害已过去了整整84年。

《宋史》称："西汉而下，若韩、彭、绛、灌之为将，代不乏人，求其文武双器、仁智并施如宋岳飞者，一代岂多见哉！"而岳飞的赤诚报国之心，尤其令人感怀。他的文章词赋表章奏折中，"忠义之言，流出肺腑，真有诸葛孔明之风……"他最终赐谥"忠武"，与诸葛亮谥号相同，总算让后人稍感宽慰吧。

汤阴城北还有一处新建成的景点——羑里城，说是当年商纣王囚禁西伯姬昌（即后来的周文王）之地。姬昌在被囚拘的7年时间里没有闲着，推演成儒家经典"四书五经"之首的《周易》，即为"文王拘而演周易"典故的出处。如今，这羑里城号称世界最早的国家监狱遗存，但除了几个据说是3000年前的夯土堆外，其他"古迹"均为附会而出，随便看看就可以了。

附记　诸葛亮死后朝廷赐谥"忠武"，使"忠武"谥号因此成了臣子至高的恩荣，几乎就是忠诚和智慧的化身。但后世获此殊荣者除岳飞可称"文武双器、仁智并施"的军事家外，其他则大多为建有战功的武将，如唐朝的尉迟敬德和郭子仪，北宋的杨业杨老令公，南宋的韩世忠等，鲜有堪与诸葛武侯比肩而论者。到了明清，"忠武"的地位继续下滑，明朝获此谥号的将领常遇春和张玉都不为世所熟知，清朝的"忠武"则于咸丰一朝集中批发给了与太平军作战的七个将领，其中好几位是战死的败军之将。

最后一项"忠武"的帽子由末代皇帝溥仪颁给了上演复辟闹剧的辫帅张勋，为这个曾经尊荣的谥号画上了狗尾续貂的最后一笔。

66.
光武帝乡
南阳

南阳，古称"宛"，中原大地上又一座历史悠久的古城。在两千多年的历史长河中，南阳城似乎与东汉一朝格外有缘。

首先，南阳是东汉光武帝刘秀的故里。西汉末年王莽篡汉，刘秀在南阳起兵反莽，征战经年终于光复汉祚，开创了东汉近二百年的基业，故南阳有"帝乡"之称。

南阳"博大沉雄"的汉画像石刻艺术在东汉时期臻于巅峰，与江苏徐州的汉画像石刻并称东西双璧。

南阳历史上几位"国宝级"的文化名人均出自东汉一朝。如医学家张仲景，他在所著《伤寒杂病论》中确立了中医"辩证论治"的核心理念，被后人尊为"医圣"，比称为"神医"的华佗似要更高一格。张衡则更是一位中华文化史中罕见的"百科全书式"的人物，他是天文学家、数学家、发明家和地理学家，发明了世界上最早观天文、测地震的仪器。同时，他还是一位杰出的文学家，他的《二京赋》《归田赋》"精思博会，十年乃成"，文辞藻丽，法度严谨，使他与司马相如、杨雄和班固并称"汉赋四大家"。而那位"上知天文，下知地理，中晓人和……运筹帷幄之中，决胜千里之外"的诸葛孔明先生也出生于东汉末年，他的《出师表》中一句"臣本布衣，躬耕于南阳"，使南阳闻名遐迩，也因此引发了南阳与湖北襄阳之间旷日持久的孔明故里之争。

武侯祠就在市区西南郊的卧龙岗上，未到近前，山门牌坊上的"千古人龙"四个大字就已先声夺人。据说魏晋时期这里已有武侯庙堂，后来历朝历代屡有增建和修葺，成就了今日的规模。与成都武侯祠相比，南阳武侯祠更像一座园林，殿堂廊庑掩映在翠柏修竹丛中，曲径幽泉盘环于茅庐草堂之间，漫步其中，宁静清幽。但相比襄阳隆中的山林，仍显得局促许多。祠内名人碑刻匾额楹联不可胜数，其中弥足珍贵的有岳飞当年过南阳谒武侯祠时手书的前后《出师表》碑，碑文末尾的岳飞题跋为此碑所独有。

上：武侯祠

下：南阳县衙

观赏祠内楹联也是一件趣事，这些楹联大都出自名家手下，对仗工整，寓意精妙，书法独到，一路品读，颇多回味。对于南阳与襄阳的孔明故里之争，悬于正殿大拜堂的一副对联谓："心在朝廷，原无论先主后主；名高天下，何必辨襄阳南阳。"寥寥数语，将一桩旷世公案轻轻带过，观者无不抚掌称妙！

在市中心的一条僻静小街上，坐落着 800 年历史的南阳府署。在今天的南阳城里，它是仅次于武侯祠的第二位长者了。资深旅友可能更喜欢距南阳不远的内乡县衙，其实南阳府署也是我国目前现存年代最久远的郡府级官署衙门之一了。大堂内高悬一副对联："召父劝农杜母兴工，南阳自古多循吏；弹琴悬镜爱莲对月，赤子从来盼好官。"观之不得甚解，求教于讲解员得知，其中含一则"召父杜母"的历史典故。"召父"是西汉时任南阳太守的召信臣，"杜母"指东汉时的南阳太守杜诗，两人均为官一任，造福一方，勤政廉明，待民如子，南阳人以"前有召父，后有杜母"的比喻来感念他们。

中国老百姓称地方官员为"父母官"自此始。封建社会里，百姓的悲喜祸福皆系于"父母官"之一身啊！

67.
黎阳古邑
浚县

从河南焦作去往河北石家庄的途中，经过鹤壁的浚县。

浚县是一座历史悠久的古城，建城史可上溯至西汉初年所置黎阳县，距今2200余年。浚县坐落在两座小山——大伾山和浮邱山之间，人称"两山夹一城"。车行城内，感觉山在城中，城在山间。

我们一行都不了解浚县，更不用说大伾山了，但史载当年大禹治水时曾登临此山，大伾山便成了我国最早见诸于史籍的名山。真是山也不可貌相呢！

来到大伾山景区，沿着山道缓步向上，一路上几无游人，但见松柏竞翠，鸟雀欢鸣，石径曲折迂回在苍松翠竹之间，山林清幽如出凡尘。在山腰的天宁寺转过一圈，继续前行到后山，当那尊威仪凛然的天宁寺弥勒大佛坐像突然出现在面前时，众人无不欢呼惊叹！

大佛

255

大佛高二十多米，由整块崖壁雕凿而成，外覆高阁遮护，有"全国最早，北方最大"的摩崖石佛造像之称。据明代修撰的《浚县志》记载，佛像由东晋时期的后赵国主石勒所建，距今逾1700年，稍先于莫高窟的开凿，比云冈石窟早了一百多年。学界对此虽未认定，但也没有可靠的考据来推翻。天宁寺院为坐北朝南，大佛却是坐西向东，看了介绍才知道，原来这座西天的大佛还被世人任命为"镇河大将军"，要面向山麓东侧的黄河古道负责看管震慑黄河，以防它坏脾气上来时捣蛋作乱。

　　我们在大佛像前盘桓观赏写生，消磨了一个多时辰，其间并无其他游客前来。相比国内大多数名山佛刹人流如织喧嚷纷沓的景象，这里真是一处清净世外之地，令人流连不忍遽去。

　　下山途中，一片灰瓦青砖的古建筑群展现在眼前。这些建筑依山临崖，错落有致，没有北方那种气势宏大的铺排，也没有南方琳琅繁复的装饰，没有朱梁画栋的鲜丽，也没有檐牙高啄的灵俏，就如同前面的那尊大佛，敦厚而古朴。这其中有道教的吕祖祠、八卦楼，还有王阳明讲学的阳明书院等，儒释道三家就在这苍崖碧巘之间各得其所，毗邻而居，相当的"和谐社会"呢！

大伾山古建筑

碧霞宫祖师殿

　　曾读过一篇文章，认为儒释道三教分别满足了中国传统文化的三个基本关照。儒家讲伦理纲常父慈子孝仁义礼智信，关照的是人与人的关系；相对于儒家的钟鼎，道家即山林，主要关照人与自然的关系；而人与超自然的关系，汉之后主要由佛教担当。儒释道三家使命相殊，角色各异，各有各的信众和"粉丝"，虽互有交集，但彼此间并不冲突抵牾，故能长期和谐共存。

　　来到浮邱山，已是红日衔山之时。浮邱山巅的碧霞宫内依然香火缭绕，十分热闹。碧霞宫建于明嘉靖年间，这是一个皇帝笃信道教并"身先垂范"的年代。整座建筑群工程浩大，历时 21 年建成，共有宫楼殿宇八十多间，悬塑、浮塑的诸神众仙数以千计，在我国的道教建筑中算是一处焕赫的所在了。一年一度的浚县正月庙会便在此间举行，届时四县八乡的进香朝拜者如潮涌而至，"奔走络绎，昼夜不止"，此景象已延续数百年而不衰。

　　临别浚县，不由感慨，它虽是我们行程中途经的一座平常小县城，却在短短的时间里带给我们这么多快乐和收获！

　　在河南这片古老的中州大地上，历史文化的遗迹可真是俯拾皆是啊。

68.
九省通衢
武汉

武汉是一座有着 3500 年历史的荆楚古城，汉水千里奔流到此与长江交汇，顺带着勾划出武昌、汉口和汉阳三镇以及龟、蛇两山的轮廓。

武汉音乐学院与南京艺术学院为兄弟院校，交往密切，我曾多次来汉参加学术交流、创作研讨及庆典活动等。

武昌为武汉三镇之首。高耸于江畔蛇山之巅的黄鹤楼，远望如琼楼仙阁卓立云端，是武汉的城市地标和风光第一形胜。

黄鹤楼始建于三国时期。当年东吴孙权为了与刘备争夺荆州，曾一度将都城从建业（今南京）迁到武汉以东的鄂州一带，在今日的武昌筑起"夏口城"，并在蛇山上修建了一座守戍瞭望的军事塔楼，这便是黄鹤楼的前身。晋灭东吴，三分天下归于一统，黄鹤楼的军事守戍作用不再，渐成为一处游览胜境。唐代诗人崔颢在此题诗《黄鹤楼》，李白在此写下《黄鹤楼送孟浩然之广陵》，皆为千古绝唱传诵至今。唐人阎伯理的《黄鹤楼记》则是以生花之笔将其细细描摹："耸构巍峨，高标巃嵸，上倚河汉，下临江流；重檐翼舒，四闼霞敞；坐窥井邑，俯拍云烟……"可见至少在唐代它就已是一处"游必于是"的风光名胜！之后历朝历代的名士骚客竞相登临，留下的诗文辞赋不克殚记，黄鹤楼遂以"荆吴形胜之最""天下江山第一楼"之名闻于天下。在后来漫长的岁月中，黄鹤楼屡经兴圮，时而湮灭无踪，时而浴火重生，我们今日所见之黄鹤楼，就是参照清同治年间的样式于上世纪 80 年代移址重建的。李白、崔颢以及阎伯理诗文中的黄鹤楼早已杳如黄鹤了。

黄鹤楼

登楼纵目四望，长江、汉水在午后淡淡的阳光下泛着粼粼波光，长江大桥伸展着钢筋铁骨跨越天堑，武汉三镇街市如织，高楼稠密，舟车如蚁，蠕蠕往复。但时世变迁，春秋更替，那"历历晴川""萋萋芳草"已再难寻得了。

　　与历史文化厚重的武昌不同，汉口时尚而繁荣。作为曾经"九省通衢"的水陆码头，汉口有过资物辐辏、商市如织、"江上十里帆樯，江岸万家灯火"的繁盛。1861年开埠后，成了国内金融工商业的重镇和对外通商口岸。民国时期曾有人将汉口与上海相提并论，称之为长江沿岸遥相辉映的"东西两大埠"。确实，在今日江汉路一带的租界区，各色欧式建筑和民国建筑成片成行排列江干，延绵长数公里，极易让人联想到上海的外滩。其中高耸云表的江汉关钟楼是汉口开埠历史的标志和见证。

江汉关大楼

武漢原租界江漢關大樓 九·三〇

259

孙中山铜像

　　在黄鹤楼近旁的一个广场上，矗立着一座中山先生长袍马褂的铜像，神态庄严，遥望远方。铜像身后，繁茂的树荫掩映着一栋西式的红砖红瓦两层楼房，这便是辛亥革命时武昌起义的军政府旧址，前方正对着当年黄兴誓师出征的"拜将台"。我把孙中山铜像和军政府旧址写入了画本，这是继南京和广州之外，我写生的第三座孙中山像。这三座雕像间仿佛有一条无形的纽带，连接起中山先生为"起共和而终两千年封建帝制"奋斗不息的生命轨迹和光辉一生。

　　武汉地处"九省通衢"的交通枢纽，是长江上下游和南北东西的咽喉要冲，自古是军事和通商重镇。自19世纪下半叶开始，武汉城频频牵动中国甚至世界的目光——洋务运动在这里发轫，辛亥革命第一枪在此打响，"光荣北伐武昌城下"有过浴血鏖战，抗战初期曾是全国抗日救亡运动的中心，后来又是武汉会战的惨烈战场……在第一次鸦片战争后的中国百年近代史上，武汉城有着举足轻重的历史作用和政治地位，它的风雨历程，与中华民族的前途和命运紧紧相连、息息相关啊！

69.
编钟之乡
随州

跟随导航的指引前往曾侯乙墓博物馆，快要到达时，驶入了一所部队修理厂的大门，正迟疑间，博物馆的指示牌已出现在了道路前方。

这是一处叫作擂鼓墩的土坡，地势高拔，视野开阔。博物馆就在坡上的一个普通小院内，像是修理厂的一部分。1978 年，一座距今 2400 多年的大型古墓葬——曾侯乙墓在此被发现。墓中出土文物数量之大，历史之悠久，种类之丰富，工艺之精美为史所罕见，仿佛阿里巴巴打开了藏宝的洞窟！为此人们有理由相信，馅饼不会从天上掉落，但完全有可能在地上捡到哦！

墓葬中那套随葬的"曾侯乙编钟"堪称至宝！它竟然有 C 大调音阶、五个半八度的音域和十二个半音，令音乐界为之痴狂！由此可见 2400 多年前华夏楚声的乐律学水准、乐器制造工艺以及与此相应的音乐文化已经是何等成熟和先进，欧洲有着同样音阶和音域的钢琴要在 2000 多年后的 18 世纪初才出现啊！

除了编钟，这里还陈列着大量出土的随葬礼器。在那件青铜的鹿角立鹤面前，我唯有感叹，不仅为它成熟的冶铸工艺，更为它浪漫的想象力和高超的艺术性。写实与变形、诡妙与端丽、具象与抽象，在这件 2400 年前的青铜作品中圆融而协调地揉捏在一起，谁能解透其中蕴藏的历史文化密码？

徘徊在博物馆小小的院落内，如同走在中华文明厚实的土壤上。我为先人自豪，也为今天沉思，华夏先祖们身上这种富有创造性的艺术基因，我们何时退化拟或丢失了？在如此丰厚的土壤上，本应该是可以长出参天大树的！

曾侯乙墓也留下了一个未解之谜。首先，墓主是春秋时期的诸侯国——曾国一位名"乙"的国君，这一点看来是确定无疑的，在今日随州即古随国的地域里出土的其他文物上也多有曾国的铭文，可见曾国是随州历史上一个无法否认的存在。但在史籍中却只有"随国"而看不到"曾国"的影迹，仿佛它从未出现过。对此有专家认为，"曾""随"为"一国二名"，"曾国"即"随国"，只是当年史家以"随"国之名记载入史。另一种观点以战国时期韩国灭郑后沿用"郑"的国号为例，认为"曾""随"是先后替代的两国，"曾"灭"随"后沿用了"随"的国号。但因双方都没有进一步的论据，"曾随之谜"多年悬而未解。

鹿角立鹤

文峰塔

　　我们接着在市区随意观光，远远就望见了那座鹤立鸡群般耸立在一片老旧居民区内的文峰塔。来到近前参观，知此塔又名文笔塔，始建于唐朝，曾多次毁于兵燹。当地百姓相信有了文笔塔，便可"文人学士层见叠出"，故屡圮屡建。今日之塔重建于清光绪年间，七层塔身，用青砖条石砌就，呈锥形，有如民间"门神"秦叔宝的竹节钢鞭。眼下，塔的周围正在兴建一圈仿古建筑，一个以塔为中心的历史景观街区已现雏形。

　　随国（或曾国）于春秋后逐渐衰弱而湮灭。历史上好像很少有文人墨客来随州"发思古之幽情"，因此，在这里看到黄庭坚为随州写下的诗句颇为好奇："诗到随州更老成，江山为助笔纵横……"想当年，随州一定有一些特别的情景触动了大诗人的心弦吧。

附记　近有媒体报道：新近在文峰塔附近墓葬的考古发掘中，第一次有刻着随国铭文的青铜戈与有"曾"字铭文的器物一同出土，这在很大程度上支持了曾国即随国的"一国二名"观点。

262

70.
铁城雄郡
襄阳

虽是初来襄阳，却早已从《三国演义》中熟知了这座城市。

有人做过统计，《三国演义》120章回中有约三分之一的故事发生在襄阳。我少年时的偶像关羽关云长便是攻打襄阳受挫后又遭东吴偷袭，之后失荆州走麦城，最终……像他这样盖世无敌的英雄,竟然也战败被俘，还英勇就义壮烈牺牲,曾令我痛心不已！

后来知道，襄阳地处南北战略要冲——"南襄隘道"的门户，"北接宛洛，南阻汉水"，自古就是兵家必争群雄逐鹿的战场。清初著名的军事地理学家顾祖禹谓襄阳为"天下之腰膂"，"中原有之，可以并东南；东南得之，亦可以图西北者。"故襄阳自古以来就是高筑墙，广积粮，北据天堑汉江，三面掘河护城的易守难攻之城，有"铁城襄阳"之称。东晋时前秦国君苻坚率大军攻襄阳时就曾遭受重创，南宋晚年强悍的元军攻打襄阳也多年未克。如此看来关云长未能攻克襄阳也属正常，心中算是宽慰了一些。

古城俯瞰

263

古城老街

　　我们一路来到了古城的北门——临汉门城楼，见城垣巍然，城楼轩昂，城墙为明洪武年间重筑，与南京的城墙还是"同宗兄弟"呢。登城楼南望，正对着那条古色古香的仿古老街，马头墙在黄昏苍青色的天幕上勾勒出翘卷的曲线，中间一条石板路迤逦伸展数里地，穿过两座石牌坊，消失在古昭明台的门洞里。北望便是从秦岭深处千里奔流而来的汉江，水天如镜，波光粼粼。隔岸的樊城高楼参差耸立，有些现代都市的模样。眼下临汉门外的滨江广场上人流挤挤挨挨，扩音器正轰鸣着高分贝的乐曲，强烈的节奏使人们处于亢奋的躁动之中。今晚是"十一"国庆节之夜啊！

　　次日一早，先到临汉门城楼和老街上画了两幅速写，然后前往襄阳城外二十里的诸葛亮故里——隆中踏古探幽。

　　来到隆中的山前大道时，开始陷入人海重围，于是亲身体验了一下黄金周出游的波澜壮阔场面——路两边是浩浩荡荡十几路纵队的行人队伍，车辆在路中央按着喇叭缓缓前行，像极了战争片中看过的大兵团行进。好不容易到了山门前，购票队伍又排起长龙，终于进了景区，仍是人头攒动，项背相望……

264

《三国演义》第 37 回中对隆中有"山不高而秀雅，水不深而澄清，地不广而平坦，林不大而茂盛；猿鹤相亲，松篁交翠"的描述，走进古隆中，确是一座好山林。一路上山道盘桓，万木蔽荫，如果不是游人熙攘，定是野趣盎然的。现存的武侯祠为清康熙年间重建，砖木结构，黛瓦白墙，进深三楹，中有庭院，似一座江南乡间的祠堂。周围的其他建筑如"三顾堂"等也较古朴平实，大都为硬山顶砖木结构，宛如民居。相比之下，之前去过的南阳武侯祠更像一座精心布置的人工园林。

襄阳和南阳，两座武侯祠肇建至今都已逾千年，两地关于孔明故里之争也已持续数百年。游过隆中下山，我觉得这里显然更像是孔明故里。除了有白纸黑字的"隆中对"，这里群山环抱的幽深山林，最是高人奇士的隐居耕躬之处！上世纪 90 年代，国内史学界还举办过一次"诸葛亮躬耕地"的学术讨论会，大多数与会者认同襄阳隆中为孔明故里之说。同时也认为，就像文武赤壁一样，襄阳南阳的诸葛胜迹也是完全可以并存的。

为此，还想再提一下南阳武侯祠大拜殿的那副题联："心在朝廷，原无论先主后主；名高天下，何必辨襄阳南阳。"作者顾嘉蘅为清朝道光年间连续五任的南阳知府，却是湖北襄阳人氏（一说湖北宜昌）。两城相争，他被夹在中间，故撰此联，谈笑间将这桩旷世公案轻轻翻过。

隆中武侯祠

71.
嘉靖梓里
钟祥

钟祥古时名"安陆"，是荆楚大地上的一座小城。由于阴差阳错的原因，这里出了一位明朝皇帝——就是那位痴迷道教宠信严嵩、还差点被宫女勒死的嘉靖皇帝朱厚熜，于是这里就成了帝王梓里。朱厚熜为其赐名"钟祥"，取"祥瑞钟聚"之意。

朱厚熜为明孝宗之侄，明武宗的堂弟，虽为皇室后裔却非嫡派子孙，他的上位全拜他堂兄武宗朱厚照所赐。正德十六年，年仅 30 岁的武宗突然驾崩，身后既无子嗣也无兄弟，时年 15 岁的堂弟朱厚熜便成了继皇位承大统的唯一人选。甫即帝位，年未弱冠的朱厚熜就显示出比他堂兄武宗更为强势的形象，给满朝大臣上了一课。他力拒众议，强行追封原本是藩王和王妃的父母为皇帝和皇后，这便是明史中一次君臣激烈对峙的"大议礼"事件，最终，嘉靖以强力压服而收场。明清两朝，其实已很难看到皇帝向臣子让步的事了。

于是乎，嘉靖为父母建造的合葬墓也就成了帝王陵寝，更名为明显陵。2000 年，明显陵作为"明清皇家陵寝"项目的一部分与清东陵和清西陵一起列入了《世界文化遗产名录》。

明显陵

明显陵位于钟祥城东的纯德山下，已有 500 多年历史。虽屡遭战火及人为毁坏，仍难掩其崇闳的气象。沿着神道步入陵区，沿途迢递相接的石兽和石翁仲，飞彩斑斓的龙凤门，棂恩殿遗址裸露的颓垣残壁，陵寝宫城斑驳的红墙黄瓦和高楼崇阁在眼前一一展开。一条溪流沿着神道左环右绕，一路盘桓到陵寝前。整座陵寝建筑群坐落在群山拱抱之中，与水光山色融为一体，陵园似在山水间，山水亦在陵园中。中轴线依着山体的爬升渐渐仰起，最后的寝宫呈高屋建瓴之势。显陵经精心打造数十载方成，在明清皇陵中，它的选址、布局和营造都是有独到用心的。

明显陵

离开明显陵，来到钟祥市博物馆前，一眼便喜欢上了这座小巧别致的建筑。它的建筑设计不求宏敞，无关繁丽，就是一些线条简洁的方方正正的几何体。但在整体的空间设计中恰到好处地应用了中国古典园林建筑艺术中的借景手法，使这些简约的几何体与各种借来的景物互相比照，巧妙组合，构成一件件空间艺术作品。比如，一座年代久远石色斑驳的老牌坊被移来博物馆门前的广场上，在馆舍长方形素白色墙面的背景衬托下愈显得岁月苍苍，有着强烈的视觉感染力；博物馆一侧有山峦起伏，便在那侧庭院的墙上开出一面扇形花窗，墙上便出现了一幅扇面画，有"窗含西岭"的意境；在一堵白墙旁放置几块观赏石加几株竹枝，用一池浅水将其倒映其中，则如同一幅水墨写意，逸笔草草，清丽有致。在这座小小的博物馆内，不仅能看到数百件楚墓中出土的文物，还有这些充满意趣的空间设计小品可以欣赏，让人时时有些小惊喜呢。

博物馆

　　据介绍，钟祥还有舜留下的古人类遗址，有楚辞文学家宋玉的老宅古井，想想就知道是新建的"古迹"吧。我觉得来到钟祥，游览过明显陵，参观了博物馆就不虚此行了。

　　附记　偶尔读到吴冠中先生的一幅国画作品"双燕"，画中的江南老宅以几何体般的简约线条和素白粉墙，衬托出门前老树细密的嫩叶和苍劲的动感，几笔淡墨的水中倒影亦使画面更富层次和意境。整幅作品疏密有致，动静互映，与钟祥博物馆的设计构思有异曲同工之妙呢！

72.
楚国郢都
荆州

十多年前曾在荆州有过短暂逗留，此次重来，见荆州城周边变化巨大，城郭以北已有一座新城拔地而起。城内倒是没有大拆大建和伤筋动骨的改变，街巷肌理尚在，市井风貌犹存，上世纪那种灰瓦灰墙的简易房舍依然叠叠挨挨连成一片，有些年代稍久的老宅院混杂其中。那道明清古城墙依然耸立着，盘桓着，将这座千年古城揽在怀中。

荆州曾是"九州生气恃风雷"的华夏九州之一，地处长江中游，扼南北东西水陆交通的咽喉。春秋战国时期，荆州城北的纪南作为楚国都城（即郢都）长达400余年，是楚文化的源头和中心。清初军事地理学家顾祖禹评说："从来善用荆州者莫如楚；楚都于郢，而其争中原也"。

三国时期群雄逐鹿，荆州恰是三方交界点上的战略枢纽。从荆州北上可"便下襄阳向洛阳"，直入曹魏境内威迫中原，关羽当年北攻襄樊即有此意图；荆州向西溯江而上可抵巴蜀，"千里江陵一日还"嘛；向东则顺着"滚滚长江东逝水"直下吴越，几无屏障。《三国演义》的大结局便是晋军南下攻取荆州，"沅、湘以南，顺风归命，不战自溃"，最终"三国归晋"。可见取得荆州进可攻退可守，占尽地理之优。于是，《三国演义》中的各方为夺取荆州殚精极虑，志在必得，或用兵或用谋，或明抢或暗斗，或强攻或偷袭，或借或骗或软或硬，尔虞我诈、阳谋阴谋……流行歌曲《曹操》中有一句歌词"尔虞我诈是三国"，我想也完全可以说成"尔虞我诈是荆州"的，常言道"闻听三国事，每欲到荆州"么！刘备一生的荣辱盛衰就系于荆州一城，刘蜀因借荆州而崛起，因失荆州而衰弱。

我们从古城大北门起，驾车沿着城墙内侧新修的景观道逆时针绕城环行，一路上游览了城墙边的卸甲山关羽祠和南门的关帝庙。一城两处关庙，可见荆州与关羽的不解之缘。南门的关帝庙建于明洪武年间，与漳州东山关庙几乎同时兴建，同为国内四大关庙之一。关羽身后哀荣，历朝历代褒封不绝。由"侯而公，公而王，王而帝，帝而圣，圣而天……"满清一朝便有十次加封，从顺治年间的"忠义神武关圣大帝"，到光绪时封号已长达26字："忠义神武灵佑仁勇威显护国保民精诚绥靖翊赞宣德关圣大帝"，几乎把适合男子汉的所有赞美之词集于一身了吧，比用在慈禧身上的名头——"慈禧端佑康颐昭豫庄诚寿恭钦献崇熙"的字数还要多，为旷古仅有，世所罕见。

关帝庙

　　荆州博物馆是国家一级博物馆，内藏有各类文物十万余件，其中国宝级的有战国的丝绸、漆器、越王剑等，在海内外广具影响。荆州坐拥岁月遗留在这片土地上的成百上千的楚、汉古墓，可谓得"地"独厚了！想想荆州又名江"陵"，倒也是蛮贴切的。

　　回到大北门时已近黄昏，城楼上依然人头攒动，一队队的游客正在导游率领下走完今天最后的行程。大北门城楼为清代重建，重檐叠脊，高敞轩昂，是荆州曾经的六座城楼中硕果仅存的一座了。我匆匆登上城墙，将它速写在册。

　　此时，暮色渐浓，城下那条长长的仿古商业街仍然一片繁忙，人影绰绰，华灯熠熠，仿佛一条流光溢彩的锦带绵延着伸向古城深处……

荆州

73.
巴陵古郡
岳阳

车进岳阳，见大道宽阔，大楼高耸，大桥飞架，一副大都市的模样，不禁有些恍惚。但随着驶进老城区，马路开始变窄，行人开始稠密，车辆开始拥堵，仿古建筑开始增多……岳阳楼便出现在了前方。

岳阳楼雄踞于西门城头上，气势巍然！它西临洞庭浩瀚烟波，北望长江如带飘拂，其湖山形胜之美堪称佳绝。岳阳楼原是东吴水师的阅兵台，与最初为军事瞭望楼的黄鹤楼一样，都是"行伍出身"，后经扩建增筑，自唐朝起渐以岳阳楼之名闻于世。千百年来文人墨客慕名络绎而来登楼揽胜，留下触景生情的诗文盈箱累箧。李白有"楼观岳阳尽"之溢美，杜甫有"凭轩涕泗流"的感伤，而北宋滕子京重修岳阳楼后，请范仲淹所作的《岳阳楼记》则寓情于景，将一腔感时抚世、忧国忧民、以天下为己任的浩然之气挥洒而出！"斯文一出，斯楼之伟观增重"！岳阳楼遂得以名驰天下，范仲淹亦名载史册，正如同滕王阁之于王子安啊！

我虽读过《岳阳楼记》，但终于来到楼前，还真有"昔闻洞庭水，今上岳阳楼"的欣然呢。跨入"南极潇湘"的山门，已望见崇楼的身姿。岳阳楼风雨沧桑千余年，屡经重建，今日之楼已是清代遗构，楼高三层，飞阁翘檐，丹柱雕梁，二层有明廊四面环绕，楼顶覆金色琉璃瓦，隆起似武将头盔。楼前庭院花木扶疏，亭阁棋布，风物茜秀。只是正当黄金周假日期间，人如潮涌，攘来熙往，楼前更是挤挤挨挨排起长龙，依次入内到二楼回廊上绕行一圈，引颈眺望，拍照留影。此刻想在楼前写生已是奢望，想照一张完整的相片亦属不易，再次感受到了国内长假旅游的热度。

于是转过身来面向洞庭湖山，瞬间便是救赎！眼前那云水相连、浩渺无际、帆影往来、波光浣漾的景象与身后的嘈杂鼎沸判若霄壤。其实，岳阳楼之名著称于世，三分在楼，有七分是洞庭风光啊！范公《岳阳楼记》中的"至若春和景明，波澜不惊，上下天光，一碧万顷；沙鸥翔集，锦鳞游泳，岸芷汀兰，郁郁青青……"，大段吟咏的不都是洞庭的湖山形胜吗？不由遐想，如能驾一小舟游于湖上，披襟当风，心共江远，该是多么快意之事啊！

闲走间瞥见一卖食品的小店墙上悬挂着一幅岳阳楼的图片，与我们刚才见过的角度有所不同，询问店主得知，这是岳阳楼的背面。

于是按照指点，我们下了一层台阶，向后穿过一座城门，来到了岳阳楼的另一侧，竟有"柳暗花明"之感。原来，岳阳楼筑在我们刚才走过的最高一层城垣上，所以那里见到的岳阳楼是一座楼阁，望去还颇有些头重脚轻的感觉呢。走下一层看，岳阳楼端坐在岳阳门的台基之上，便是一座城楼的样貌，厚重轩举，顿显巍然之势！

与楼上相比，这里竟然游人不多，且古木张覆，微风轻拂，正是写生的好地方！于是展纸挥笔速写了一幅，"其喜洋洋者矣"！

后人评滕子京重修之岳阳楼，楼本身为一绝，而范仲淹作记，苏舜钦书丹，世人合称三绝。我知道苏舜钦是苏州名园"沧浪亭"的主人，也是散文名篇《沧浪亭记》的作者，是一位以诗文名世的北宋文章大家，与宋诗的"开山祖师"梅尧臣并称"苏梅"，至此方知道他还是位书法大家！

我国古代文人大都诗书画"三项全能"，不似今日专业分工之细密。

岳阳楼

273

74.
潇湘名城
长沙

出岳阳时遇上修路塞车，到长沙100多公里的路程走了三个多小时，抵达时已是落霞归鸟的黄昏时分了。

进入市区，在淡淡的暮色中，一座庞大高耸的都市奔来眼前。近年来，这座有着2000多年历史的楚国古城正在现代化的大道上突飞猛进，新近落成的"中国结"步行桥、国际文化艺术中心等都是现代都市的大手笔，磁悬浮列车也在机场和城区间穿梭往来……长沙已不甘其"2线"还是"1.5线"之类的城市定位，它志存高远，正飞速向前呢！

晚餐时间略早，便想先去岳麓书院认认路。时当晚高峰时分，向西过湘江大桥，一路上车水马龙，走走停停，到达湖南大学的毛泽东铜像广场时，已是暮色苍茫了。书院就在眼前，但已闭门谢客。

次日一早再次前往。岳麓书院创立于北宋，是我国古代的四大书院之一。南宋时，曾因张栻、朱熹会讲于此而盛况空前。在之后800多年的岁月中，书院虽屡有废兴，几经浮沉，但不乏名儒大师主持讲席，授徒说经，履满户下，以至弦歌不绝、文脉相继，造士甚众，渐成湖湘文化的源泉，为天下读书人的神往之地。后人将此地濒临的潇水湘水与孔子讲学位于的洙水泗水并称"潇湘洙泗"。到了近代，书院改为湖南高等学堂（湖南大学前身），现为湖南大学国学教研基地，有历史学的本、硕、博学位授予权。如此说来，湖南大学的校史真可以上溯到这座千年书院？那就要热烈祝贺它拥有过朱熹、张栻、王阳明、梁启超等世上最强的师资和王船山、魏源、曾国藩、左宗棠、程潜、蔡锷等最豪华的校友阵容了！

书院的大门似很寻常，"惟楚有材，于斯为盛"的门联却有独步天下的自信。正堂高悬着康熙御赐的"学达性天"匾额和乾隆的"道南正脉"匾额，朱熹所书"忠孝廉节"的四字，分刻在四块大石碑上，碑高过人，嵌于讲堂两壁，令人肃然。游人成群结队，纷纷拥拥，但院内仿佛有一道无形的屏障屏蔽了喧杂和浮躁，让人宁静平和下来。我们转过了校经堂、百泉轩和御书楼等处一路来到后园。见亭榭楼阁掩映在苍松翠竹间，小桥碧池点缀于花坛草坪中，恍若步入了江南园林。但当你走过那几座专祀先哲的祠堂，你会感受到这小小园林中蕴含的中华传统文化的精神能量和熠熠闪亮的思想之光，是天下园林难以比肩的。

上：岳麓书院

下：岳麓书院后园

书院向东不远处有清代古迹爱晚亭，因杜牧"停车坐爱枫林晚"的诗句而得名，它的不凡之处是毛泽东亲笔题写的匾额。此处的古人诗、伟人字和千古岳麓之景是否也可称为"三绝"呢？

麓山寺

　　午后前往古城墙东南角上的天心阁，这里是长沙遗存的唯一一段古城墙了。1938年抗日战争期间，那场史称"文夕大火"的惨烈火灾几乎将天心阁焚毁殆尽，后经过两次大规模的修建方逐渐恢复。天心阁主阁高三层，耸立于巍峨的城垣之上，飞檐凌空，气势壮伟，临阁眺望，四面云山，万家烟火，尽在眼底。据说当年毛泽东与周恩来同游橘子洲头时出上联："橘子洲，洲旁舟，舟行洲不行"，总理行至天心阁见有鸽子从阁中飞出，对出下联："天心阁，阁中鸽，鸽飞阁不飞"。虽是民间传说，却是古城佳话呢！

天心阁

　　天心阁旁，有纪念抗日战争中"长沙会战"阵亡将士的"崇烈亭"和"崇烈门"。"长沙会战"是抗战进入相持阶段的 1939 年到 1942 年间，中国军队与侵华日军以长沙为中心进行的三次大规模攻防战。中国军队遏制并最终粉碎了日军向我西南纵深长驱直入剑指重庆的战略企图，是抗战爆发以来中国在正面战场上的一次重大胜利。前些年播出过 40 余集的电视连续剧《长沙保卫战》，张丰毅饰演的薛岳，讲的就是这段历史。

75.

湘西边城
凤凰

　　昨晚抵达凤凰时夜已深。旅社服务员热情告知古城就在近旁不远处，步行十分钟便可到达。

　　今日一早起来急急出门，只见前方有座大桥，怎么看不到古城的样子呢？来到桥边方豁然开朗，沈从文笔下的那座边城街市就在身下沿着沱江绵延展开，好似一幅航拍的画面。

　　沿江的吊脚楼依山就势而筑，高低错落，沈从文先生形容它们"莫不俨然悬挂在半空中"。是啊，在两侧山岗上，灰瓦板墙横梁立柱层层叠架着，木栏廊台镂花格窗密密排列着，古祠亭阁的崇脊飞檐装点其间，恍若在半空中"悬挂"着一片累累叠叠交绮绣错的建筑"织体"，感觉如果从中抽去一片，整个建筑群就会訇然散下架来。

凤凰吊脚楼

湘西凤凰古城

　　沱江澄碧如练，倒映着两岸的街景山影，以一种阅世已深的长者之风从容不迫地流淌着。江面上还氤氲着尚未完全消散的晨雾，游船穿梭往来。江边有小儿在嬉戏，有妇女在杵衣，江水从堤上倾泻而下，仿佛一匹巨大的白布悬在河床上。偶尔飘来几声渔歌，被江风吹过来又荡回去。

　　从跳跳岩一步一墩地过江，穿过巨石垒砌的北门就进了城。城内街巷曲曲弯弯，石板小路蜿蜒穿行在连甍接宇的古屋老宅之间。老街两旁，古色古香的店铺排比如栉，游人兴高采烈地出出进进。忽然一片云飘来，天色暗淡下来，少顷有颗粒饱满的雨珠滴下，渐渐淅淅沥沥连成一片，把古城濡染得如烟如雾，石板路泛着灰亮的水光，越发显得古朴幽邃……这番景象，仿佛在沈先生的小说中读到过。

古城老街

    在不少人的心目中，湘西可能还有些神秘，会联想到民风彪悍的边寨僻地之类，其实这已是久远的往事了。湘西苗族早已接受了中原文化，在小小的凤凰城中，散布着天王殿、关帝庙、万寿宫、文庙大成殿等庙宇宫观，儒释道已在此立足生根。现如今，这里的汉苗两族同胞语言相通，服饰相同，共市于集贸，睦邻于街巷，已难分你我了。

    在凤凰短短的一天时间里，能感受到这里的一种温厚而又豪爽的民风——这是一种朴实内敛安分守礼的温厚，碌碌于凡尘却并不唯利是图的豪爽。

参观沈先生故居时，我在他不同时期的相片前驻足，被他无一例外的温文敦厚的微笑所感染。他就是用这样的微笑来面对一生坎坷多舛的命途的，这不正是湘民性格中温厚的一面吗？他的妻妹张充和在他墓碑上题写的挽辞"不折不从，亦慈亦让；星斗其文，赤子其人"，是对沈老的盖棺之论，其中镶嵌了"从文让人"四字，意涵尤为深透呢！而凤凰的另一张文化名片、人称"鬼才画家"的黄永玉先生似乎正代表了湘民性格中的另一面——豪爽洒脱，还带点玩世不恭的"游侠气"。

　　如果你热爱绘画，在凤凰是可以气定神闲地随处挥洒的，没有人会感到好奇。每天都有从全国各地前来写生的美术专业学生散落在古城的各个角落，他们肩挎画板，表情严肃甚至庄重，如猎户般仔细寻找捕捉着目标……对古城而言，这早已经是日常生活中司空见惯的一部分了，就像明星习惯于每天要面对"粉丝"一样。

湘西凤凰

　　入夜，伴着清凉的微风和潺潺的水声步回旅社。不经意回眸之间，见满街炫目的灯火在深色的天幕上勾勒出古城璀璨的轮廓，倒映在江面上，恍若一片浮光耀彩的琉璃世界。

　　那一刻的景象，瞬间在脑海中定格。

76.
华南都会
广州

广州，一座"面朝大海，春暖花开"的城市。在每年温润的早春，木棉花就灼灼怒放，将全城染得姹紫嫣红一片。"面朝大海"的广州更是自宋代起就是海上丝绸之路的起点之一，"雄藩夷之宝货，冠吴越之繁华"，作为对外通商口岸和商业重镇已逾2000年。近代以来，在西学东渐之风中广州最先引领，在推翻帝制建立共和的历程中广州最先浴血，在改革开放的大潮中广州又最先乘风扬帆。黑格尔称大海能让人类超越那些思想和行动的有限的圈子，梁启超也说："海也者，能发人进取之雄心……"这大概就是"面朝大海"的广州所具有的海洋文化特征吧。

今天，这座当年华南的区域中心城市已一跃而与北京、上海齐名，它所书写的广州版"春天的故事"令世界瞩目。但是经历了几十年大刀阔斧的建设，在这座日新月异的城市的缝隙间还留有多少历史和人文的遗迹呢？

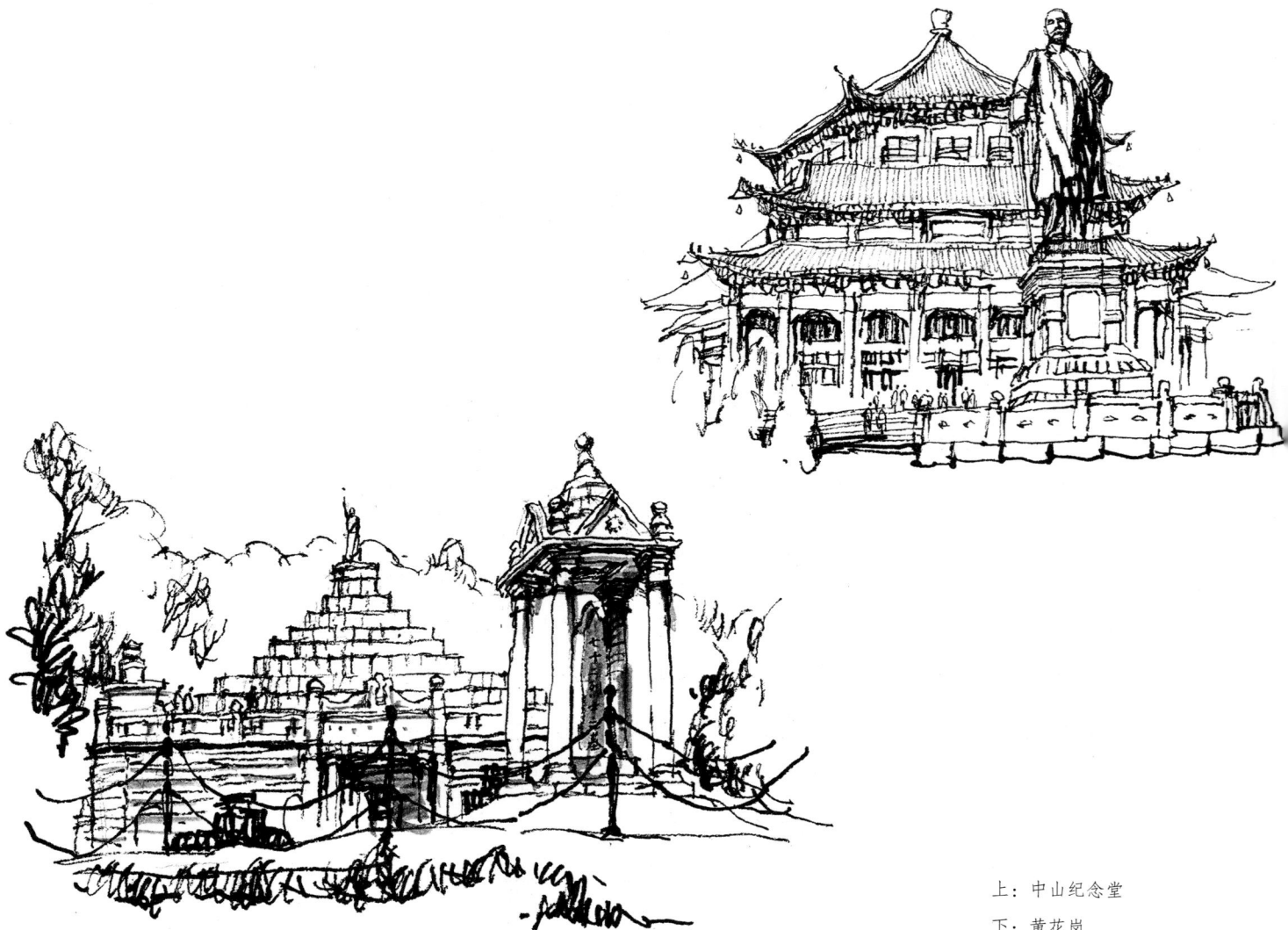

上：中山纪念堂

下：黄花岗

荔枝湾

　　出了白云机场，我仿佛是飞进广州城里去的。高架桥把我高高托举在半空中向城内传送，俯瞰高架下方，街市稠密，楼宇连片，城市空间填塞得满满当当像要溢了出来，林立的高楼像是被挤得朝空中探出头来喘气一般。

　　骑楼商业街和西关大屋曾是广州近代城市建筑风貌的鲜明写照，但近三十年的城市建设，老建筑遭受了不同程度的"建设性破坏"。有着独特的中西合璧建筑风格的西关大屋曾经多达800余间，小说《三家巷》中的陈家与何家好像就是住在这样的大屋里，如今已所剩无几了。曾经繁华的骑楼老街，如恩宁路、龙津西路和上下九一带也历经拆拆建建的折腾，一度风光不再。

　　2010年广州亚运会的举办，对广州城市历史文化遗产的保护起到了积极的推进作用。这次在老城区"西关"，欣喜地看到被填埋废弃多年的荔枝湾已重新疏浚为一湾清水，如一条玉带将沿岸的古塔、祠堂、会馆和老宅等串连成"一湾溪水绿，两岸荔枝红"的历史文化风光带，重现了羊城八景之一"荔湾渔唱"的景观。说到荔枝，那是岭南特产，古时就贵为皇室贡品。杜牧诗句"一骑红尘妃子笑，无人知是荔枝来"，说的便是杨贵妃喜食此果，由岭南千里递送之事。东坡先生的"日啖荔枝三百颗，不妨长作岭南人"之咏，更是可为荔枝代言了。

被称为"羊城第九景"的沙面欧洲建筑群也修缮一新，成为人们前来感受异国风情的休闲观光之地。鸦片战争后，这里曾被英法强占为租界的屈辱历史以及1925年发生在此的"沙基惨案"，已恍若隔世了。

陈家祠是广州城中最让我流连忘返之处了！好一座让人眼花缭乱的岭南民间艺术博物馆，将岭南民间工艺的三雕（石雕、砖雕、木雕）和三塑（陶塑、灰塑、彩塑）展现到了极致。整座建筑群的屋脊瓦檐上布满了缛镂繁雕的瑞兽神鸟、人物故事，五光十色，极尽靡丽。载我前往的出租车司机告诉我，陈家祠能留存至今，全靠当年一批工人师傅在"文革"中将其占用为印刷厂(可能是世界上最奢华的厂房了)，使它从一处"四旧"场所成了工人阶级革命生产的"战斗阵地"。工人们还在祠堂前竖起了巨幅毛主席像，使它躲过了被砸烂的命运，为今日广州保存下了这份无比珍贵而不可复制的历史文化财富。

今天，像"文革"中的工人师傅那样致力于城市历史文脉保护的热心市民队伍正不断扩大，他们争分夺秒用图片和文字记录着老城之美，记录着老建筑和老街区所承载的情感记忆和文化传统。他们不在意堂皇时尚的新城区，却心系斑驳沧桑的老街巷；不关心亚洲第一高楼究竟有多高，却为保护恩宁路的旧骑楼四方奔走，大声疾呼着……

附记 广州的别名"羊城"和"穗城"来源于一个美丽的传说。远古时广州闹饥荒，有五位仙人骑五羊携五穗到此赠予居民，从此这里风调雨顺，五谷丰登。五羊遂成为广州城的标志。越秀公园内立有五羊的雕塑。

陈家祠

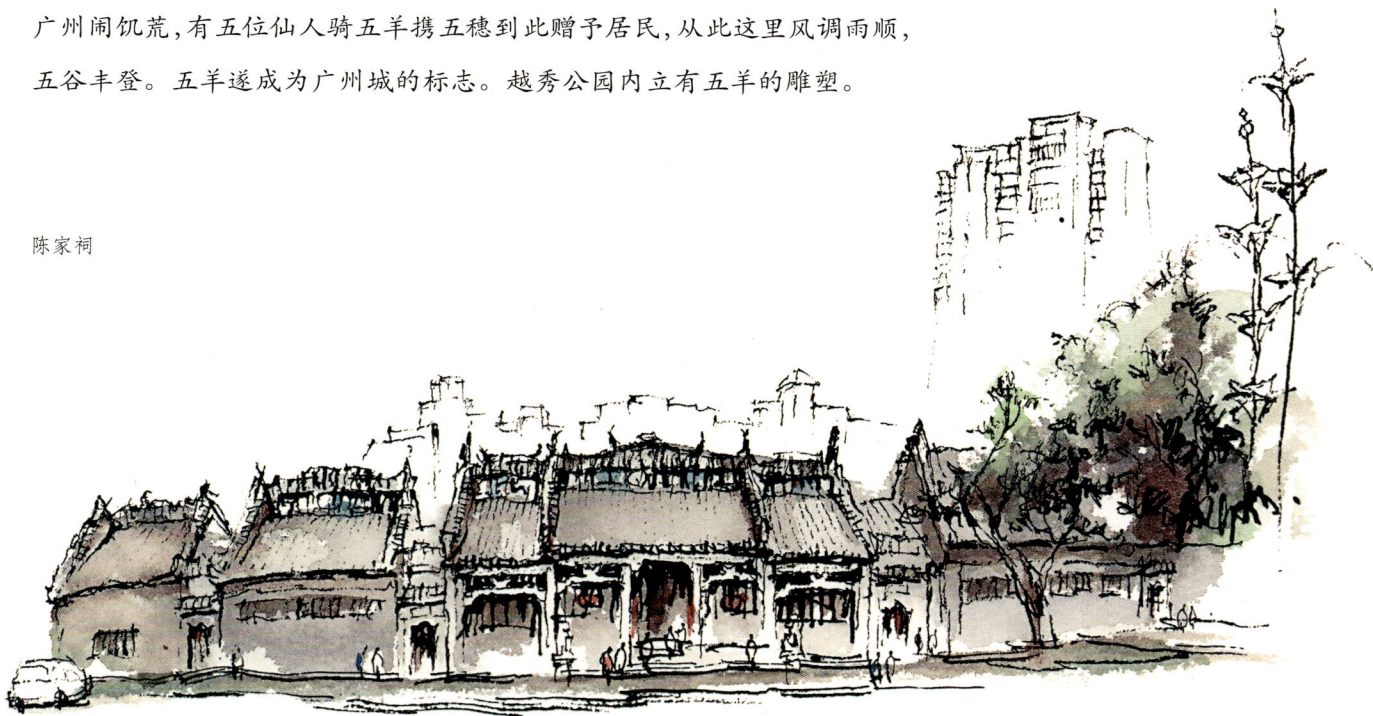

上：陈家祠

下：五羊雕塑

77.
南国陶都
佛山

从广州前往佛山，一路上的感觉是高楼渐渐减少下来，视野渐渐扩展开来，道路渐渐通畅起来，心情也渐渐松弛下来。不到一个小时就抵达了佛山，来到佛山祖庙前。

相传东晋时有西域僧人到此地传经，多年后，当地人在他曾经结茅讲经的山冈上掘得铜佛像三尊，佛山之名源起于此。但今日佛山的主要标志是眼前这座宏丽焕赫的祖庙，供奉的是道教的北方玄武大帝。建祖庙之初，人们只是为了祈求神明保佑风调雨顺，但自明朝起，在佛山城市的形成和经济社会的发展进程中，逐渐形成了以当地士绅群体为主的自治力量，明代称"嘉会堂"，清称"大魁堂"，类似西方城市中由市民推举产生的市参政会或市议会，祖庙便成了地方公众议事会商的场所。当地史料中有"夫治佛山不必置官"，"官之治民，不如民之自治"的相关记载。佛山这种类似自治型社会的城市管理模式，在中国几千年封建社会的历史中极为罕见。

祖庙始建于北宋，经明清两朝多次修复扩建，成就今日的规模。整座建筑群内各种塑、雕、铸、刻等工艺装饰精镂细琢，琳琅满目。我虽是第二次到此，仍感眼花缭乱。如果说北方的建筑装饰崇闳浑厚，令人仰视而肃然，闽粤一带的建筑装饰却是俗世的，让人亲近的，务求繁细而极尽工致的，可以让人走到近前来细细观赏。

在祖庙各种纷繁的装饰中尤以陶塑瓦脊最出神入化。佛山石湾镇的制陶业在宋代就已十分发达，有"南国陶都"之名，明清以来，更以陶塑瓦脊闻于世。《广东新语》中有"石湾之陶遍两广，旁及海外之国"的记录。佛山祖庙当然就是"近水楼台先得月"了！庙中六座殿堂都饰有陶塑瓦脊，其中主体建筑"三门"上的瓦脊尤为壮观！"三门"面宽九间，崇阶广宇，屋脊长达30多米，排满了陶塑的戏文故事和传奇掌故，各色人物数以百计，栩栩如生，一个个独立的场景连缀成一个个精彩的故事，仿佛在屋脊上上演的一台大戏！

祖庙

　　来到佛山，有个绕不过去的人物就是南海康有为。作为我国近代启蒙时期的思想家，维新变法的领袖，康有为对近代中国政治变革的影响和作用是无法回避的。戊戌维新虽只百日，但期间所颁布的新政，如兴办现代教育和现代企业、革新科举、广开言路和学习西方科学技术等，每一件都是革新中国社会之大举，强烈地撼动了几千年封建专制体制腐朽的根基。尽管后来他跟不上滚滚向前的时代潮流而被淘汰，甚至还一度成了逆流，但诚如梁启超所说："戊戌以后之新中国，惟先生实手辟之。今之少年，或能讥弹先生，然而导河积石，孰非闻先生之风而兴者。"

　　清末明初，佛山还有文武双星耀熠生辉。一位是鼎鼎大名的武术大师黄飞鸿，祖庙内设有他的纪念馆。另一位是小说家，近代"谴责小说"的巨子，《二十年目睹之怪现状》的作者吴趼人。

78.
端州古城
肇庆

肇庆山似桂林,水如西湖,叶剑英元帅曾赋诗赞曰:"借得西湖水一圈,更移阳朔七堆山……"小小肇庆城集两处天堂美景于一身,上天何等偏心啊!

来到七星岩景区,果然山奇水秀。七座喀斯特地貌的山岩沿湖岸排列,人称"北斗七星",它们形态各异,玲珑奇峭,有如盆景,又仿佛早年动画片中的"神笔马良"信手涂画而出。不禁为肇庆人能在城区拥有这样一片如真似幻的湖山而叹羡不已。

在这片水光山色中也深植着光耀千年的文化根脉。据介绍整座景区现存有唐代以来的摩崖石刻四百余件。我们去了七星岩中几座最大的岩洞,洞口都不显眼,洞内却是豁然轩敞,别有洞天,几缕天光从岩顶洞口灌入,映照着四壁和穹隆上历代名家题词赋诗的摩崖石刻,玲琅满目,熠熠生辉。

肇庆虽是偏于一隅的岭南小城,要说历史悠久,人文显赫,在岭南诸城中也唯有广州可与之相匹。历经900多年风雨的宋城墙,像一道凝固的厚重的历史,绵延在车水马龙的宋城路南侧;建于明崇祯年间的阅江楼是一座岭南风格的四合院式建筑,雄踞西江之畔;梅庵位于市区的一座小山冈上,相传唐代佛教禅宗六祖慧能曾在此潜修佛理,插梅为记而得名。梅庵山门素朴如民宅,庵内却是国内罕见的宋代木构建筑,距今已近千年。此外还有宋元时的德庆学宫,明代的崇禧塔和鼎湖山庆云寺,清代重修的悦城龙母祖庙以及包公祠等古迹,向人们诉说着古城邈远的过往。

宋城墙

上：阅江楼

下：梅庵

游览之间，还得知肇庆与中国历史上两位悲情皇帝的命运相系。

肇庆古称端州，宋徽宗赵佶即位前为端王，端州是他的封地。赵佶登基后便把这个给他带来喜庆和好运的地方改名"肇庆"，并升格为府城，还用他著名的瘦金体书法亲笔御书"肇庆府"相赐。

宋徽宗可能是我国历史上最富艺术才华的皇帝，尤以书画称绝。但在治国理政方面却是昏聩无能，以致奸佞当道，朝纲不振，贪腐成风，民怨沸腾，终于官逼民反，揭竿四起。《水浒传》中讲述的就是发生在徽宗宣和年间的事。之后不久，宋都汴梁便被女真铁骑踏破，徽、钦二帝父子被俘至塞外大漠中，在屈辱与哀痛中度过余生。朱熹每言及北宋覆亡的这段历史便痛心疾首，说"看着徽宗朝事，更无一着下得是……每读其书，看得人头痛，更无一版有一件事做得应节拍。"史家称宋徽宗为"诸事皆能而独不能为君"，嗟乎！阴差阳错，可悲可叹啊！

另一位与肇庆相关的悲情君王是朱由榔——南明王朝的末代皇帝。朱由榔在他堂兄崇祯自缢于景山的两年之后在肇庆称帝，年号永历。今天宋城墙上的披云楼还曾是他议事理政的朝堂呢。在此期间，南明各地藩王为争帝位骨肉相残，兄弟阋墙，反被清军借力打力，各个击破。永历在位16年，时间不算短，但几乎都在东奔西逃中度过，毫无尊严和乐趣。张岱对南明诸王曾有点评："福王粗知文墨，鲁王薄晓琴书，楚王但知痛哭，永历惟事奔逃……"最终，永历奔走缅甸，缅王在吴三桂威逼下，将其交出后惨遭杀害。至此朱明王朝彻底灭亡。

如此说来，南京与肇庆两城之间还有一点丝缕相连呢，南京是明朝的开国之都，肇庆则算是明王朝的最后一座都城吧。

此行遗憾的是未能前往几十里之外的德庆学宫一游。德庆是肇庆的辖县，古称康州，曾是北宋康王赵构的封地。正是这位康王在"靖康之变"后登基称帝，庙号高宗。后来民间传说"白马渡江"，赵构到江南建立了南宋政权，延长了赵宋国祚一百五十多年。作为"龙兴之地"的康州便升格成了德庆府。这宋朝一北一南两段的一亡一兴二帝，封地竟然都在这肇庆地盘上！

赵构是徽宗第九子，钦宗的异母兄弟。徽钦二帝被俘后生不如死，"家山回首三千里，目断天南无雁飞"，曾捎信泣求赵构能救父兄于水火，但如同石沉大海，杳无音信。

79.
岭海名邦
潮州

抵达潮州已近正午。日头正努力钻出云层，雨水仍不甘退让，淅淅沥沥地下着。不过对古城而言，细雨霏霏倒是增添了一些苍古的意境呢。

先游览了开元寺，便向东来到老城区。转上一条骑楼大街，满街的牌坊瞬间扑入眼帘！这些石牌坊古迹斑驳，形式各异，跨街而立，一座接一座络绎相连，逶迤数里，可谓潮州独有之景观！行走其间，恍若跨过一道道岁月之门，披览一篇篇千古文章啊！据介绍，在古城这条南北主街太平路上，历代所建石牌坊最多时达47座，风雨沧桑数百年，到上世纪50年代初仅剩下了19座。而这19座也因为"宣扬封建"，妨碍交通，于1951年被尽数拆除，到本世纪初才修复成如今的模样。说来还要感谢1951年的那次拆除，文物部门在施工过程中对拆散的牌坊部件进行了编号登录，并予以妥善保管，方使今日能够得以拼装复原。如果是"文革"中的"砸烂式"拆毁，这些牌坊早已是尸骨荡然了，如此看来还算不幸中之大幸呢！

牌坊街就像一部刻在石头上的史书，记录了古城曾经文风恒昌英贤辈出的昌明景象。潮州人将此归于一人之功——他就是被苏轼称作"文起八代之衰，道济天下之溺"的一代文宗韩愈。

老城区

韩愈所处的中唐时期，宦官势力坐大，党争愈演愈烈，藩镇割据尾大不掉，朝政沉疴累积国力衰微。唐宪宗却迷信佛教，大兴佛事，致儒学道统日渐颓唐，韩愈为此深感忧虑。为劝阻朝廷拜迎佛骨，他上《论佛骨表》直言相谏，竟惹恼了唐宪宗，要治其死罪，经众臣力保方得免，贬谪到八千里外的潮州。

韩愈来潮只有短短八个月，但"传道启文"、延师兴学，给这座粤东小城植下了儒家文化的根脉。从此之后，"以儒学兴化"之风在潮州代代相传，"传之益久而益光大"。宋代，潮州有"一州两书院，他郡所无"的记载，到南宋中期，潮州参加科举考试的士子已达上万。宋明两朝，潮州进士及第者数以百计，有同榜八俊、兄弟连科等佳话，太平路上的"四进士坊""状元坊"等皆为例证。这座曾经"学废日久"的偏远小城也因此有了"海滨邹鲁""岭海名邦"之称。重情重义的潮州人没有忘记韩愈，奉他如神明，世代尊崇。早在宋代就为他建祠立碑，并将韩文公祠所在的山改称韩山，山下的江易名韩江，真可谓滴水之恩涌泉相报啊！为此后人有诗曰："不虚南谪八千里，赢得江山都姓韩。"

不知不觉间，从太平路一路逛到了古城的东门——广济门城楼下。驻足观赏，见檐叠三重，楼宽五间，颇壮气势，遂写生一幅。出了城门，眼前豁然开朗，宽阔的韩江汤汤流淌，河面上横跨着始建于南宋的广济桥，在一片迷离烟雨中，桥上的亭台飞檐交叠，槛廊连缀，恍若水上宫阙！友人告知，这座与赵州桥、洛阳桥和卢沟桥齐名的古桥曾被指影响交通和战备，于1958年拆除了桥上的亭台，建起了钢梁架构，一度成非驴非马之状，近年才重建恢复了原貌。

潮州有民谣："大街看亭字（即牌坊），桥顶食炒面，趴上东门楼（即广济门），再入开元寺。"潮州城毕竟不大，虽只匆匆一日之游，民谣中说到的这几处风情风物倒也都一一领略了。

附记 沈括《梦溪笔谈》中有"韩退之像辨误"一节。大意是说世人画韩愈像，都是小脸美髯，其实这是江南韩熙载的相貌，而韩愈则"肥而寡髯"。韩熙载死后谥"文靖"，江南人也称其为"韩文公"，因此有人谬以为是韩愈，之后以讹传讹，"后世不复可辨"。于是，相貌平平的韩愈便成了"小脸美髯"的美男了。

上：广济门
下：广济桥

80.
侨乡客都
梅州

昨夜大雨中抵达梅州。

一早起来见天色依然阴沉，雨还在不紧不慢地下着，便决定先去参观客家博物馆。

我国历史上因中原战乱，有过数次大规模的人口南迁。梅州是中原移民艰难而漫长的迁徙过程中的最后一站，是客家人最主要的聚居地之一，有"客都"之称。

整个上午，我静静地走在"客家"这个中华大家庭的特殊族群之中，沿着他们坎坷的历程，跨越千年沧桑岁月，感受他们吃苦耐劳的精神、对美好生活的不懈追求和心中不泯的希望之光，感佩他们对中华传统文化的坚守与传扬，也领略了他们独特的人文风貌和民俗风情……

客家博物馆

到 15、16 世纪，中原移民的南下已导致闽粤沿海人口日渐膨胀，当地的农业经济陷入了粥少僧多的严重困境，于是人们开始向海外迁移发展，由此梅州也成了著名的侨乡。同时，梅州既是客家人衍播海外的主要出发地，也是我国近代最早接受外来文化的地区之一，是中华传统文化和西方文化交汇碰撞的地方。

清末名士、梅州乡贤黄遵宪就是这两种文化重合的代表性人物。他是诗人，也是外交家，但他对我国近代外交事务方面的贡献和影响要远远大于他诗歌创作的成就。他曾先后出任驻多国的外交使节，其中尤以出使日本为最久，对该国的考察研究也最为深入。他曾著《日本国志》40 卷，内容涵盖日本的历史、外交、政治、财经、军事等方方面面，述论评点，洞若观火，预判之事，后多应验。梁启超在为黄公所撰墓志铭中云："当吾国二十年以前，群未知日本之可畏，而先生此书，则已言日本维新之效，成则且霸，而适受其冲者为吾中国。及后而先生之言尽验，以是人尤服其先见。"

黄遵宪虽为封建王朝的举人，却受西方启蒙思想影响极深，尤推崇英国的君主立宪制度，"以为太平世必在民主"，曾主张中国应"以立宪为归宿"。为此他积极投身维新变法，失败后被罢官回乡，在"结庐在人境，而无车马喧"的"人境庐"里聊度余生。残烛之年曾作诗"人言廿世纪，无复容帝制，举世趋大同，度势有必至"，将未泯的信念寄望于未来。

黄遵宪故居位于市区一隅，那斑驳的院墙、黛瓦青砖的老屋在灰蒙蒙湿漉漉的天色映衬下如同一张老照片。"人境庐"内，堂屋园圃小巧雅致而不铺张，隐隐有日本庭园之风。主人自撰对联"三分水，四分竹，添七分明月；五步楼，十步阁，望百步长江"可为写照。在雨水短暂停息的间隙，我争分夺秒抢画了一张速写。

黄遵宪故居

　　梅州老城区的骑楼街保存较为完整，户连栋接绵延伸展有数里长，可窥其昔日之繁盛。老街看似还未整修出新，楼面布满了岁月的沧桑底色，在凄迷的雨幕中倒更显得烟水苍凉。为找一蔽雨处写生，我钻到了积水肮脏的旱桥桥墩底下，不时避让着往来的车辆，颇为艰苦地将那条骑楼老街写入画本。

　　在梅州的最后一站是前往东山千佛塔寺一睹南汉的千佛铁塔。千百年来，千佛塔已成为梅州人的精神归依。每当人们要"下南洋"出海谋生，总要到塔下礼拜，祈求神明护佑一帆风顺；游子们出洋归来时，远远望见千佛塔兀立于东山之巅，仿佛正翘首相迎，刹那间便涕泪滂沱了！

　　如今，千佛塔被置于一座新建的九层石塔中央，既可更好地保护这件梅州的"千年圣物"，也形成了"塔中塔"的奇妙景象。

296

上：千佛塔寺

下：骑楼街

81.
八桂中枢
柳州

2014年秋，在广西艺术学院参加了文华奖民族器乐比赛的评奖工作后，我与好友晓宁等来到柳州访朋会友。第一天傍晚抵达，次日傍晚离去，短短一日，匆匆去来。

柳州的山水如画，而且是那种儿童蜡笔画般的山水，介于现实和童话世界之间。这山水有的聚拢成片宛若盆景，有的则像撒豆般散落在城区的皱褶间。柳江似一条弯弯的玉带环城而过，把江北城区绕成一座三面临水的半岛。江南岸上碧柳依依、数峰并峙，"山是眉峰聚，水是眼波横"，落日余晖倾泻在江面上，如熔金满漾，与水光山色交绮织绣，浑然而成一条梦幻画廊。

上、下：柳江

298

做客柳州，必去之处便是纪念柳宗元的祠堂——柳侯祠了。祠堂位于市中心，包括了罗池、柳侯衣冠墓和柑香亭等古迹。步入祠堂，粉墙垩壁，青瓦红柱，清幽而庄肃。左侧有碑廊，皆后人吊唁怀念文字，中厅有著名的"荔枝碑"，由韩愈著文，记柳公事迹，苏轼书丹，后人称为"三绝碑"。唐宋八大家之风采此碑独占其三呢！

柳侯祠

　　柳宗元可谓生不逢时，他所处的年代为唐朝由盛转衰的中唐时期，社会动荡，朝政晦暗。他因参与唐顺宗的"永贞革新"，失败后被贬放湖南永州。在困苦和压抑中好不容易挨过十年，不料再次被贬至更为偏远的柳州。面对这片"阴森野葛交蔽日，悬蛇结虺如葡萄"的荒蛮之地，他"悲憔悴之叹，发于诗者，特为酸楚"。在一首《与浩初上人同看山寄京华亲故》的诗中他写道："海畔尖山似剑芒，秋来处处割断肠。若为化得身千亿，散作岭头望故乡。"那种遥望故乡思念亲人的痛楚和绝望之情，读来尤让人感到凄切。

不过，柳公不以哀愁而懈怠，他在柳州兴办文教，解放奴婢，种树挖井，兴利除弊，桩桩件件惠及百姓，被人们亲切地称为柳柳州。四年后，他病逝于柳州刺史任上，年仅47岁。柳州百姓感恩于他，建祠祭祀至今。更为重要的是，自他刺柳起，一缕文脉便在这化外百越之地扎牢了根柢，弦歌之音，赓续不绝。柳州"是以习与化移，而衣冠文物，蔚然为礼仪之邦"，伴随柳公的千古文章一同名闻天下。

追寻柳宗元的人生足迹，必然会遇上中唐文坛的另一位大诗人——《陋室铭》的作者刘禹锡！柳、刘二人为同榜进士，曾同朝为官，皆因卷入"永贞革新"而遭清算。两人政治上志向一致，学问上意趣相投，谪居期间书信来往，互相勉励，诗文唱和，引为知音，成为各自在逆境中的精神支柱。十年后柳宗元再贬柳州之时，刘禹锡被贬放更为荒僻的播州。柳公念及刘禹锡的老母年衰不能随往播州而恳求朝廷"以播易柳"，即以自己远放播州而换取刘禹锡去柳州，终使刘改谪稍近的连州。两人结伴赴任，一路诗歌唱和，道不尽的依依难舍之情，至衡阳相别时，"垂泪千行"，似已预感到生离死别。四年后，当刘公得知子厚死讯，不禁"百哀攻中……涕洟迸落，魂魄震越"，观者无不为之动容。后来，刘禹锡尽全力整理柳公遗作，并筹资刊印，使其传世。

柳祠中似可铭录这两位文坛挚友之间的患难之情，因为这不仅是中国文学史上一则真挚感人的友情佳话，更因为这种友情几乎贯穿了柳宗元一生中的重要时刻，对他的思想和创作有着无法忽略的影响。

附记　盛唐时期，诗词以咏景抒怀为多，亦不乏豪气之作。中唐之后诗风渐变，皆因文官遭贬者日多，常以诗词来发思乡之愁，抒哀怨之情。此风经两宋沿袭，渐成后世文人诗风之主流。东坡先生一生多寒，屡遭贬谪，晚年的诗词就受柳公影响颇深。陆游《老学庵笔记》中说，"东坡在岭海间，最喜读陶渊明、柳子厚二集"。

82.
岭南古港
北海

很多年前偶然从画报上看到了一张图片——一条古迹斑驳的骑楼老街，层楼互叠，门户相接，蜿蜒迤递伸展着，像一部老电影中的场景，于是第一次知道并记住了这座城市和这条街巷——广西北海的珠海路骑楼街。几年后的寒假期间和夫人专程去那里游览了两天。

当年的北海，城市的建设和发展比起长三角一带似乎要滞后不少年，但别具特色的风光景貌和习俗风情仍让我们感到新奇和兴奋。我们漫步在银沙滩看金乌坠海，丹霞染波，任海风荡涤心胸；坐快艇去合浦的一片湖塘中游览《水浒传》电视剧的外景地；也曾出海登上涠洲岛，坐当地村民的三轮摩托车环岛转悠，观火山遗址，看法国教堂……但两天下来，最喜爱的还是那条骑楼老街。

涠洲岛法国教堂

底层敞廊式的骑楼建筑源自欧洲，在南欧和地中海沿海城市中尤为多见。这种具有庇荫遮雨功能的建筑形式，特别适合气温高、光照强而又多雨的热带或亚热带沿海城市。因此鸦片战争后，骑楼的建筑形式作为一种外来的建筑文化逐渐进入我国的福建和两广等南方沿海城市。珠海路骑楼街正是在 1876 年《中英烟台条约》将北海增辟为通商口岸后开始兴建的，经过长达半个多世纪的陆续建设，逐渐形成了这条长约 1.5 公里、由西向东蜿蜒着伸向大海的街巷。

珠海路骑楼

　　历史上，北海曾是一座岭南的深海良港，也是我国最早的海上"丝绸之路"起点之一。1877 年北海开埠后，更是广西内地和滇、黔诸省进行海外贸易的主要商品集散地。这条骑楼街便一度成为北海最繁华的街市了。可以想象它曾经楼舍鳞次、肆铺栉比、货物往来、商旅络绎、喧嚷嘈啐、纸醉金迷的景象。但后来随着云南蒙自开关，部分货物转由滇越铁路送抵西南，接着又是梧州开埠，商货更可循西江而下直达广西内陆腹地，北海港的重要地位便趋于式微，骑楼街也渐渐冷落下来，曾经的风光不再。

　　漫步街头，细细观赏。老街在苍冷的色调中隐藏着某些温暖的细节，粗朴的轮廓内流动着精美而柔婉的线条；建筑中既有浮雕、罗马柱和阳台等西式建筑元素，也融入了岭南建筑的特色；那窗顶的卷拱、墙面的雕饰以及柱头、窗形等虽有繁简之分，但都各有韵致；油漆剥落的木门、乌痕斑驳的梁柱还基本保持着原始的样貌，历经百年风雨侵蚀和时光之刃的打磨，愈显得苍凉厚重。

　　雨果说过："一座城市里的老建筑就是用石头写成的史书"，他以巴黎圣母院为例，说它的每一个面、每一块石头，都是"国家历史的一页"。今日的珠海路骑楼街就是那段开埠岁月的历史屐痕和写照，是北海这座城市乃至国家近代历史中的一页。

83.

南海椰城
海口

出了海口美兰国际机场，放眼四望，椰林海风，一派南国风光。两个半小时的飞行，把我从南京"大雪"节气的隆冬送回到三个月前"炎炎暑退茅斋静"的初秋时节，身心舒爽。

从机场直接就去了五公祠。祠堂是一栋两层歇山顶的楼阁，坐落在一片小山岗上，朱梁丹柱，红彤彤的一片焕人眼目。"五公"的五座石像布列在祠堂周围，一个个神情肃穆，皆为惹恼了皇帝而遭贬谪来此的唐宋两朝官员。古时候的海南岛为远离中土孤悬海上的徼边荒蛮之地，发配到此就如同被判了无期徒刑一般。五公中曾经权倾一时的李德裕——就是那位设驿站将无锡二泉水送至长安泡茶喝的晚唐宰相——作有《望江亭》诗一首："独上江亭望帝京，鸟飞犹用半年程。江山只恐人归去，百匝千回绕郡城。"苦涩绝望之情溢于言表。此公后来病逝于孤岛，有生之年再未踏上故土。

五公祠东面紧邻苏公祠。东坡先生一生屡受贬谪，颠沛流离，"如鸿风飞，流落四维"。花甲之年再次从惠州贬来孤岛上的儋州，途经琼山时在此处的一座庵内借宿。明代在此庵旧址上建祠纪念，继而又在相邻山坡上建起了五公祠。

五公祠

孤岛三年，是东坡一生中最为困苦的时期，却少见他悲观呻吟之态。他笑称："天地在积水中，九州在大瀛海中，中国在少海中。有生孰不在岛者？"虽是自我安慰，却是乐观洒脱之真性情。他亲睦百姓，劝农事耕，掘井取水，采药医疾，更重要的是讲学传道，推重文教，以他的文化感染力，使荒僻的儋州渐有"书声琅琅，弦歌四起"的气象。为此后人慨叹"东坡不幸海南幸"！今日海南岛上，海口有"苏公祠"，儋州有"东坡书院"，三亚还有"学士下马岭"，南海岸礁石上的"南天一柱"亦为先生墨宝，海南百姓忘不了他！

海瑞就是琼山（即海口）当地人。他一生为官四朝，几起几落，数次被打入死牢，然刚直耿介之气、清正浩然之风始终不改，百姓称他为"海青天""南包公"。史载他去世之时，百姓罢市，孝服相送者无可计数，呼号痛哭之声百里不绝……

参观海公故居时，我却似乎发现了另一个不太一样的海瑞，一个更让我感到亲切的海瑞。首先，我一眼就喜欢上了他的书法——全然没有端直肃然之态而满是飘逸灵动之形！从他的书法作品中又可见着他对唐代田园诗的喜爱，如"扫雪开松径，疏泉过竹林""居止白云内，渔樵沧海边。呼儿采山药，放犊饮溪泉"等。常言道"书由心生"，这是否隐隐透露出海公深藏在严正凛然的外表和耀眼的人格光环下的一点点文人意趣——对闲云野鹤的山林和田园耕读生活的向往呢？

海瑞故居

　　喜欢海口的骑楼老街，两日内去转了两次。老街上南洋建筑风格的各式柱廊式骑楼连甍接宇，逶迤延伸约4、5公里。临街的墙面拱窗券柱，缛镌繁雕，有巴洛克之风，也融入了岭南建筑风格的元素。这片骑楼大多是19世纪末20世纪初从南洋归来的华侨陆续兴建的，是海口从荒落的乡镇发展成为沿海都市的一段"用石头书写的历史"。从老街已整新的部分来看，海口曾经的富庶繁盛似不在南洋诸国之下呢！2009年，海口骑楼老街以其唯一性和独特性荣获首批"中国十大历史文化名街"称号。同时获此称号的还有西藏拉萨的八廓街、福州的三坊七巷、平遥古城的南大街、青岛八大关和哈尔滨中央大街等。

　　附记　海口琼山县于1994年获国家历史文化名城称号，2002年改置为海口琼山区，2007年海口入选国家级历史文化名城，琼山作为海口的重要组成部分自然就归并在其中，合二为一了。

84.
巴渝山城
重庆

二十多年前，曾和家人从宜昌乘三峡游轮第一次来到重庆，至今还记得那天凌晨抵达时，一座山城在云水雾霭间渐渐浮现的景象。

重庆有2000多年的建城史，曾名"渝州""恭州"。南宋光宗赵惇原为恭王，登帝位后取"双重喜庆"之意，把恭州更名为"重庆"，并升格为府城。与广东端州更名肇庆、康州更名德庆一样。

重庆坐落在长江、嘉陵江两江交汇处，三面环水，形如半岛。城廓依山势起伏，高低错落；道路沿山坡盘旋，蜿蜒迂回。在江滨举目仰视，见高楼层叠，街市连云；在山巅放眼眺望，则坐览万家，俯临烟波。每当夜幕降临，华灯焕燨，霓虹炫彩，上临星汉，下映江流，天水之间，交相辉映。山城重庆的美是立体的多维的层次丰富的，这景象在平原城市里是难以看到的。

重庆于1997年升格为直辖市，从四川省带走了8万多平方公里的面积，成为中国乃至世界上最大的城市之一。有时往某个方向走了四、五百公里还未必就出了重庆市。

山城老街

长江三峡划归重庆更为它锦上添花。由于水利工程的兴建，三峡的险峻之势大不如前，但仍是风光佳绝古迹遍地的旅游胜地。今年我走陆路沿长江东下转了一圈，见江面上依然游轮往复，景区内人头攒动。忠县石宝寨，虽江水已淹到山门，但孤峰突起，十二层楼阁依绝壁层层相叠摩天而上，峻拔奇崛之势尚存。白帝城的水位上涨了170米，已不复往日截江而起、耸峙云表的壮观，但站在夔门一侧的山冈上俯瞰峭壁垂河、青山浮水的瞿塘峡风光，仍是心旷神怡的。云阳张飞庙则整体向山岗高处迁移，一砖一瓦一石一木都有编号，搬迁后按原样组装，翠瓦朱檐，重楼复殿，比原有气象更要峻秀一些。

上：石宝寨

下：云阳张飞庙

到重庆，当然要去大足看石刻！大足石刻开凿于公元七世纪的初唐时期，在十至十三世纪的两宋年间达到鼎盛，代表了唐宋时期中国石窟艺术的最高水平，并具有前期石窟不可替代的历史、艺术和科学价值，"可与云冈、龙门鼎足而三"。大足石刻之后，各地未再新凿大型石窟，于是它也就成了中国石窟艺术史上的结穴之作。1999 年 12 月，大足石刻被联合国教科文组织列入《世界遗产名录》。

大足石刻

来到大足石刻最具代表性的宝顶山景区，在一里多长的马蹄形山湾内，崖壁上成千上万的造像密密匝匝连成一片，沿山体徐徐展开，宛如一条斑斓的石刻艺术长廊。如果说早期石窟多为各自独立成章的"特写式""散点式"洞窟结构，大足石刻则以摩崖石刻为主（故称"石刻"而非"石窟"），整体构思具"史诗性"和"全景式"，可以前后连接成篇，如连环画般讲述佛教的教义和故事。此外，与早期石窟中威仪如天神的佛像相比，大足佛像少了些宗教的庄严，多了俗世的亲切，更接地气，更像我们身边的人物，体态玲珑，举止潇洒，衣饰繁丽，有血有肉，"喜怒皆有生气"，有人性之光。

大足石刻

　　有佛学家认为，大足石刻的最大特色"在其能将当时佛教各宗各派之思想、学理整个的以刻像表出之……有教有理，有行有果，直将三藏十二部经，一网收尽"。其实还不仅如此，大足石刻更是将释、道、儒"三教"造像并列一堂，为其他石窟中所未见。这反映了两宋之际理学兴起，中国民间宗教信仰已逐渐由"相互对抗"走向"相互融合"，儒释道"三教"之间的界线已日渐淡化，"孔、老、释迦皆至圣"，"惩恶助善，同归于治"的理念已成当时世俗信仰的主流共识。

如同国内大多数大城市那样，重庆近年来的发展日新月异。城区内高楼林立，广厦簇拥，似已难觅二十年前老重庆的影子。因此，当我来到位于嘉陵江畔的磁器口古镇时，如遇故旧般亲切。磁器口曾是重庆最古老也最繁华的码头之一，如今凹凸不平的麻石老街、沿街斑驳的旧楼老屋经过整修和重建，原貌犹存，仿佛是老重庆的一个缩影。几里路长的老街上各色小店商铺茶楼酒肆密密排列，人们来此休闲娱乐怀旧寻古，络绎不绝。

　　我沿着老街漫步到江边码头，望着细雨中弥弥苍苍的江面，不由在脑海中浮现出早年的电影《烈火中永生》中的画面：江边码头轮渡往来，人流纷涌，熙攘杂沓……年光似流水，记忆中淡淡的印象恰如这江岚云雾，飘飘散散。

磁器口老街

85-86.
天府之国
成都和
都江堰

去过成都很多次，或会议或交流或评奖或路过，但关于成都的印象却枝枝蔓蔓纠缠在一起，有点理不出头绪来。朱自清说它"城太大了，要指出它的特色倒不易"，很有同感。张恨水说"由江南来的人，看到了这个城市，自然觉得这是另一世界，就是由北方来的人，也会一望而知这不是江南，成都之妙就在此"。好像能听懂，又有点不明白。

成都位于气候温润、土壤膏腴的成都平原中部，有群山拱抱，有"难于上青天"的蜀道阻隔，又受惠于千秋功臣李冰父子在 2000 多年前兴建的都江堰水利工程，一劳永逸地消除了水患，成了"水旱从人，不知饥馑"，"黍稷油油，穗稻莫莫"的"天府之国"，自古便人烟稠密，街市繁华，嘉禾丰稔，物产阜盛，经济社会相对安定，有物阜民丰之气象。

街景

杜甫当年为避安史之乱自陕入蜀，初到成都，作《成都府》云："曾城填华屋，季冬树木苍。喧然名都会，吹箫兼笙簧"，欢喜之情发于肺腑。我不止一次去过城西的杜甫草堂，杜甫曾在此结庐而居，度过了他坎坷一生中一段难得的平和安逸的岁月。在不足四年的时光中，他写下了250多首诗作，其中虽亦有《茅屋为秋风所破歌》中那种无助的呐喊，但更多的是"好雨知时节，当春乃发生"的盎然情趣，"此曲只应天上有，人间能得几回闻"的欢欣喜悦以及"两个黄鹂鸣翠柳"的浪漫情怀，完全不同于之前的"三吏""三别"中沉郁孤愤的情绪。

朱自清说成都"有些像北平"，其实大不同。成都是一座平民之城。它虽也曾是五个割据西南的王朝都城，却好像没把这太当回事，没有太多的历史包袱禁忌规束条条框框。成都的城市格局是自由的，没有中轴线的威仪，也没有"井"字形布局的约束，街巷呈圆弧状放射，像圆桌会议般不分高低主次。

作为成都标志性景点的武侯祠，其实是主祀蜀主刘备的"汉昭烈庙"，刘备与甘、吴二夫人的合葬墓——惠陵也在庙内。可成都人视惠陵和"昭烈庙"于不顾，仍以武侯祠相称。似乎在成都人心中的那杆秤上，对诸葛丞相的敬重是要高于昭烈皇帝的，遑论后主刘阿斗了。为此，民国元老邹鲁有诗云："门额大书昭烈庙，世人都道武侯祠。由来名位输勋业，丞相功高百代思。"说的就是这个意思。

武侯祠

古人云"处沃土则逸"。成都人小富即安，知足常乐，史上就有"崇文学，好娱乐"之名。近年来，成都逐步修复了锦里古街和宽窄巷子——老成都市井风貌的明清版本和民国版本，立刻成了市民休闲娱乐的热门去处。此外，文艺爱好者可以去玉林路的酒吧街寻找灵感，佛道信徒可去文殊院诵经或是青羊宫上香。当然，泡茶馆依然是成都人日常休闲消遣的主项。行走在大街小巷，凡有敞亭曲榭、竹影松风的悠然之处，便有茶座迎客。每日茶客几十万，喝茶搓麻闲坐聊天，热热闹闹，纷纷拥拥。

上：青羊宫

下：锦里古戏台

到成都后如时间宽裕，应该前往成都以北 50 多公里处的都江堰市一游。这座以水利工程命名的城市，原名灌县，是成都下辖的县级市，与成都同为国家级历史文化名城。就像烟台与下辖的蓬莱一样，是大"名城"中的小"名城"。在这里，你能看到两处世界文化遗产，感受道教发源地青城山的幽深邃窅和都江堰水利工程的恢宏壮伟。

上：宽窄巷子
下：青城山

当我走在都江堰晃晃悠悠的索桥上，望着这座世界上最古老且至今仍在运行的水利工程，望着闪烁着我国古人智慧之光的"都江鱼嘴"的分流，望着从川北雪山峡谷间奔涌而来，一路桀骜不驯，到此却变得循规蹈矩、平和温顺的滔滔大江，不觉游心于千载之上。

可以说，都江堰地区是成都的滥觞，伟大的都江堰水利工程滋养了沃野千里的成都平原，是富赡繁庶的"天府"之源。

上：都江堰
下：都江堰二王庙

四川
平乐古镇 4·15

87.
大佛之乡
乐山

穿过正在建设中的新城区，来到乐山老城。老城街道不宽，街两旁的行道树用繁茂的枝叶在路中央架起了一片郁郁葱葱的穹顶，鳞栉相衔的商铺素朴无华，有着温馨平实的市井气息。行驶中瞥见主路旁有一条偏街，深且长，新楼老屋依山势层递而上，起伏有致，便停车速写了一幅。这条偏街有个很文艺的名字——"沁水苑街"。

街景

乐山大佛

穿过老城区来到大渡河与岷江、青衣江交汇处的凌云山麓，乐山大佛就在眼前。这应该是世上最大的一尊弥勒佛摩崖造像了，开凿于唐代，经三代工匠历时百年方得以完工。大佛坦胸跣足，双手覆膝，头依山巅，脚踩大江，端坐在凌云山临江峭直的岩壁上。这一面山，俨然就是一尊佛，佛也就成了一面山！沿着悬崖上曲折陡峭的栈道在大佛侧旁攀缘上下，到佛首侧面凭栏俯瞰，如临万仞深谷，在大佛脚下举头仰望，恍若峭壁摩天，欲观大佛全貌则要行船到江心方可。如此恢宏的石像竟凿造得如此匀称协调、形态逼真，真是鬼斧神工！

大佛背依的凌云山虽并不高拔"凌云"，却是峰峦错落，峻岩壁立，有俯临三江之宏阔，有大佛雄峙之壮观，自古为世人所向往的游观胜境。古人曾有评说："天下山水之冠在蜀，蜀之胜曰嘉州，嘉州之胜曰凌云。"嘉州即乐山也。

去郭沫若故居是临时决定的。在离开乐山的出城路上，见到标着"郭沫若故居—沙湾，35公里"的路牌，才想起乐山是郭沫若的故乡。乐山城下的大渡河古称"沫水"，青衣江曾名"若水"，这便是郭老名字的由来。于是掉转车头奔沙湾而去，不到一小时，就来到了半新不旧的沙湾镇。

郭沫若故居坐落在小镇主街中段十字路口的一个拐角处，坐西向东。据说郭老在"文革"中受到主席和总理的保护，未遭批判和抄家，故居虽显老旧却保存尚较完好。这是一座深藏不露的四进深木结构四合院，外表低调，门面简朴，进了门却发现原来"城府颇深"。整座院落内大小房间数十间，层层递进，每一进都有一个小天井，可与日月天光风雪雨露相亲。走到宅院尽头，有郭家的家塾"绥山山馆"，是郭沫若童年读书开蒙之处。山馆前方豁然开朗，正对着一个四五亩大的后花园，园内林木葱茜，花草扶疏，安静而私密，足可以隔离市嚣，排除尘世纷扰。郭老便出生在这殷实富足之家，在此度过了他的童年和少年时代。

与故居一墙之隔，被辟为郭老纪念馆，介绍并展出了郭老平生的学术研究、文学戏剧创作以及事迹资料、文物和照片等。郭沫若是我国近现代新诗歌创作的领军人物，代表作《女神》为文学青年所必读。他的历史话剧四部曲《王昭君》《棠棣之花》《屈原》和《蔡文姬》更是确立了他作为历史学家和文学家的双重地位。在我国近现代文学史上所谓的"鲁郭茅巴老曹"六大家中，郭老名列鲁迅之后，位居次席。

附记 到了乐山才知道，四大佛教名山之一的峨眉山也在乐山市行政区辖内呢！一座小城拥有"峨眉天下秀"和"凌云天下奇"两处世界遗产，还都是自然与文化双遗产，让人羡煞！

88.
长江首邑
宜宾

进入宜宾城区，远远就看见十字路口的中央花坛上矗立着这座城市的标志——一个巨形的酒杯。宜宾是五粮液的故乡啊！

到旅社办好入住，天色尚明，便与徐君进市区溜达。

在名为"合江门"的江滨广场上，我们目睹了江河交汇合流的壮观景象。从川北高原一路南下穿过成都平原奔流到此的岷江，与在云南的崇山峻岭中突然180度急转弯北上前来的金沙江在此迎面相遇，如同两军会师般声势浩荡，场面恢廓，汇合成了世界上的第三大江——长江！宜宾就是名副其实的"万里长江第一城"了。那一刻，我伫立在长江的源头，望薄暮中江天寥廓，混沌一色，滚滚长江水正以一往无前之势义无反顾地向东奔流而去，不由想到杨慎那首"滚滚长江东逝水，浪花淘尽英雄"的诗词。

市容

经徐君推荐，我们来到老城区一家简陋的老字号小店，品尝了一种叫作燃面的宜宾特色小吃。店堂墙上挂满了名人来此吃面的照片，其中我较熟悉的名字有著名作曲家谭盾和曾经红极一时的明星靳羽西等。

晚餐后就在老城区转悠。街市上灯火通明，霓虹闪耀，人来人往依然热闹。宜宾最主要的古建筑遗存——大观楼就位于市中心的一个十字路口。这是一座建于高台上的三层楼阁，原为明代的谯楼，现存为清乾隆年间重建，红墙碧瓦，重檐叠脊，在景观灯映照下十分抢眼。我绕楼走了一圈"勘察地形"，为次日写生选好了角度。

　　逛到一处市民广场，见有一座民国建筑风格的钟楼突兀地耸立着，便和徐君走上前去，借手机的灯光阅读楼前铜牌上的介绍。广场上有不少在锻炼身体的大妈，见黑夜中有两人来到钟楼前，撅着屁股仿佛在找寻什么东西，行迹堪疑，便在旁边以警惕的目光严密监视，直至我们离去。

　　之后来到新华书店，想买一本介绍宜宾的书，没有，简易的小册子呢？也没有。看来这座叫"宜宾"的城市还未做好"迎宾"的准备哦。

　　次日起来，到昨夜踩过点的大观楼等处画了几幅速写，便驱车前往宜宾以东 20 公里处的李庄。

大观楼

李庄本是长江南岸一座平常的千年古镇，因坐拥长江水运之利而曾繁盛一时。在那硝烟弥漫的抗战岁月里，李庄人腾房挪屋，壶浆箪食地迎接为躲避战火迁徙到此的中央研究院、中央博物院、中国营造学社和同济大学等科研文化机构的学者和学子们，其中不乏著名学者如童第周、傅斯年、梁思成和林徽因等。李庄倾全镇之力，为他们提供了虽简陋却相对安宁的学习研究环境，使学脉未曾中断，文明得以传续。不过，李庄人似乎并不看重他们所做这一切的重要意义，也并不太在意战后纷至沓来的赞誉，只是像接纳了一个遇到困难需要帮助的乡亲那么自然和单纯。

　　近年来，前来李庄观光的游客渐多，一些修复重建的仿古建筑已纷纷开门迎客，但不少当年内迁的文化教育机构旧址却还未及修缮。我在悬挂着同济大学工学院和医学院牌子的老楼里流连徘徊，想想正是在这些青苔斑驳荒落残破的屋舍中，浓缩着当年那段艰苦竭蹶的岁月，留存着刻骨铭心的记忆，凝聚着中华民族厚重的精神力量啊！

李庄一角

89.
千年盐都
自贡

抵达自贡时已夜幕降临。在浓浓的暮色中，这座川南小城以缤纷炫目的灯火勾划出街市的轮廓。

自贡早就有"南国灯城"的美誉，自唐以来就有举办节庆灯会的民间习俗，历千年传承至今。如今，自贡的彩灯艺术更是炉火纯青，每年举办一届的自贡灯会遐迩闻名，已成小城一大盛事。可惜我们此行未能赶上时候。

次日起床，阳光普照，自贡城揭开了昨夜蒙着的面纱。城郭人家，市井万象，尽在眼前。行走在老城街头，见城区沿丘陵起伏，傍河水蜿蜒，长街短巷格局尚存，脉络犹在，且与山水交错穿插，使自然景色融入了市井风貌之中，十分难得。

《天工开物·井盐》中说："凡滇、蜀两省，远离海滨，舟车艰通，形势高上，其咸脉即韫藏地中。"自贡城正是因地下的"咸脉"而生，因"咸脉"而兴，进行井盐生产已有2000多年历史。自贡之名便是取盐井"自流井"与"贡井"的第一字组成。我们来到古盐井旧址参观，见制盐工场内几口大锅正热气蒸腾地煮盐，像一处大食堂的伙房。站在那座被称为"天车"的高数十米的采卤木架跟前，难以想象我国古人正是用这原始的土法凿出了世界上第一口超千米深的盐井，这木头架子因此被誉为中国第五大发明和世界石油钻井之父！

街景

因为产盐，自贡曾富甲一方。因盐致富的各地盐商巨贾和行业名流纷纷集资修建同乡会馆或行业会所，一时间八仙过海，各显神通。据说就在一百多年前的清末和民国之初，在自贡这片不大的老城区中，风格各异的会馆祠堂还有几十座之多呢！

　　位于自流井区解放路上的西秦会馆——现为自贡盐业历史博物馆——便是由陕西盐商于乾隆年间出资兴建，耗时十几年建成的，民间俗称"陕西庙"。会馆总体结构方正对称，主殿沿中轴线层层推进，共有五进院落。廊屋廊房布列两侧，左右关顾，前后穿联。会馆最让人叹为观止的是它的屋顶设计，其结构繁复，造型奇妙，几乎将中国古建筑的屋顶样式一网收尽，一起安了上去。其中有歇山顶、庑殿式、多角攒尖式以及多种样式的组合，有单檐、重檐，也有多檐的交叠。远远望去，檐牙耸耸，凌空飞啄，令人目眩。写生时竟一时不知如何落笔，其复杂繁侈似难以形诸笔墨。

西秦会馆

张飞庙

　　西秦会馆对面不远处的临街小山丘上，坐落着奉祀张飞的桓侯祠。整座建筑群依山就势层递而上，尽显轩昂之势。参差错落的屋脊山墙上饰有彩绘泥塑和浅浮雕，绮丽如绣。桓侯祠的兴建，倒并非因为张飞与自贡有何因缘关联，而是他出身屠户，故被该行业尊为祖师爷，由当地屠宰行业集资建祠祭祀。

　　自贡地处川南腹地，自古较少兵燹战祸，有着得天独厚的历史、地理、人文和自然资源的优势，有"千年盐都""恐龙之乡""南国灯城"等多顶桂冠。但它似乎十分低调，不事张扬，媒体上难得一见它的身影。

　　这座川南小城就这样不卑不亢不急不躁不矜不伐踏踏实实地走着自己的路，仿佛与世无争。

90.
巴蜀古郡
阆中

暮春时节，我校作曲系教师一行到成都四川音乐学院参访交流，之后一路采风经剑门蜀道、广元、昭化和苍溪等地，来到川东北的阆中古城。

阆中有 2300 多年的建城史，与平遥、丽江和徽州（歙县）并称中国四大古城。嘉陵江滔滔奔流到此，柔肠百结地从东、西、南三面将古城搂在了怀里，阆中便得天独厚地拥有了"三面江光抱城廓，四围山势锁烟霞"的如画江山了。

四月的阆中多阴天，灰蒙蒙的天色与嘉陵江上苍苍泱泱的烟波氤氲成一片。有时会有雨珠飘落下来，滴在脸上清凉凉地化开，一阵风过又停了，像个调皮的孩子，逗你几下后跑开了。

阆中

阆中的老城区不大，漫步其间，大街小巷如棋盘纵横交织，灰瓦挑檐的古民居鳞次成片，楼阁宫院台门府寺杂于市廛，有时还能遇上"张飞巡游"和古时候的迎亲队伍，让人恍若穿越在一段久远的岁月中。

　　踏着有些湿润的石板路一路逛过文庙、贡院和张飞庙等景点，来到一截逶迤伸展的古城墙前。拾级登临而上，刹那间，一幅360度的画面展开在眼前！这是一大片绵延叠落的青灰色屋瓦编织的图案，奏出的交响！如同瓦的浪涛，一波波一层层挤挤叠叠起起伏伏奔涌翻腾，簇拥着我，裹挟着我，把我推到瓦的海洋中央……不远处的江边，一座玲珑的楼阁也卓立在一片瓦的波浪之间，有如大海中的一座航标灯塔。

阆中

下了城墙，来到那座楼阁——华光楼前，见楼阁高耸于石砌台基上，画栋飞檐，轩举秀拔。登楼纵目四望，嘉陵江如玉带环绕，隔江的锦屏山锦嶂屏开，秀如翠玉，像山水画图般镶嵌在楼阁面江的圆形、棱形或扇面形的轩窗框内。800多年前放翁"游锦屏山"一诗中所咏"城中飞阁连危亭，处处轩窗对锦屏"的景象就在眼前啊！

这首诗接下去的两句是："涉江亲到锦屏上，却望城郭如丹青"，这是放翁当年从隔江的锦屏山回望阆中城的景象。今天，我们过江来到对岸，登上锦屏山眺望阆中古城时，可以看到界线分明的灰白两个部分。白色部分是以新建筑为主的新城，临江青灰色的一片就是老城区。当地人说，原来一眼望去对岸是大片的青灰色，渐渐有白色从外围包抄，星星点点地渗入，后来，白色不断啃噬着灰色，渐如围棋般相连成片。如今白色已将灰色压缩成临江顶端的一小片区域了。我想白色的推进应该到此为止了吧，这最后仅存的一小片青灰色老城区就是这座千年古城之魂啊！

锦屏山上有观星楼，纪念西汉时期阆中的天文学家落下闳。落下闳善天文精历算，发明了世界上第一台浑天仪。他于2000多年前编入《太初历》的农历和二十四节气一直沿用至今，成为中国人"春节"的起源，阆中也就有了"中国春节文化之乡"的美誉。落下闳在天文历法方面的贡献对中国这样的农业大国而言可谓惠泽千秋，功德无量！而对于这样一位历史伟人，国人却知之不多。我也是到了这里才听说，实在是惭愧得很呢！

漫步古城时，看到一位老者面前支着画板，地下摆开颜料，正对着古城墙写生，我转悠了个把小时回到他身边时，见他还在勾勒草稿，真羡慕他的慢生活啊！我想，他在画板上有一笔没一笔地涂画着的不仅仅是城墙的形貌，更是幽幽往事的线条，苍苍岁月的轮廓……

91.
湘黔锁钥
镇远

从西江千户苗寨出发到镇远，150公里的路程走了四个多小时，整个下午的时光都耗在了颠簸的路途和修路引起的塞车中了。不过一到镇远，心情就明亮了起来，这片深藏在黔东南群山中的山清水秀之地，真是能抚平心头块垒，洗涤浮世烟尘的所在！

站在镇远县城的街头，举目四面有山，远远近近拱立着，有点分不清东南西北。一条临河而筑的老街沿着舞阳河柔和的曲线蜿蜒伸展，这应该就是古城的主街了。街两侧的明清建筑修葺一新，黛瓦坡顶，木门花窗，马头墙层层叠叠地高耸着，屋宇墙头的轮廓皆以白线勾勒，像镶了花边。循着老街的走向望去，一座山峰在前方迎候着，山顶缀一支玲珑宝塔，与古色古香的老街浑然天成一幅画图，有几分皖南山乡的风光。晚饭后上街散步，皓月当空，清辉如水，临河人家都点上了灯火，倒映在水面上，荡起一河的璀璨。夜幕隐去了山影，河上有画舫往来，此时又"恍然江南梦里见"了。

街景

329

次日一早前往青龙洞游览。踏上古老的祝圣桥凹凸不平的石板桥面，对岸中河山上那片贴崖排布的青龙洞建筑群便如一架飞翠流丹的画屏展开在了眼前！

青龙洞始建于明初，明清两代后来都有陆续的增建和扩展。整座建筑群筑于高约百米的悬崖陡壁之上，依岩结屋，临壁造阁，上下迭架，纵横连缀，飞阁崇栋仿佛都高悬在半空。其中又分为青龙洞、万寿宫、中元禅院、紫阳书院等几组建筑群，禅院、道观、书院、戏台高低错落比邻而居，儒、释、道同处一山共沐香火。拾阶登临，恍若步入世外洞天——青瓦红墙掩映在林木丛中，丹柱画梁镶嵌于岩壁之间，眼前时而陡峭险仄，时而轩敞旷阔，身旁脚下檐角飞飞，楼阁耸耸。危崖、岩洞、古木、奇石等自然景物也被结合在建筑设计布局之中，如玉皇阁便是紧贴在一石穴洞口（青龙洞？）凌空挑楼出阁，颇肖恒山悬空寺、张掖马蹄寺之险峻奇绝。

镇远自古有"湘黔锁钥"之称，具有"控楚扼滇"的战略地位。四围群山如象奔虎卧成天然屏障，易守难攻。当年忽必烈的蒙古铁骑长途奔袭攻取云南后，掉转马头进攻川黔，意在打通从云贵高原进入长江流域的通道，以迂回包抄之势尽快击溃偏安江南的南宋小朝廷，一举荡平天下。万万没有想到的是，这座小小的镇远城竟成了蒙古军的一个耻辱和噩梦。曾经横扫欧亚不可一世的草原铁骑被挡在了镇远城下，长达23年未能前进一步！南宋王朝的国祚因此得以延长数十年之久。

青龙洞

祝圣桥

镇远作为连接湖广与滇越的交通要道，曾经一度是市井喧阗、樯桅如林的商贸集散地，也是通往印缅的西南丝绸之路上重要的水陆码头。祝圣桥上的亭阁有楹联云："扫尽五溪烟，汉使浮槎撑头出；劈天重驿路，缅人骑象过桥来"，即为当年写照。如今古道古埠古桥尚在，那段繁盛的岁月已渺若烟云。

登上青龙洞最高处的望江楼凭栏眺望，烟雨千年的古城人家静卧在山环水抱之中。从苗岭大山间向东一路奔流来到镇远的舞阳河，在青龙洞前方山脚下绕成一"S"形回环的曲线，像一条白练，将古城轻轻缠绕在怀中。是"游子"即将东去入湘前对故土依依不舍的流连吗？

92.
花都春城
昆明

"天气常如二三月，花枝不断四时春。"出了巫家坝机场，走进七月的昆明，就走进了清凉。七月的昆明也有明晃晃的阳光，可那太阳像是在极高处远远地悬挂着，淡淡地照耀着，不像南京的日头仿佛就在你头顶上方触手可及处炙烤……

乘车来到城区，几年未见，昆明面貌焕然一新。不过，时下人们也常常担心，一座焕然一新的城市，会不会像一个人整过了容，相貌端正了，特点也会被抹去呢？记得有位诗人说过，一个焕然一新的故乡，会让他之前的写作像是谎言。

幸好，昆明的特点依然鲜明。这里有鬼斧神工的石林，风情万种的民族村，奇花异木的世博会，还有太和宫的金殿、筇竹寺的罗汉……皆为风物卓然之处！更有西山与滇池，一个"绿水千寻"，一个"苍崖万丈"，山水交辉，刚柔相映，天造地设而成昆明第一山水形胜！

街景

我们抵达西山时还有阳光从云隙间射出，到半山腰准备登攀时滴沥起小雨来，只得改坐缆车上山，行至中途却又云开日出了。天气真如顽童。到了山顶"南天门"，极目穹廓，看不尽五百里滇池烟波浩渺，水光掩映，舟影点点，远山隐隐……让人恍若置身云表，游心于云影波光之间，乐而忘返。

　　上山时坐了缆车直接空降到山顶，下山则沿山道缓缓下行。西山素有"睡美人"之称，雨后的西山更如仙子出浴，水灵灵青翠欲滴，湿润的空气中满是草木的清香。一条窄窄的石阶路在山间曲里拐弯盘旋而下，似缠绕在崖壁山体上的一条绳索，险陡迫仄。沿途摩崖石刻、泥塑石雕、儒释道的楼阁庙堂、咏景寓情的诗词楹联相伴一路。中国的山山水水可谓世界上最有文化的自然景观了！

　　不经意间已来到了"龙门"石坊。这是一座从峭壁上向外伸出的石台，上仰危崖，下临深谷，地势险峻，为西山最称形胜之地。上下山的游人们交会于此，在这十余平方米的巨石之上，挤挤拥拥，闹闹嚷嚷，兴高采烈，拍照留念，以期沾上些"鲤鱼跳龙门"的喜气。我也不能免俗，在人堆中含笑留影数张！

　　从龙门向下是一条穿山隧道，但一百多年前的石匠们凿开了隧道的侧壁，湖光山色便从透空处扑面而入，这条隧道也就如同观景长廊一般了。我倚着廊壁探出身去回望，龙门就像悬出在高楼边的一个玲珑的阳台！

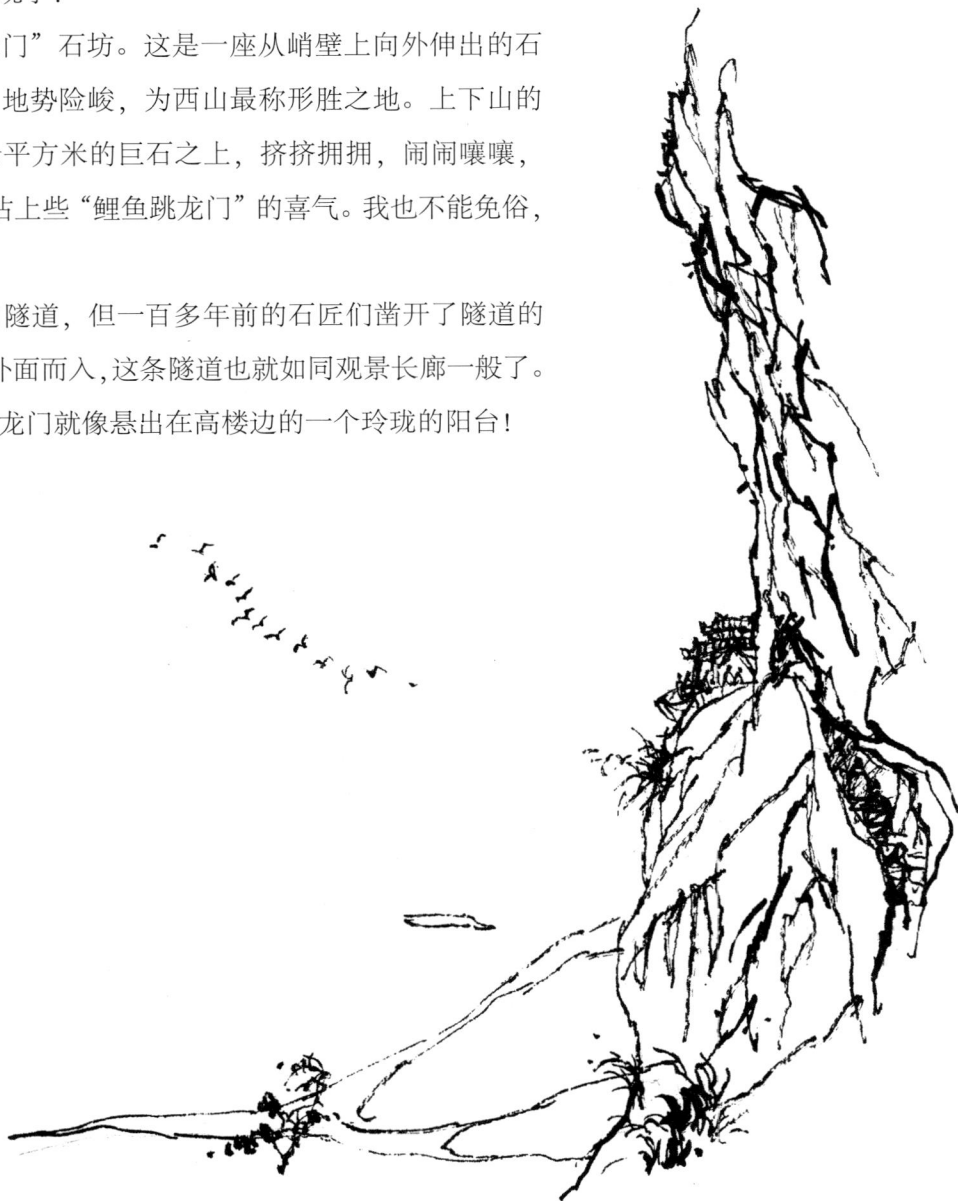

西山龙门

大观楼

　　山下滇池之滨有建于清康熙年间的大观楼，步入景区，见重檐叠阁华拱画梁，长堤翠柳曲桥碧水，兼具自然山水与古典园林之长。但使大观楼名闻遐迩的并非景致风物，而是清代名士孙髯翁所撰的180字长联。

　　上联为：五百里滇池，奔来眼底。披襟岸帻，喜茫茫空阔无边！看东骧神骏，西翥灵仪，北走蜿蜒，南翔缟素。高人韵士，何妨选胜登临。趁蟹屿螺洲，梳裹就风鬟雾鬓；更苹天苇地，点缀些翠羽丹霞。莫辜负四围香稻，万顷晴沙，九夏芙蓉，三春杨柳。

　　下联：数千年往事，注到心头。把酒凌虚，叹滚滚英雄谁在？想汉习楼船，唐标铁柱，宋挥玉斧，元跨革囊。伟烈丰功，费尽移山心力。尽珠帘画栋，卷不及暮雨朝云；便断碣残碑，都付与苍烟落照。只赢得几杵疏钟，半江渔火，两行秋雁，一枕清霜。

上联写景，下联述史，大气磅礴又对仗工巧，令人击节称绝！

作者孙髯翁终生不仕，一世清贫，虽有著述，少见流传。唯有此联被誉为旷古未有的天下第一联，成为文坛几百年之美谈。髯翁因此有"联圣"之名。

可见文人未必动辄文集一二十卷，字数千八百万，只要学养厚植，文思隽永，意涵独到，文笔精当，180字也可名载史册呢！

云南陆军讲武堂旧址

93.
纳西乡里
丽江

清晨，丽江古城大研镇薄雾缭绕，像蒙着纱巾的新娘，有一种朦胧的美，让人期待和遐想。渐渐地，几缕锐利的阳光之刃戳破雾霭，泼剌剌的光芒便如潮水般一涌而入，顷刻间充满天地之间。古城露出了她慵倦的笑容，新的一天开始了。

这座形成于宋末元初，深藏在云贵高原西部大山之间的纳西族城镇，仿佛是造物主用不同的物象和景貌拼装混搭而成。

黛瓦翘角的民居和凹凸不平的石板街巷有江浙古镇之风，宅院内却是北方四合院结合纳西族和白族民居的"三坊一照壁"布局；串街走巷，眼前恍若"小桥流水人家"，抬头却是巍巍雪山耸立云天；这里也有与川黔古镇相似的依山起伏之状，但少有川黔山区多雨而潮湿的天气，更多是高原炽烈的光照和蓝天白云；这里家家户户门前有汩汩山泉流淌，仿佛来到济南的曲水亭老街或是皖南浙西的某个古村落，但平原地带的水势平缓，这里来自雪山的水流则湍急而有冲击力，耳旁似响起新疆吐鲁番坎儿井下天山雪水的奔流之声。

云南丽江 大研镇

7.31 am

大研镇

大研镇

　　这里是纳西族的乡里，但他们的古乐却与中原的道教音乐一脉相承。听听《浪淘沙》《山坡羊》《霓裳羽衣曲》这些曲名就耳熟能详。看到那些身着纳西族锦缎袍服的垂暮老人们演奏这些汉族古乐时，你会有时空易位文化碰撞的晕眩感吗？

　　每当金乌西沉，丽江便会在夜幕中藏匿起白天有些土气的模样，用劲爆的节奏、时尚的音乐和酒吧茶楼炫目的光影装点一新，精神抖擞地展现她浪漫而奔放的一面，如同一座新潮的不夜城。

这就是丽江。她只有7平方公里，却让人感觉常在时空中穿梭往返。她地处现代文明边缘的偏地僻壤，却成为当代都市小资生活的一种情调和向往。她有江南水乡精巧的韵致，也有西部高原雄朴的风情，有保存完好的古老文明遗存，又有时尚多元的当代文化，驳杂斑斓却特色鲜明。她自古就是茶马古道沿途的集市和商贸重镇，如今依旧生意兴旺，但在众多游人心中，她却是超凡脱尘的"世外桃源"！她让人感到亲近又有些疏离感，虽已相识却总有初遇的新奇。你即使站在她车马喧阗的集市中央，仍会感受到一份宁静与安详。

　　这就是丽江。她是处于现实生活和理想世界之间的一方水土。

　　此外，如果你喜欢水，丽江有拉什海，如果你喜欢山，可以去玉龙雪山，如果你想知道更多的关于丽江的历史和文化，可以去束河古镇参观茶马古道博物馆，去白沙古镇欣赏明末清初的白沙壁画。当然，这里神秘的东巴文化和象形文字是全世界独一无二的，是丽江作为世界文化遗产地的重要组成部分，定会让你感到有趣和好奇的。

　　我去过丽江两次，这是我所感受到的丽江。每个人心目中会有每个人的丽江！

大研镇

云南丽江東河镇

7.31 pm

上：束河古镇
下：白沙古镇

94.
苍洱毓秀
大理

大理古城地处云贵高原上的洱海平原，位于丽江以南约 200 公里。

与丽江古城相比，大理更有城的样貌，城的气派。来到城下，见城墙高耸，城楼巍峨，"文献名邦"的匾额高悬，俨然一化外斯文之地。古城面朝苍山背靠洱海，一条南北主街延绵数里，如中轴线般一以贯之，东西向的街巷依次横列，与南北大街交错成横平竖直的棋盘状，街市井然。此城建于明洪武年间，让人容易联想到湖北襄阳或河南商丘等明代修筑或重建的中原古城格局。

古城老街

大理历史悠久且辉煌，曾先后为南诏国和大理国的都城长达 500 余年。虽说是西南少数民族的地方政权，毕竟都是区域的政治、经济和文化中心。其中大理国历 22 帝 316 年，是中国历史上历时最久的王朝之一了。南诏国与唐朝、大理国与宋朝相互交往频繁，恩恩怨怨数百年，中原文化倒也因之源源输入。如果说丽江处于藏传佛教的边缘地带，有着鲜明的纳西族少数民族文化的话，大理则受汉传佛教和儒家文化的影响极深，有着强大的汉文化气场。这让来自内地的游人感觉更自然和亲切些。

佛教自唐朝传到这里，到南诏国中晚期已是"家知户到，皆以敬佛为首务"了。大理国时期佛教进一步发展，开国君主段思平在位八年建寺不息，铸佛不止。段氏后世帝王中竟有 10 位皈依佛门，其中 9 位是自愿放弃王位出家为僧的（其中包括《天龙八部》中的段王爷段正淳），可见佛学一时之盛。

崇圣寺曾为南诏和大理国的皇家寺院，香火鼎盛。后来崇圣寺毁于地震，仅留下三塔鼎峙于层峦碧嶂之间，成为大理古城的标志至今。三塔中的主塔千寻塔为南诏国君蒙氏所建，有西安小雁塔的唐塔之风，只是在雄浑大山的背景衬托下显得秀气素雅，亭亭玉立，少了些千年古塔的沧桑感。我们这次到来之时，大理已重建了崇圣寺。整座建筑群背依万仞苍山，崇闳壮伟，为大理又添一景。

崇圣寺三塔

大理风光素有"风、花、雪、月"之称，即下关风，上关花，苍山雪，洱海月，其中尤以苍山雪和洱海月最著风华。来到大理，苍、洱便奔来眼前。远望苍山，披云戴雪，起起伏伏横展如屏；近观洱海，浩然万顷，盈盈粼粼倒映似镜。对此景色，自古就有"玉洱银苍""苍洱毓秀"之赞！依山傍水的大理坝子四野旷达，满目芃芃，白族的村寨民居星罗棋布，点缀其间。大理的自然风光比之丽江，要显得更加恢廓和大气些！

大理成名很早，上世纪五六十年代就有了电影《五朵金花》，主题歌"大理三月好春光"，我们这代人都会唱。"文革"后期的《战地新歌》中还有一首歌曲《苍山歌声永不落》，是以白族的民歌音调为素材创作的，旋律很有特点。后来，金庸的《天龙八部》风靡全国，更是使大理声名大噪。

自上世纪 90 年代起，丽江古城异军突起，崭露头角。1997 年，丽江被联合国教科文组织列入了世界遗产名录。在 2008 年奥运火炬云南传递城市的评选中，丽江又力压大理当选，使大理颇感压力。于是，当丽江推出"二山一城一湖一江一文化一风情"的旅游产品时，大理便打出"一山一海一泉一城一塔一碑一窟"的观光品牌；丽江声称让人"朝思暮想"，大理便让人"梦绕魂牵"；丽江自诩"天雨流芳"，大理早已有"风花雪月"；丽江宣传语说"你来了就永不想说再见"，大理称"你到达后便失去离开的能力"……

大理，丽江，滇西高原上交相辉映的双璧！各具风姿，各有神采，其实谁也取代不了谁哦！

95.
彝族祖地
巍山

从大理到巍山约 60 公里，一小时车程。

巍山即巍山彝族回族自治县，为彝族的发祥地。"彝族"本为"夷族"，即史书中常见的"西南夷"。因"夷"含贬意，1956 年由"夷"改"彝"。"彝"中有"米"有"丝"，有"丰衣足食"的美好寓意。

巍山古城始建于明洪武年间，有 600 余年历史，是清朝赐封的云南四个"文献名邦"之一。巍山城区不大，一如明朝城池的棋盘状格局，布满了横平竖直的街巷。一条南北主街笔直地伸向城区北端，长不足 2 公里，沿街连甍接户地排列着不大的店铺，做着不大的生意，不太热闹，也不算冷清。外来游人不多，但来者大都"旅"历资深。

老街

徐霞客一生最后一次出游时来过巍山，在《游记》中对巍山记载甚详。那时的巍山城郭严整，屋舍鳞次，四座城楼拱立四方，"城方如印，中建文笔楼为印柄"。如今，四座城楼中三座已不存，唯北城门拱辰楼尚在，远远就能望见——青瓦红墙，沧桑斑驳，是古城的标志。

上：北城门拱辰楼

下：老街

《游记》中写到的文笔楼又名星拱楼，是一座秀拔的市楼。当年坐落在南北和东西大街十字相交的中心点上，被徐霞客妙喻为一方印章的印柄。几百年岁月更迭，随着北城门拱辰楼成为城市中心，原来那条从北城门通往星拱楼的北街，现已是古城的主街。从拱辰楼至星拱楼这两楼一街、两点一线之间便是这座 600 年古城最集中的历史遗存了。

唐初，洱海地区形成了六个较大的以彝族为主的少数民族部落，称作"诏"。巍山是其中南诏的发祥地和早年的都城。南诏到第四代诏主皮逻阁时，在唐朝支持下统一了六诏，才将都城北迁至太和城（今大理）。拱辰楼南面高悬的匾额"魁雄六诏"，就是南诏当年强盛一时的历史写照。南诏国都巍山 90 年，后迁都大理 160 余年，前后总计历 13 代 254 年，几与大唐皇朝同始终，共存亡。

巍山东南不远处有巍宝山，为全国 14 座道教名山之一。清朝鼎盛时期，巍宝山的宫观殿宇达二十多座，道士数百人，更有武当山、青城山等道教名山的道人迁居于此，成为云南一大道教丛林。

巍宝山土主庙

我们上山之时，细雨如丝，宫观亭阁山峦云树，皆笼于烟岚水雾之中，混沌一片。山间几无游人，显得清幽虚空。山中现有保存较完好的宫阁十几座，有建于唐代的土主庙，供奉南诏的 13 代诏主，因此也是彝族的祖庙；有建于清康熙年间的长春洞，据介绍其建筑布局和结构均按八卦形制，整座宫观中精镂细描的木雕和壁画举目皆是，让人赞叹；但最让我喜欢的是文昌宫，宫殿前有池，池内涌泉汩汩，池中建一精巧的六角亭，前后玲珑小桥贯连，池周有雕花石栏相环……构图美妙，富有画意。

巍山地处边陲，兵荒马乱的年代中，它偏离战乱的中心，改革开放时期，它又处在现代化路线图的边沿，使它留下了 600 年前城市的大致格局和原始样貌，虽已有缺损，仍不失为一处宝贵的古城历史样本。

巍宝山文昌宫

96.

滇南邹鲁
建水

建水古城坐落在红河哈尼族彝族自治州的腹地，古称"惠历""巴甸"，元朝改称"临安"。这里距边境口岸约200多公里，是名副其实的边城。来到这片彝、苗、哈尼、傣族等多个少数民族世居的土地上，印象最为深刻的是汉文化已在这里深深扎根。

进入城区，远远就望见了古城的东大门"朝阳楼"，红墙黄瓦，重檐叠脊，当地人自豪地称之为"小天安门"。漫步在老城区，粉墙黛瓦的民居，画栋雕梁的老街，还有诸葛庙、太史巷等，到处都是汉文化的元素。

朝阳楼

隐身在一条小巷内的朱家花园，有"滇南大观园"之称。在这座占地两万余平方米的奢华的私家花园内，宗祠馆舍、水榭回廊、荷塘假山和亭台楼阁等均与江南园林可有一比。此外从游览中得知，朱家花园还经历了一个豪门大族在世事蜩螗的动荡岁月里由盛及衰、沉浮枯荣的传奇过程，堪称一部"滇南红楼梦"，详述可成一长篇！

朱家花园

　　当然，建水最重要的汉文化标记就是那座元代所建的建水文庙了。它是中原汉族的儒家文化远播边陲荒陬之地的象征。

　　元代是中国历史上一个不太尊重知识和文化的朝代。它靠马上打天下，也在马上治天下，对儒学和儒生并不待见。清人赵翼的《陔余丛考》中有"元制，一官，二吏，三僧，四道，五匠，六工，七猎，八民，九儒，十丐"之述，文化人的地位仅列于末尾的乞丐之前（"文革"中知识分子的"臭老九"称谓即来源于此）。蒙古人入主中原后，还基本废除了自隋唐以来已实行了700多年的科举制度。但仿佛阴差阳错的是，建水这座规模恢宏号称全国第二（仅次于曲阜孔庙）的文庙却是元代所建，也是元代在云南继昆明和大理后兴建的第三座文庙。更让人大跌眼镜的是，孔子的"大成至圣文宣王"谥号竟是元代加封的。孔子后代嫡裔在宋朝只享八品官俸禄，是元代将其擢升为三品。此后历朝历代层层加码，至明初，孔子嫡裔已享一品俸禄，到清代更是一发而不可收，竟然名列文官之首。野史中还有乾隆将女儿嫁入孔门之说。

　　让人尤感世事难料的是，元仁宗时期恢复科举后，将理学定为经解之正统。在宋代不被官方认可的程朱理学，竟是从蔑视儒学不重文教的元朝开始走上了建制化之途，最终成为明清两朝的官方学说和纲常名教之基础，对后世的政治文化影响深远。

元之前滇南人供奉王羲之为先师（不知怎么扯上的），不知道有孔子和儒教。至元代建立了文庙庙学后，儒家文化渐渐在这里找到了地理和心理的归属，像是先成家后恋爱。之后的明朝又在建水相继设立了学政考棚，在文庙内设府学州学，清朝则锦上添花，先后建了崇正、焕文等多个书院，于是，"士习始变，人文始著，临安子弟殆无有不学焉者也"。明清以来，云南科举一榜举人中，临安士子常占其半，故时人称为"临半榜"。建水遂成滇南著名学府，有"滇南邹鲁"之誉。

文庙

　　来到文庙，见泮池汤汤十余亩，殿堂重重六进深，规模宏阔，规制严整，果然大气不凡。其时游人不多，整座庙宇显得环境清幽，气氛庄穆。我经"洙泗渊源坊"步入棂星门、大成门，盘桓在先师庙、文昌阁、明伦堂和尊经阁前，细看先师庙大殿前描金流丹的雕花木门，感叹廊下蟠龙石柱的镂镂精工，辨识着清帝碑碣上斑驳的字迹……先师庙前庭院内那背驮青铜花瓶的石雕白象，仿佛给这座儒家庙堂笼上了一种淡淡的若有若无的滇南风情。

　　附记　举办了几十年周日书市的上海文庙，也是元代所建。

97.
雪域圣城
拉萨

几年前第一次来拉萨是参加一个关于世界遗产保护的全国性会议。会议安排参观考察了布达拉宫、大昭寺和罗布林卡。我没有高原反应，便又利用休息时间单独去了哲蚌寺看晒佛台，到色拉寺听辩经，在拉萨的大街小巷到处转悠……尽管那次拉萨之行似乎没留下什么遗憾，但每当听到"回到拉萨，回到布达拉"的歌声，仍让我充满向往。

再次来到拉萨，布达拉宫无与伦比的壮美依然让我震撼。这座高100多米的十三层城堡式建筑群布满整座玛布日山，巍然雄峙，气象恢宏！进入拉萨城区，无论你从那个方向，总能看到它在半空中时隐时现的身影，如同一个无法抗拒的召唤。整座城市从四面环绕着它，仰望着它，匍匐在它的身下。我想，拉萨城的源起和形成应该就是围绕布达拉宫开始的吧。

布达拉宫

再次来到拉萨，领略了夜色中布达拉宫的绚烂。当大地万物被夜幕覆盖遮掩，唯有被万千灯火装点得光彩熠熠的布达拉宫闪亮在天际，恍若介于凡世与天堂之间的某种神迹，摄人心魄。

再次来到拉萨，又一次参观了布达拉宫。当年吐蕃王松赞干布为迎娶文成公主，要"筑一城以夸后世"，便有了眼前这座崇阁轮奂的宫殿。布达拉宫由白宫和红宫两部分组成，有上千间殿堂。白宫集重大的宗教活动、政治活动、摄政办公和达赖的生活起居场所于一体，如迷宫般迂回曲折，拐弯抹角，结构布局紧凑。厚厚的宫墙将高原炽烈耀眼的阳光阻隔在外，建筑物内以酥油灯昼夜照明，氤氲着浓浓的藏香味，香火青灯或许更容易使人进入静思冥想之中吧？

　　红宫供奉着历代达赖喇嘛的灵塔，从五世达赖至十三世达赖 300 多年的光阴就浓缩在这一片不大的空间中。藏族导游不停地用"伟大的"来称呼五世达赖，正是这位画像上留着小胡子的长相清秀的活佛结束了西藏一度四分五裂的局面，稳固了当时政教合一的社会制度。同时，他本人还是一位著述颇丰的佛学家、史学家和医药学家！六世达赖没有灵塔在此，他就是人们知道得最多也最喜爱的仓央嘉措，一位才华横溢又英年早逝的浪漫诗人，他的灵塔应该就在他那广为流传的诗歌之中吧。

　　再次来到拉萨，专门去小昭寺看了镶金裹银的释迦牟尼八岁等身像（上次来没看），在八廓街加入到永不停息的转经人流中，围着大昭寺雄赳赳地顺时针转了几圈……烟火缭绕中，见匍匐磕长头的身影依然众多，如波浪起伏般高高仰起又重重扑下，让人既感佩又于心不忍。

小昭寺

上：大昭寺

下：八廓街

拉萨的小昭寺和大昭寺均始建于文成公主入藏的唐贞观年间，几乎就是西藏建造最早的佛教寺庙了。在此之后的200余年间，佛教在藏地的发展呈浩荡之势，史称西藏佛教的"前弘期"。但吐蕃末代赞普（藏王）发动的一场惨烈的灭佛运动，使藏传佛教遭受了灭顶之灾，直到11世纪，才开始了佛教再度入藏的"后弘期"。

　　藏传佛教中教派林立，目前占主导地位的黄教格鲁派创立于15世纪初，是藏传佛教最后兴起的一个教派。有学者认为，格鲁派之所以能够后来居上，获得藏传佛教中最大的教派地位并得到明清朝廷的认可和支持，最终建立起政教合一的统治机构，在于它在蒙古草原的成功传播。格鲁派的信徒一般都会从属于某一个寺庙，草原游牧民一旦信了教，活动范围便被各自的寺庙固定下来，形成了半定居化的生活状态。而游牧民族一旦失去了高度的机动性，对农耕地区的威胁便大大下降。这就是为什么明清两朝都力挺格鲁派，支持它的教义的推广和传播的原因。康熙曾经说过，"一座庙胜十万兵"，可谓一语道破。

扎基寺

附：

布达拉宫

坐落在
青藏高原的半空中
高悬在
世界屋脊的云际间
一座地球上最高
离太阳最近的宫殿

源自一千三百多年前
一桩美满的政治姻缘
渐渐演化成
一处圣地，一种信念！

你是安放灵魂的暖巢？
你是通向天府的驿站？
世人仰视着你
信徒们舞蹈般的匍匐叩拜
在"唵、嘛、呢、叭、咪、哄"的
咏经声中
在香火氤氲、经幡飘展之间
你已经矗立成
一个至尊而高贵的
符号

罗布林卡

98-99. 后藏名城江孜和日喀则

从前藏的政治宗教文化中心拉萨前往后藏班禅的施政布教之地日喀则，一路跋山涉水，也邂逅了好山好水。

在海拔 5000 多米的冈巴拉山巅，蓝天白云之下，羊卓雍错湖如一条丝巾飘落在念青唐古拉山的怀抱中。湖水澄澈，铺展着一片高贵的蓝，没有一丝杂色，在变幻莫测的天光云影下显得神秘莫测，仿佛属于另一个世界。不远处是卡若拉冰川，白雪覆顶的冰峰像多棱的钻石闪着炫目的光。这一山一水、一刚一柔正好比作金刚天神与温婉仙子了！

傍晚时抵达江孜古城。江孜是前藏与后藏之间的一个重要驿站和交通枢纽，海拔约 4000 米，略高于拉萨（3700 米）和日喀则（3800 米）。它虽是日喀则下辖的一座县城，但有 600 多年的建城史，历史比日喀则还要稍长一些。江孜与拉萨、日喀则是西藏的三座国家级历史文化名城，将三城连系起来可勾划出一个弧圈，弧圈内雅鲁藏布江滚滚东流，冈底斯——念青唐古拉山脉横亘其间。这应该就是历史上所称的"卫藏"地区，是西藏政治宗教文化的渊薮和早年吐蕃王朝的中心地带。

江孜城内车少人稀，出乎意料的清冷宁静。街上大都为一二层的藏式民居，那座著名的宗山城堡便突兀地耸立于江孜城的半空中。当我们办好入住手续，准备出外用餐时一抬头，见金黄色的夕晖正投射在城堡上，有如一幅挂在天幕上的油画。

江孜城堡

次日参观白居寺。措钦大殿内香火缭绕，朝拜者挤挤拥拥。转过一圈，来到大殿旁的那座菩提塔前，目光瞬间被吸引。整座宝塔由近百间小型佛堂围绕而成，一圈圈层叠而上，成梯形逐层收拢到塔顶托起宝瓶，建筑设计妙不可言！在这些层层叠叠的佛堂内画满了佛像，据说有十余万之多，故此塔又名"十万佛塔"，堪称藏传佛教建筑中的杰作！

江孜白居寺

宗山城堡遗址就耸立在近旁的山岗上，是一组藏式碉房建筑群。城堡曾是这一带割据小王朝的王宫，有"小布达拉"之称。100多年前藏民在此抗击英军入侵，全部壮烈牺牲，江孜因此有"英雄城"之称。电影《红河谷》就是取材于这段历史。城堡依山而筑，陡峭险峻，我们一行仅有数人登临山顶城堡，个个气喘如牛。在山巅极目四眺，江孜平原尽在眼底。

下午前往日喀则，抵达后直接去了扎什伦布寺。进了寺院大门，迎面一大片耀熠金碧的建筑群扑入眼帘。只见密麻麻的殿堂楼舍参差起伏，铺排递接，顺山势横展如屏长达数里，布满了一座大山的整面山崖，远望如天界宫阙，气象之壮伟，让人仰止！

扎什伦布寺

扎什伦布寺自四世班禅开始，便是历代班禅喇嘛的驻锡之所。在藏传佛教格鲁派 700 多年的发展历史中，达赖和班禅这两大活佛转世系统呈双雄并立之势，清政府视二者为地位同等的喇嘛教领袖，给予相同的礼仪待遇。据藏传佛教经义，达赖是观世音菩萨化身，班禅则是弥勒佛的化身。扎什伦布寺西侧第一座金顶大殿即为强巴佛（弥勒佛）殿，内有世界上最大的鎏金弥勒佛坐像。据说弥勒在佛界的地位虽高于观世音，但超然脱俗，无心世事，所以在政治权力方面，达赖体系一直是高于班禅的。历代达赖和班禅基本上能够各安其所，遥相呼应，和睦共处。他们互为师徒，互为对方主持转世，友谊的小船顺风顺水地驶过了几个世纪。直到清末民初，才发生了十三世达赖与九世班禅骤起冲突、几近决裂的不愉快事件。

在漫山的寺院内游览过一圈，
已是薄晚。人群渐渐散去，同伴们
也都先回旅舍去了。我留了下来，
赶在天黑之前将那座辉霍崇丽展布
云天的扎什伦布寺写入画本！

附记 扎什伦布寺与拉萨的甘丹寺、
哲蚌寺、色拉寺并称黄教四大寺院。
这四大寺又与青海的塔尔寺、甘南
的拉扑楞寺合称黄教六大寺。

扎什伦布寺

上、下：哲蚌寺

上：色拉寺

下：青海塔尔寺

360

上：拉卜楞寺

下：塔尔寺一角

云南香格里拉松赞林寺

松赞林寺

100.
汉唐帝都
西安

西安是华夏文明的重要发祥地之一，是包括秦汉和大唐在内的 13 个王朝的都城！在漫长的春秋岁月中，西安作为我国的政治、经济和文化中心历 1100 多年，其间也有过衰落和颓唐，但都不能减损它曾经的辉煌和荣耀。

今天，人们习惯称成都平原为"天府之国"。其实历史上，"天府之国"最早是指西安所在的关中平原。《战国策·秦策》中记述纵横家苏秦对秦惠王说："大王之国，田肥美，民殷富，战车万乘，奋击百万，沃野千里，蓄积饶多，地势形变，此所谓天府，天下之雄国也。"秦末汉初，刘邦欲都洛阳，张良力劝定都长安时说："夫关中左崤函，右陇蜀，沃野千里，南有巴蜀之饶，北有胡苑之利……此所谓金城千里，天府之国也。"（《史记·留侯世家》）400 多年后，诸葛亮在《隆中对》中才首次称成都平原为"天府"。

钟鼓楼

去西安出差过很多次，捎带着把该看的地方都陆陆续续地看了，有些地方去了还不止一次。在全国 130 余座国家级历史文化名城中，西安无疑是属于底气满满、"舍我其谁"这一类的。虽然它所拥有的古城墙、帝王陵寝、地下的文物和地上的古塔古寺古街区等，在其他古城中也能看到，但西安的这些历史遗存都是堪称中国乃至世界之最的！

老城区

比如西安的城墙，被认为是世界上保存最完整的古代城垣建筑。它不仅巍峨而且宽厚，城墙上可跑马驱车，在冷兵器时代算得上是"铜墙铁壁"了。

比如兵马俑，被誉为"世界第八大奇迹"。那浩浩荡荡的陶俑军阵，让世人为之惊叹。让我印象深刻的还有那两乘同时出土的青铜车马，其逼真的神态、准确的比例、精美的彩绘和细巧的雕饰无不显示出 2200 多年前华夏先祖们高超的造型艺术和冶铸工艺水平！

西安碑林建于北宋，距今 900 余年，为我国年代最久、碑藏最多、名家最全的碑林。尤为可贵的是，在西安碑林洋洋两三千方的碑刻中，几乎将我国古代文化典籍刻录殆遍。其中在唐文宗开成年间就刻录了《周易》《尚书》《论语》等儒学经典十二种，史称"开成石经"。西安碑林便仿佛成了一座石头的"图书馆"，对儒学的传播有铺路之功。参观中发现，为了便于传习，文化典籍多以工整端正的楷书抄录，故后世被视为书家法典的欧、颜、柳、赵楷书四大家均有原碑真迹在此，可谓国宝满堂了。千百年来，西安碑林一直就是天下文人雅士的钦仰神往之地啊！

上：碑林
下：城隍庙

西安城隍庙
小商品市坊

366

西羊市

我国的古城中因名士骚客的诗文名世者不少，而西安仅大唐一朝就有诗人两千余，传世的诗歌有近五万首之多；西安有国内现存规模最大也最完整的钟楼和鼓楼，晨钟暮鼓鸣响逾千年；西安有1200多年历史的大雁塔和小雁塔，在我国古塔中除了隋朝所建的山东历城四门塔之外，就数这哥俩最年长了；西安的清真大寺也已坐落在化觉巷1200多年，是联合国认定的世界伊斯兰文物。最近一次去西安，还发现西安城隍庙是一座都城隍庙，也就是能统辖西北诸地城隍的"封疆大吏"，是明代三大都城隍庙中仅存的一座了。当然，西安还有杨贵妃的华清池，武则天的无字碑……都是闻名遐迩、具有世界影响的的文物古迹。

今天的西安城内也耸立起了一些高楼，但与某些高楼林立、难觅历史踪迹的"历史文化名城"相比，已经是相当有节制了。

有位喜爱中国传统文化的德国专家专程前往西安游览后说，这是一座"new old city（新的古城）"。是啊，沧桑兴替，天灾人祸频仍，使我国大多数古城的文物遗迹已是西风残照，整体的历史形貌更是往梦依稀了。而现代化的城市进程与老城保护也存在着互为消长的矛盾关系，因此，要在今天的中国找到一座原汁原味的古城已实属不易。为此我想，西安这种兼顾了保护和发展的"新的古城"模式，不失为一种差慰人意的选项呢。

101.
太史故乡
韩城

上午九时许从西安出发，约三小时的车程便抵达了太史公司马迁的故乡、关中千年古城——韩城。

老城中央，一条主街贯通南北，四周巷陌纵横伸展。临街沿巷多为青砖灰瓦坡顶的老屋，与灰蒙蒙的天色融成一片浓浓淡淡的古意。韩城有"小北京"之称，据说这里的民居四合院和胡同与北京的格局同根同源，如出一辙。但这里的街巷民宅大都显得老旧，政府已开始动工修复，有的地方已拆成一片瓦砾。

老街

在老城东北角，文庙、城隍庙和东营庙连成一片。其中建于元代的文庙尤为古老而规制宏大，为关中现存文庙之冠，也是韩城文脉悠长文风昌盛的象征。文庙四进院落，殿阁重重，古木苍苍，蟠枝虬干的老树上附有标着年岁的小牌，其中最老的一棵已有 900 多岁高龄了。

文庙

古庙、古木和古迹斑斑的石桥，有如一幅意境清寂的古人手卷……

9 月 22 日 阴

昨日上午来韩城途中，车过黄河大桥时，偶然望见左侧山冈上有一片古建筑群，在高远寥廓的云天映衬下，在绵亘无垠的群山拱抱中，依山势盘桓而上，踞于峻岩立壁的危崖之巅，意境苍凉而邈远。今日前往司马迁祠，方知就是昨日车上所见。祠前一片空敞的广场上，有司马迁雕像昂然而立，他身后就是那片仿佛斜卧着的山冈，因为太史公而受人们世代瞻仰。

司马迁祠

步入祠堂山门，沿石条铺就的坡道拾级而上。一路上松柏夹道，景色清幽，行至半山穿过数道牌坊，登上一段更为峭直的石阶来到山巅，便是太史公的寝殿和墓冢了。殿中有北宋彩塑的司马迁坐像，正襟危坐，浩气凛然。历代碑石环列两侧，古朴而肃穆。在这里，"史圣"自身成了一段让人追怀的历史了。

司马迁是中国文化史上的一位伟人。他身遭厄运不折不馁，忍辱负重发愤著述，终以皇皇巨著《史记》而彪炳于史。《史记》秉承先秦史官"以史制君""君史两立"的体统，以"不隐恶，不虚美"的书写，使史学第一次具有了严肃的学术意义，开史学为"独立学问"之先河。

此外，《史记》还将历史叙事从按部就班的纪年体例改为"因人叙事"的纪传体，注重有血有肉的历史人物在历史进程中的命运和作用，因而更具文学性和可读性。《史记》中有许多部分可作小说看，鲁迅先生也曾评说《史记》是"史家之绝唱，无韵之《离骚》"！

《史记》之后1000年，中国第一部编年体通史《资治通鉴》问世，作者亦姓司马，就是那位少年时砸缸救人的北宋司马光。《通鉴》是一部有主题的史书，主要记述历代王朝盛衰兴亡因由，供帝王"鉴于往事，有资于治道"。因此相较《史记》，帝王将相们大都偏爱《通鉴》。曾国藩就说过，"先哲经世之书，莫善于司马温公《资治通鉴》"。

两部史书的观念意旨和体例结构虽不相同，但均为不朽的史学名典而被世人奉为"史界双璧"。自宋以降，中国史学的"两司马"互相辉映，相得益彰。

在太史公祠堂前后盘桓良久，来到山头极目四望，见天地混沌，云翁雾绕，长风浩荡。黄河若隐若现，如滔滔奔流的历史长河，逝者如斯夫，不舍昼夜。让人油然而生天高地迥的苍茫之感。

附记 党家村位于韩城以北约10公里的一处沟谷中，有600多年历史。因地处僻壤，大批明清时代的四合院保存完好，塔、阁、楼、堂错落点缀其间，古朴幽远。

党家村

102.
红色圣地
延安

延安作为中国革命的圣地，举世皆知，但说它是一座历史悠久的千年古城，恐怕并不是每个人都很清楚的。

延安位于陕北黄土高原腹地，藏在一道道山坡的皱褶里，是古老黄河文明的滥觞之地。传说中的华夏人文始祖——轩辕黄帝的陵寝就在延安境内的桥山，香火几千年延续至今。

秦汉唐宋各朝，国家的政治中心在西部，故位处"襟带关陕，控扼灵夏"要津之地的延安就成了防御北方游牧民族入侵的军事重镇，屏障关中平原的北方门户。北宋仁宗朝，"先忧后乐"的范文正公范仲淹便在延安任军政长官，整军固防，与西夏国对垒，曾留下"四面边声连角起，千嶂里，长烟落日孤城闭"等描写烽火岁月的诗篇。《水浒传》第一回"王教头私走延安府"中，禁军教头王进要去投奔的北宋名将老种经略相公其时也正在延安府镇守，可见当年延安地位之紧要。北宋覆亡后，随着国家的政治、经济和文化中心向东南迁移，延安"三秦锁钥"的战略屏障地位逐渐消退，一度淡出世人的视野。

1937 年，中央红军经过两万五千里长征抵达陕北，延安这座贫瘠荒凉的山城成为了中共中央所在地，重新为世所瞩目。

在延安的十三年中，中国共产党顺应国共第二次合作、联合抗日共御外侮的天时，据黄河天堑崇山拱抱的地利和天下归心的人和，筚路蓝缕，卧薪尝胆，由弱到强发展壮大直到最终夺取全国胜利，成就了被称为"辉煌 13 年"的延安时代。

枣园窑洞

　　今天，延安是全国爱国主义教育示范基地，"红色"的旧址规模最大，保存最为完整。从枣园、杨家岭、王家坪一路走来，在中共领袖们住过的窑洞里参观，仿佛走进了当年的峥嵘岁月，来到了他们身边。刘禹锡《陋室铭》中说"水不在深，有龙则灵"，这些简陋的土窑也因入住过"盘龙卧虎高山顶"的伟人而让后人高山仰止。走过一间间窑洞，我想到《毛泽东选集》中的很多文章就是在这里完成的，毛泽东思想就是在这里逐渐形成的，社会主义中国的种子就是在这里培育发芽的，五大书记也就是在这里运筹帷幄，决胜于千里之外的。

延河就蜿蜒在市区，将延安分成了南北两个部分，由延河大桥相连。歌曲《延安颂》中唱道："巍巍宝塔山，滚滚延河水"，今日沿河而行，宝塔山依然巍巍，延河水却不再滚滚，河床已几近干枯了。隔着延河大桥望向宝塔山，山巅的唐代九层宝塔秀拔挺立，直指云天。它是延安古城的标志，也成了中国新民主主义革命的象征。在那灾难深重的岁月里，它是一种信念，一种力量和召唤，是无数进步青年和爱国志士心中不泯的希望之光。

来到近前，见宝塔的南门上有"俯视红尘"的门额，不觉心动一笑。脚下这片黄土地确是一片"红色的尘世"啊！它是今天共和国的红色基因，早在土地革命战争时期这里就建起了红色政权，在"白色恐怖"血雨腥风的岁月里，这里曾是全国仅存的一小片红色。1937年后，这里成为了红色政权的大后方长达十三年。今天，全国各地的人们正络绎不绝地来到这红色圣地，接受红色思想的教育和洗礼。

宝塔山

103.
塞上驼城
榆林

从延安一路向北，四周绿色渐渐稀疏，苍凉旷阔的黄土地扑面而来。这里已经是黄土高原北端尽头与毛乌素沙漠的交汇处，是几千年来农耕文明与游牧文明犬牙交错的结合部。榆林，就坐落在这结合部缝隙的边缘。

在榆林的两天时间里，我们穿行在纵横交错的街巷中，盘桓在残缺不全的城垣边，还登上镇北台，远眺断断续续的明长城遗址，感受这座用黄土元素构成的陕北小城独有的风情景貌。

在长城脚下的红石峡，终于见到了深深浅浅的绿意铺展，可谓沙漠中的一片绿洲了。一条湍急的溪流在峡谷间潺潺流过，两壁土红色的石崖夹河谷对峙，崖壁上布满了大大小小的洞窟。不少洞窟前伸出楼殿式的门楣，木结构框架，还饰以丹柱雕梁黛瓦飞檐。在蜿蜒展开三四百米的石壁上，摩崖石刻琳琅满目，大都为明清以来戍边将领或官员的题刻，文辞直抒胸臆，书丹各显奇工，经历朝历代积年累月的叠加而异彩纷呈。后来者似乎还兼顾到了整体的结构布局和"版面设计"，使红石峡成了一道镌刻在石壁上的文化长卷。这里游客稀少，行走其间，颇有"桃花流水窅然去，别有天地非人间"的意趣。

红石峡

老城中轴线上的南北大街也令我印象深刻。大街长不足两公里，竟排列着六座骑街的楼阁。南大街上依次为文昌阁、万佛楼、新明楼；北大街上则为钟楼、凯歌楼和鼓楼。行走街头，相隔百步就有一座楼阁昂然眼前，在其他城市未曾有见。六座楼阁年代各不相同，形态各异其趣，排成一行有如历代市楼建筑之展览。明代所建的新明楼，以28根大柱支撑，其中4根直通三层楼顶，楼上是回廊雕栏的楼台，楼下为四壁通透的亭榭，造型奇巧。北街的钟楼建于民国十年，风格中西兼得，匠心独具。建于康熙年间的万佛楼则如同将殿堂连同牌坊、配殿一起高举于城楼之上……一座黄土地上的边僻小城中有如此不同寻常的建筑景观是颇出我意外的。

　　其实，榆林古城在很长时间内都是陕北的政治、军事、经济和文化中心，既是烽烟滚滚的边防要塞，也是街肆历历的边贸集市。繁盛之时，人烟稠密，驼队往来，商旅不绝于途，有"塞上明珠""塞上驼城"之称。

　　前来榆林的路上还途经榆林下辖的绥德县和米脂县，"米脂的婆姨绥德的汉"是两地的骄傲，因为据说《三国演义》中的吕布为绥德汉子，有"闭月"之美的貂蝉则是米脂人。当然这是民间传说，当不得真的。而明末农民起义领袖李自成的家乡在米脂却确切无疑。米脂县城北面的蟠龙山有李自成行宫，虽算不得富丽堂皇，也是楼台参差，殿阁层叠，依山临崖，拔地冲天，堪称一方形胜。李自成将此山的原名"马鞍山"改为"蟠龙山"，似乎已意不在"闯王"而要做真龙天子了。

北街钟楼

上：驼城雕像
下：李自成行宫

　　两年后，农民军攻陷北京，以为江山易主，天下从此姓"李"，一时骄矜放纵，"似乎都沉沦进了过分的陶醉里去了"。大顺政权尚未正式开张竟也开始"藏弓烹狗"，致上下离心，进退失据，一片乱象，不久后的"断崖式"败亡也就并不太让人感到意外了。郭沫若先生在1944年所著的《甲申300年祭》一文中，对此有过详尽而客观的评述。

　　郭沫若去世后，有人对《甲申300年祭》提出疑义，为李自成农民军进京后的表现辩诬，引起过史学界的一场论辩。

104.
丝路佛国
敦煌

一早就急急起床，前往黄沙漫漫驼铃声声的鸣沙山。

绵延无垠的沙丘如波浪般起伏，光与影的线条锐如刀削，那些忠厚得让人心痛的骆驼排成一字队形踏着行板的节奏行进着。无数次从图片上看到过这一画面，此刻就在眼前。

走上沙坡，就像踩在棉花上，脚下没有一点反弹力，你不仅要把脚迈出去，还得用劲提起来。攀上一道沙梁，蓦然间，仿佛天公造物一般，一掌绿洲和一弯环如半月的清泉出现在了眼前，像一块翠玉镶嵌在茫茫沙海中。月牙泉！千百年来她就这样端坐着，娴静中透出隐隐的庄严和神秘，接受着世人的赞美、惊叹和欢呼！她值得接受这一切！

走近莫高窟，来到标志性的九层楼阁跟前，多年的心愿和期待，在这一瞬间释然了。

月牙泉

眼前的莫高窟每层洞窟前都有护栏长廊相连，云梯栈道贯通，各窟都安装了整齐划一的钢门，看起来有点像连锁快捷旅店，中间那座九层高阁自然就是大堂了。由此遐想，如果世界上有哪座宾馆把外观设计成莫高窟的模样，一定是非常有趣的。

莫高窟

　　"莫高"有"举世无双"的意思，但我想，没有任何一个形容词可以穷尽对她的赞美。尽管事先早已看过很多她的介绍和图片，在身临其境的参观之中，仍感到目不胜赏，为那些历经千百年风沙侵蚀和岁月磨砺留存至今的"千壁丹青，百氏胜迹"所震撼。其中唐代的彩塑菩萨（45窟、328窟）和历代壁画中各种风格的飞天女神尤令我印象深刻。一千多年前的边地画师和工匠们能有如此高超的造型艺术水准真让人叹为观止，而这中间寄托着信徒和匠师们多少心血和艰辛以及对理想佛国的虔诚向往啊！诚如一位外国作家所言，是信仰和理想铸就了莫高窟！

参观中还发现，这一间间洞窟其实就是一间间佛堂，每间佛堂源同流变，有着各自的主题。匠师们首先要围绕主题来构思空间结构的布局，然后运用雕塑、绘画、摆设、装饰还有采光等综合的艺术手段来创造出一个有机而生动的整体艺术空间。因此，莫高窟不仅仅是绘画雕塑的造型艺术博览，也是空间设计艺术之大观呢！一间间洞窟就如同一部部独幕剧，讲述着一个个故事。从这些洞窟中走过，就像从佛教思想文化古老的源头和传奇中走过，从古人理想中的天上人间世象场景中走过，从一个个定格的邈远而绚烂的历史瞬间中走过，也是从莫高窟步履沉沉的千年生命历程中走过……

　　敦煌位于河西走廊的西端尽头，为古丝绸之路的必经之地，是我国中原农耕文明与西部游牧文化的重合部，也是季羡林先生所说的中国与印度、希腊和伊斯兰四个文化体系汇流的地方。从敦煌艺术中可清晰感受到多种文化的碰撞和交融，其中西部多个游牧民族如吐蕃、突厥、党项、蒙古等都曾统辖过敦煌，在莫高窟留下了西部各民族文化的鲜明印记，在有些佛像的衣冠服饰中还可看到中亚甚至波斯的影响。冯骥才先生更是高屋建瓴地指出莫高窟中的外来文化形态主要体现在"浪漫的想象、炽烈的色彩、雄强的气质，辽阔的空间，还有动感"之中。

　　"文革"期间，莫高窟险遭厄运。江青公然宣称敦煌艺术是精神鸦片，于是各地造反派和红卫兵闻风而动，举着红旗喊着口号奔赴敦煌，要一举砸烂莫高窟。千钧一发之际，周总理及时严令制止，终使莫高窟逃过一劫。现在想来，仍感到惊心动魄啊！

　　近代以来，莫高窟受损严重，文物流失甚多，散布于世界各地，也因此引起了世界上众多专家学者对它的兴趣和研究，从而使得一门新兴的国际性学科——敦煌学应运而生。

　　今天，莫高窟虽在中国，但已属于全世界。

105-106.
河西重镇
张掖和武威

汉武帝时张骞出使西域，就是沿着祁连山和腾格里沙漠之间这条长达千里的河西走廊一路西行，历尽艰辛，终于开通了东西方文明西传东渐的丝绸之路，史称"张骞凿空"（凿通孔道的意思）。此后，汉王朝在这条丝绸之路上由东向西设立了武威、张掖、酒泉和敦煌四郡，这便是我们此行一路上要去的地方。不过我们是第一站先到敦煌，然后向东过嘉峪关，依次前往酒泉、张掖和武威的。

当年西域佛教沿"张骞凿空"的古丝绸之路传入中原，河西走廊自然是近水楼台，敦煌、张掖等河西诸郡也就成了我国西北地区的佛教中心。马可·波罗寓居张掖时，曾有"佛比人还多"的记述，古诗中也有称张掖"半城芦苇半城庙"的诗句。从这些古人的文字中，可以想象出当年的张掖梵音缭绕的佛国气象。

马蹄寺便是佛学东渐留在张掖的一处屐痕了。马蹄寺是一片石窟群，但分散在方圆数公里的山崖之上。其中千佛洞是在一面高百余米的石壁上开凿的多座佛窟，佛窟有高有低，仿佛随意布置，窟龛前有挑檐丹柱的楼阁式门楣，有的佛阁间有逼仄歪斜的石阶相连，有的则仿佛凌空缀附在崖壁之上，古时候的工匠和僧侣都没有恐高症吗？这些呈散点状分布的洞窟，如果以栈桥石阶或过廊等贯通组合成一体，便又是一座悬空寺了。

张掖马蹄寺

数里之外的三十三天洞窟更为奇绝，洞窟开凿在一面巨大的红砂岩石壁内，向上凿出高几十米的五层佛窟，壁面上留下了金字塔般的轮廓，恍若鬼斧神迹。

　　张掖市区的佛教遗迹中以大佛寺最为壮观。寺内的泥塑卧佛是我国室内卧佛之最，为常人身高的二十多倍，来到近前，有如面对横披的高墙。大佛的殿堂也因此面阔九间，外形呈罕见的长方形状，可能是国内开间最宽的佛殿建筑了。这座大佛寺是我国目前仅存的一座西夏王家佛教寺庙，对研究西夏王朝的历史、宗教和文化有着极高的不可替代的价值。

张掖大佛寺

　　从张掖来到武威，能明显感觉到中原文化的元素强大起来，儒释道在这里似乎已成鼎足之势。

　　武威文庙始建于明朝，距今有 500 余年历史。规模宏大，殿宇轩敞，古木苍森，庭院旷广，有"陇右学宫之冠"之称，是儒家文化在西北地区最重要的象征之一。

　　雷台原是一座供奉雷祖的普通道观，因台下的东汉将军墓中出土了铜车马而闻名于世。其中的铜奔马（又称"马踏飞燕"）已成为中国旅游业的标志。但景区的布置稍显肤浅。雷台山门的前方辟出了一大片广场，在中轴线上挖出一个半深不浅的大坑，将铜车马仪仗俑的放大复制品放满一坑，让人似乎难以感受千年岁月深处的文物本应具有的厚重而邈远的历史沧桑感。车马坑后面还横起了一道浮雕墙，把雷台观的山门遮去一半，有点弄巧成拙的感觉。

张掖、武威都曾是古丝绸之路干线上的交通商贸重镇，曾经商旅殷盛，车马喧阗，故而有"金张掖、银武威"之称。五胡十六国时期，武威还曾是前凉与后凉的都城，张掖则是北凉国都。但随着明代建嘉峪关锁闭西域以及海上丝绸之路的兴盛，张掖、武威风光不再。时至今日，它们的影响力难比东面的省城，也不及西去的敦煌，街市略显冷清，有一种粗朴苍凉的情调。

武威钟楼

　　以《闲话扬州》一文享誉文坛的易君左先生，途经此地时曾赋诗一首："万家灯火满平畴，风日清和塞上秋。羌笛不闻笳鼓息，河西静静古凉州。"可为今日张掖、武威之写照。古凉州即今日武威城。

107.

羲皇故里
天水

多年前去甘南采风，特地先飞西安，然后坐车赴兰州再往夏河，就是为了去西安与兰州之间的天水看看麦积山。

天水是一片滋长神话和传说的土地。它原名成纪，又称秦州，天水之名就源于"天河注水"的传说。大致是说某天雷电交加，天地赤红，一声巨响，山崩地裂一大口子，天河之水注入成湖，汉武帝遂命为"天水郡"。听上去怎么有点像地震后形成的堰塞湖呢？

天水是传说中的羲皇故里，有关伏羲的传说不一而足且富有想象力。传说他上知天文，下晓地理，通政治，善渔猎，"造书契"以记史事，"制嫁娶"以明礼俗，还擅医药，会制乐器……总之从物质文明到精神文明的方方面面，他都能引领社会发展，造福社稷百姓。我想，这是中国的黎民百姓在这位华夏始祖身上寄托的对帝王的美好愿望和想象吧！

明代建造的伏羲庙就在天水市中心，依然庄重而端肃，每年有公祭大典在此举行。

伏羲庙

麦积山石窟

　　女娲——我国古代神话中的女一号，也是天水的重要神话题材。关于女娲故里至少有3、4个版本。天水的版本中她是伏羲的妹妹，出生在天水境内的女娲沟，为了人类繁衍，他们兄妹成婚，不辞辛劳，算是中国版的亚当和夏娃了。但又说他们是人首蛇身，有"伏羲女娲交尾图"，两条人首蛇身的怪物盘绕在一起，看过后心中有点不是滋味，有损那位炼石补天的美丽女神在我童年心目中的美好形象。

麦积山石窟是天水的一个真正的"神话"。我国的几大石窟大都开凿在一片宽阔的山冈上，而麦积山则是一峰轰地而起，形如农家麦秸垛，石窟就开凿在峭直如削的巉岩峻壁之上。远远望去，崖垛上浅龛深窟层层密布如蜂巢一般，但平面布局疏密有致，上下错落，主次分明。近前观览，需沿着凌空架设的栈桥云梯攀缘上下，时而仰望，时而俯瞰，时而直面，时而侧视，如在峭壁之间回绕盘桓。

麦积山的泥塑佛像盈千累万，荟萃了历朝历代的作品，大都妙相庄慈端秀，彩饰温润柔雅，有一种俗世的亲切感……而这一切都是在距地面几十米、最高处有七八十米的"青云之半，峭壁之间"完成的，"虽自人力，疑其神功"啊！

在山崖上回身凭栏游目四望，天地苍茫，烟岚缭绕，群山绵亘起伏若奔腾飞动，又是另一番浩阔的景象。

天水还有一项重要的文化资源——诗仙李白的故乡。诗仙曾自述"白本布衣，陇西成纪人"，白纸黑字，不是传说。不过国人关于"故乡"的含义并不严谨，既可指祖籍地，也可以是出生地，如果祖上有过迁徙，情况就更为复杂了。故千百年来，时常会有名人故里之争。

目前学界关于李白故里较为认定的说法是：其祖籍为陇西成纪（即天水），后迁徙至现吉尔吉斯斯坦境内的碎叶城，李白出生于斯。之后，童年李白随全家移居四川江油，在那里生活至20岁才离开。为此，江油首先修建了李白故居，建起纪念馆，还定期举办李白文化艺术节，轰轰烈烈，先声夺人。不过，明代思想家李贽说过一段话："蜀人以白为蜀产，陇西人则以白为陇西产，山东人又以为山东产……余谓李白无时不是其生之年，无处不是其生之地……死之处亦荣，生之处亦荣，流之处亦荣，囚之处亦荣，不游不囚不流不到之处，读其书，见其人，亦荣亦荣，莫争莫争。"可谓慧心之语了。

附记 李白曾有诗云："本家陇西人，先为汉边将……"称陇西成纪的汉前将军李广为其先祖。据《新唐书》记载，李白是十六国时期西凉的开国君主武昭王李暠的九世孙，而《晋书》中又载李暠是李广的十六世孙，如此说来李白就是"飞将军"李广的二十五代孙了。同时有史料表明，大唐帝国的李姓皇帝为李暠之后，故李白似与李唐皇室同宗同祖，同属于陇西成纪庞大的李氏家族的后裔。

108.
"热贡"之乡
同仁

结束了在甘肃民族师范学院的交流讲学，我们一行离开合作市一路向西，经夏河直奔青海黄南藏族自治州的同仁县。

同事都没太听说过同仁，我却是成竹在胸。同仁是青海省唯一的一座国家级历史文化名城，也是黄南藏族自治州政府的所在地，是藏传佛教文化的中心区域之一。同仁紧邻甘肃，与甘肃的合作市和临夏呈鼎立之势，有如一个等边三角形。

同仁在藏语中称"热贡"，因此，发祥于此地的一种类似汉族工笔重彩画的民间佛教绘画艺术以及由此衍生的堆绣和雕塑等艺术统称为"热贡艺术"。"热贡艺术"发展至今已有六、七百年的历史，国内藏区大部分寺院的的壁画和唐卡皆源自"热贡艺术"，同仁县便以"热贡艺术之乡"而闻名，影响还远播蒙古、尼泊尔以及东南亚等地区。

前往同仁的路上地貌奇特，风光瑰异。有绿草芊绵、弥望无际的高山草甸，有怪石磅礴、山色赤褐的万仞危崖，这让来自江南的我们目不暇接，不时停车拍摄……不知不觉间，一条湍急的河流悄悄出现在我们的左侧，像前来迎宾的向导，引领着我们直抵同仁县城的所在地——隆务镇。这就是黄河在青海东部的支流——隆务河啊！

青南地区最大的藏传佛教格鲁派的寺院——隆务寺就坐落在隆务镇西南角的山崖上。它始建于元，扩建于明，元明清三朝均有帝王封赐名号。元末明初之际，隆务寺臻于鼎盛，四方教徒信众络绎而至，工商百业也渐汇聚，一个殷盛的小集镇便因"寺"而生，因"寺"而兴，这便是今日的隆务镇。

远望隆务寺，见整座建筑群背枕层崖，俯偎河谷，依山就势，规模恢宏似不输黄教六大寺呢！来到山前广场，牌楼上有明朝天启帝所题"西域胜境"横额。步入山门，见梵宇相望，宫墙迢递，藏汉风格相结合的殿堂槛廊层叠错落，布满面向隆务河的整面山体。这里游客稀少，成群身披紫色袈裟的喇嘛围坐在庭院内念诵经文，气氛庄肃。我们沿着高墙间的石阶向上行进，也仿佛在迈向某种信念。登高之际频频回首，视野便徐徐展开。来到山巅纵目四望，隆务河如玉带环绕，隔江群山起伏绵延，下视街市巷陌交错，屋瓦万家，而隆务寺大经堂的重重金顶则昂然其上，浮光耀彩！

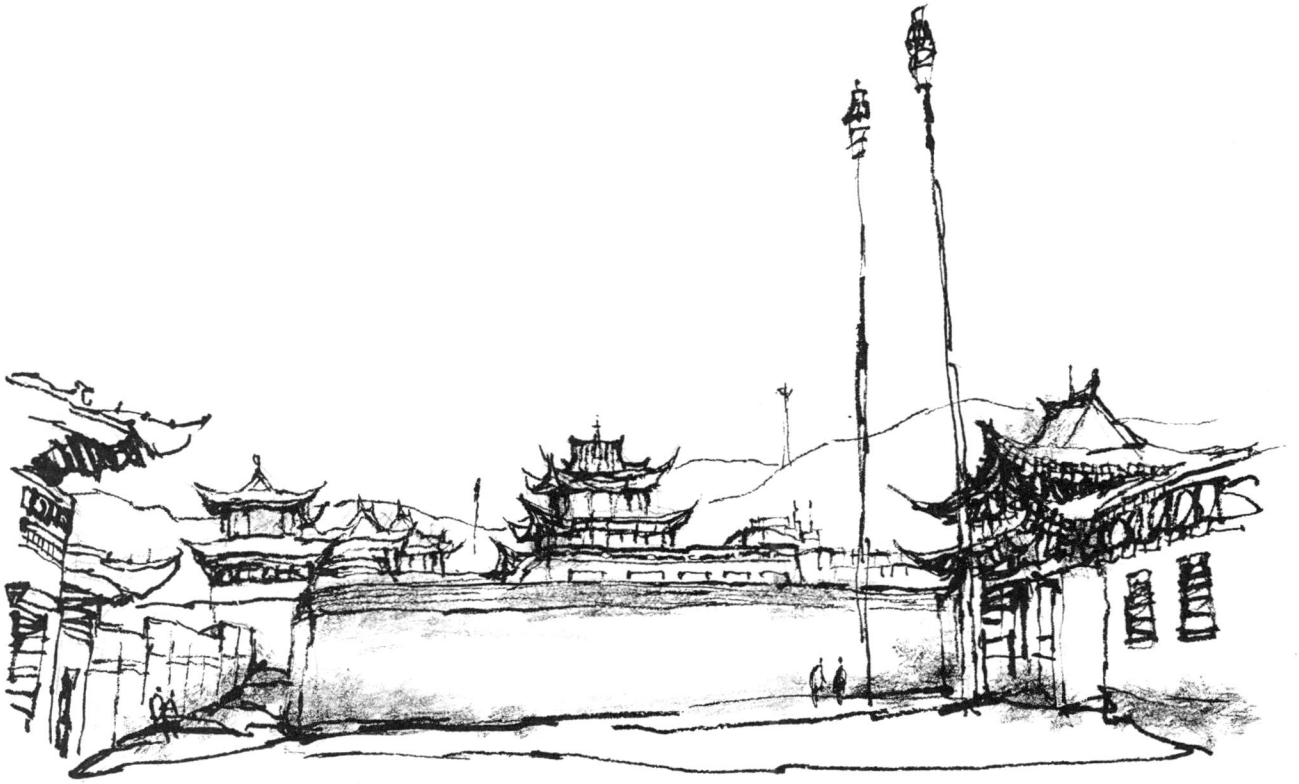

上、下：隆务寺

隆务寺

　　我游观一路，摄影写生，流连忘返，未能把控好时间，回到山下时，"热贡"艺术展览馆刚刚关门。而次日上午，我们就要离开隆务，眼看着要与"热贡"展览擦肩而过了，甚感遗憾。好在刚才已看过多处殿堂中的壁画和彩塑以及建筑的横梁、墙裙、藻井装饰中的热贡彩绘艺术，多少算有些安慰吧。

　　次日我起了个大早，从镇外的住处打车来到镇中心的老街上，最后看看这座藏地小镇的市井风貌。清晨的老街尚未完全醒来，行人车辆寥寥。时已七月炎夏，这里却是格外凉爽清新。速写一幅收笔之时，东升的旭日恰好给老街前方半山上的隆务寺镀上了一层温暖的橘红色油彩。

隆务镇街景

109.
塞上江南
银川

从机场前往银川市区，一路上田畴平衍，阡陌纵横，林木葱茏，禾稼青青，没有一点大漠荒野的样子。黄河，一改印象中汹涌激荡之势，如一条游龙盘曲着迎面而来，蜿蜒而去。是啊，黄河滔滔奔流五千多公里，跨越九省区，唯有流经银川的这一段显得温驯而平静。它依偎着银川平原，滋养着这片土地，哺育出了这塞上的鱼米之乡！正如民谚所说："黄河百害，唯利一套"啊。

纵目远方，贺兰山脉层峦起伏，延绵奔腾。这景象忽然就让我想起了毛泽东诗词中"五岭逶迤腾细浪"之句。此时此地，更能身临其境地感受到主席诗句中豪放的气概和神来的妙喻。这涌动起伏的层层山峦与川流纵横的芊芊绿野合璧而成的"塞上江南"风貌，让我饱览了一路！

银川的历史上有过一段风光岁月。它曾是党项族西夏王朝的都城，称兴庆府。金庸在《天龙八部》中写过这西夏王朝，说它疆域辽阔，拥有二十几个州，即以今日的宁夏为中心，往西据有甘肃大部包括整个河西走廊，北抵蒙古草原与辽国接壤，东南到陕西北部与北宋交界。这不是金先生在小说中的虚构，而是史实。当年陕北延绥一带正是中原之边陲，朔方之屏障，是西夏南下的喉襟之地，也是中原王朝戍边的烽火前线，北宋和西夏曾在这一带反复拉锯争夺。北宋名臣范仲淹和被宋仁宗称为"朕之关张"的一代名将狄青都曾在此驻防，与西夏攻守对垒，时战时和，未有大败，也未闻有大胜。

也就是这个西夏，先与北宋、契丹"三国演义"，后又与南宋、金国三足鼎立，持续近两个世纪。虽最终覆亡于蒙古铁骑之下，也曾令横扫欧亚、威震八方的成吉思汗五度攻打而不克，并殒命于途。后来元人修宋、辽、金三国史时，未给西夏留下一笔一墨，真可谓"不共戴天"了。元朝改称此地为"宁夏"，即"平定夏地"之意，一直沿用至今。于是，一个曾经叱咤风云、称霸一方、号称"万里之国"的王朝连同他们的文明、语言文字甚至整个种族从此灰飞烟灭。在历史上，还没有哪一个王朝像西夏这样消失得如此干净彻底，仅在贺兰山麓的荒漠中留下几座帝王墓冢，苍凉而又孤高地挺立着，仿佛在浩渺无涯的时空中顽强地象征着它曾经强悍的崛起。

西夏王陵

　　近年来，银川的新城区平地而起。作为中国与阿拉伯国家博览会的举办地，新建了一批阿拉伯风格的会展建筑和景观，为银川新添了一道异域景象的风景线。而老城区则基本保持原有样貌，街市里坊格局依稀可辨。在市中心两处相邻的十字路口，坐落着建于明清的钟鼓楼和玉皇阁。两座楼阁虽都是单体建筑，结构却玲珑繁复——玉皇阁殿前有精俏的抱厦，两侧有重檐飞脊的亭阁；钟鼓楼的台基四角建有四座角坊，与三层主阁飞檐错落，翘角相啄，尽得工巧。在我想象中，宁夏地处西北，建筑当以雄浑粗朴为主，但此行一路所见的古建筑——除了上述两处外还有中卫的高庙、平罗的玉皇阁等——皆结构繁丽工艺精巧更甚于中原江南呢！

　　西夏王朝推崇佛教，曾广修寺院佛塔。至今耸立在老城区的承天寺塔、城北的海宝塔以及贺兰山下的拜口寺双塔、青铜峡的一百零八塔等均为西夏朝遗存。还有敦煌莫高窟中大量的西夏壁画、张掖的大佛寺等，可以想见当年西夏国盛极一时的梵音香火。

钟鼓楼

　　西夏灭亡后，内地的汉族、西北的少数民族以及沿丝绸之路东来的中亚人和阿拉伯人迁居宁夏者甚众，逐渐形成了信仰伊斯兰教的回回族群。不过，在国民党统治时期，政府并不承认回民是个民族，而只是"信仰回教之汉人"，闹出了不少民族矛盾。

　　今日宁夏是中国最大的回族省区，伊斯兰风情浓郁。据说全境有大小各类清真寺1800余座，因此来银川是不可不看清真寺的。银川最大的两座清真寺是阿拉伯风格的南关清真寺和中国传统宫殿式的纳家户清真寺。

　　游览中发现，我国自唐至清历朝所建的清真寺多为汉族宫殿风格，但凡是近几十年间各地新建或重建的清真寺，却大都改头换面成有穹顶和宣礼高塔的阿拉伯样式，如上世纪80年代重建的银川南关清真寺、兰州西关清真寺和1998年改造重建的西宁清真大寺等等。

　　未经"重建"的如银川纳家户清真寺、西安化觉巷清真寺和北京牛街清真寺等，则带着汉族传统宫殿建筑的样式和元素，穿越千百年风尘一路来到今天……

上：银川南关清真寺

下：纳家户清真寺

兰州西关清真寺

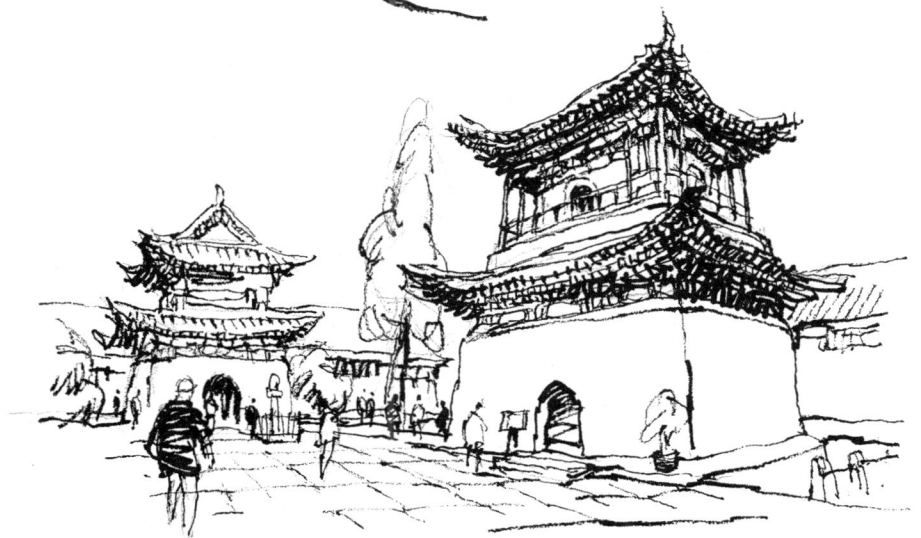

上：西宁清真大寺

中：北京牛街清真寺

下：西安化觉巷清真寺

110.
戈壁绿洲
吐鲁番

对新疆的最初印象是小时候从电影"冰山上的来客"和新疆题材的小人书上看来的，对吐鲁番的印象则来自关牧村演唱的歌曲"吐鲁番的葡萄熟了"。吐鲁番有瓜果之乡和歌舞之乡的美誉，那色彩斑斓的异域风情让我向往。

当我第一次来到吐鲁番时，发现它的丰富多彩远超出我的想象。

吐鲁番是那么独特的一片土地，可以用最热、最干、最低等一系列"最"字来形容。吐鲁番有"火州"之称，那座《西游记》中的火焰山不是神话，而是真实的存在。它东西绵延近百公里，山色赤褐，岩纹呈火焰状，恰如一片瞬间凝固的火海。来到跟前，滚滚热浪向上蒸腾，如再有炽烈的阳光当空砸下，就进入干蒸模式了。吐鲁番盆地是我国海拔最低的地方，最低处的艾丁湖位于海平面下 154 米。吐鲁番也是我国最为干旱的地区，年降水量比沙漠地带还少，不过它却是沙漠中的千年绿洲，草场丰美，瓜果飘香。这要归功于古代吐鲁番人所独创的水利工程——从地下开渠引入冰山雪水进行灌溉的"坎儿井"！

吐鲁番有独特的人文历史。它是新疆丝路北道上的重镇，东西方文明交流融汇的枢纽，曾有过驼队马帮相望于途、僧侣使者不绝于道的繁盛。你能想象吗，如今这片伊斯兰教氛围浓郁的地方曾是梵音缭绕的佛国？一度与于阗、龟兹并称古西域的三大佛教中心。从南北朝时期到元初长达 700 多年的岁月中，这里是佛教东渐进入中原的重要通道，唐玄奘西去印度途中也曾在此驻足讲经。在公元 9 世纪左右伊斯兰教从中亚沿丝绸之路传入新疆后，吐鲁番一带仍坚持佛教信仰数百年，至 14 世纪后才渐渐皈依真主。

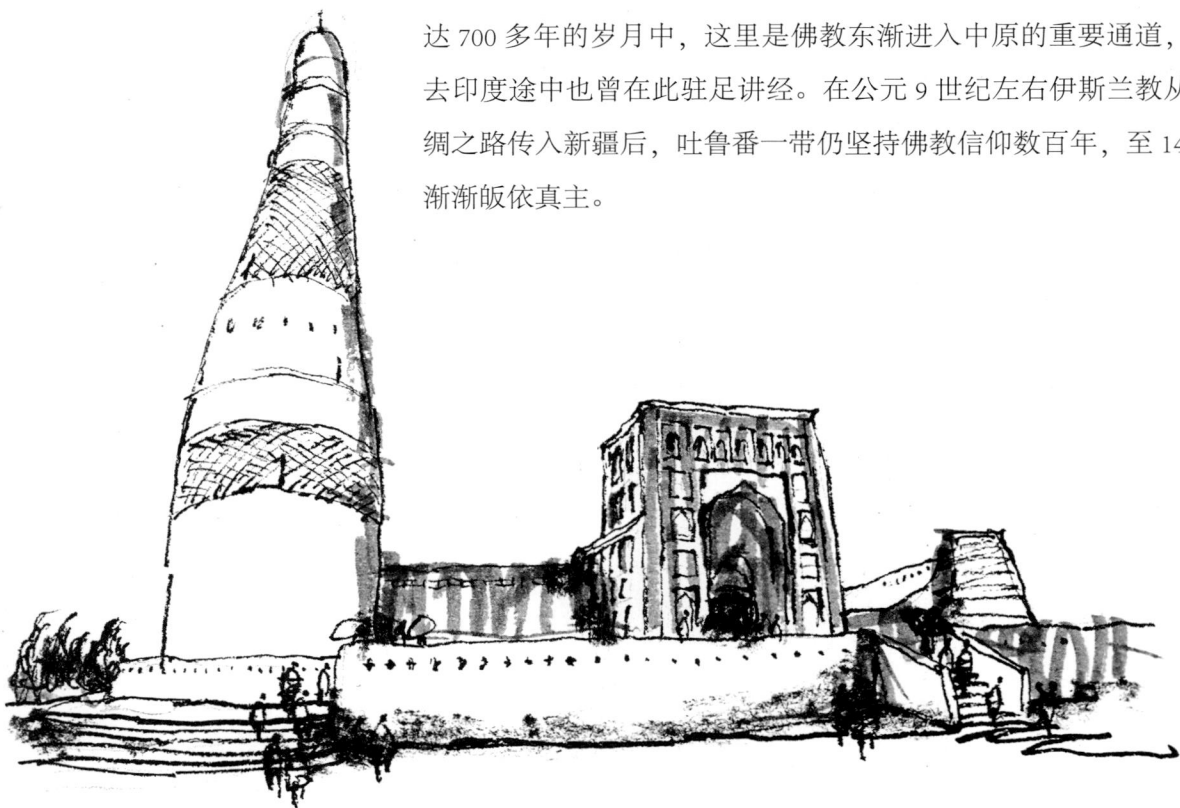

苏公塔

我们来到火焰山旁的柏孜克里克千佛洞参观。千佛洞正是开凿于南北朝后期至元代的七个世纪里，曾作为回鹘（维吾尔）高昌国的王家寺院而闻名一时。远远望去，一片土黄色的石窟铺排在一道约一公里长的山腰平坡上，背依断崖，面临深谷，有较平坦的走道通向各窟，往来便利。千佛洞损毁极为严重，大多洞窟已成空洞，让人痛心和无奈，只能看看介绍，粗略地了解一下。

第二次来吐鲁番时，与新疆师范大学的同行们一同探访了几十公里外的一座维吾尔族村落——吐峪沟。在沟口向阳的半山坡上有被称为"伊斯兰教圣地"的霍加木麻扎（圣贤的陵墓），而沟谷深处的岩壁间则深藏着吐鲁番的另一座千佛洞，其开凿时间与柏孜克里克千佛洞和敦煌千佛洞大约同时或略早，同样损毁严重，伤痕累累。这其中既有千年风沙的侵蚀，也有宗教冲突的祸殃，更有明抢暗盗的破坏。但从遗存的佛像造型、壁画的内容和风格以及洞窟的空间形式中，可看到敦煌莫高窟早期的影子。

千佛洞

汉朝时，吐鲁番是西域 36 小国中的车师国都城，后为高昌国都。岁月深处的两座古城遗迹——交河故城和高昌故城顽强地留存至今。我去了高昌故城遗址，行走其间，如走进了一段若隐若现似真似幻的岁月。在那断断续续的建筑轮廓间，虚虚实实的房舍残迹中，正是想象力的留白之处。当你用想象将这些断垣残壁修复拼合起来，便能感受到古城曾经的脉动和呼吸，复原它千年之前九衢百廛、市井如织的繁华景象。

上：吐峪沟

下：高昌古城

    在这里，毋需从出土的残损物件中揣摩考证，也不必在历史文字间寻找蛛丝马迹，千年岁月就是那么一览无余地袒露在你面前，让你走入其中，俯仰古今，往返穿越。

111.
南疆边城
喀什

喀什位于我国最西端的帕米尔高原脚下，西汉时是西域36国之一的疏勒国都城。西汉时期张骞开通西域后，喀什成为丝绸之路北道和南道的交汇点，也是丝绸之路继续西行或南下的出发地。有此地利之便，喀什自古人烟繁盛，商旅熙攘，各种文化东来西往交汇碰撞，热热闹闹逾千年。

西汉末年王莽篡位，朝政大乱，西域"丝路"一度中断。至东汉朝，班超受命再赴西域，经危难，历艰辛，恩威并施赏罚分明，逐渐恢复了汉王朝对西域的统治，重新开通了丝绸之路。班超在西域30年，其中有17年就驻在喀什——当时疏勒国的盘橐城，如今遗址尚存。

喀什与吐鲁番并称为新疆一东一西的两大维吾尔文化中心。但喀什地处南疆边陲之地，维族风情更为浓郁。

喀什老城区位于市区北面，有着2000多年的历史。我是偶然从电视上播出的一部新疆风光片中看到了它。记得在航拍的镜头中，色调清冷的雪山、蓝天和草原缓缓移动着，忽然出现了一片耀眼的土黄色，土黄色的长街短巷老屋土墙，密密匝匝层层叠叠，迷宫般地交织盘桓，像《天方夜谭》中的阿拉伯城堡。画外音说这是喀什的老城区，瞬间便深深吸引了我！

香妃墓

这次到喀什艺校参访交流后，哈桑校长特意给我留出半天时间去看看这片俗称"高台民居"的古老街巷。

　　当我步入那狭仄的小巷时，立刻被大片的土黄色紧紧裹挟了。这土黄色比陕北偏褐色的黄要鲜亮明快，在高原炽烈的阳光照射下，在湛蓝的天空映衬下晃人眼目。偶尔可见几株绿色植物，在光秃秃的黄土上像舞台上的盆景般孤零零地摆放着。这里的大部分民居是用黄土垒砌的，但在木门和木窗上能看到斑驳的伊斯兰风格的油漆图案。

高台民居

　　"民居"总体上有点凌乱，黄土的小路像蛛网般缠绕盘结。房屋大都为一层或两层的平房，用没有锯刨加工过的杨木做梁柱，在此框架上用黄土坯垒墙封顶，土屋便带有杨木原有的自然曲线。因此这里不会有形状完全相同的两间房屋，比起整齐划一的现代楼房倒是多了些随意即兴的趣味。这里气候干燥少雨，无须坡顶排水，故房屋大多是平顶，人们便用这平顶来堆放杂物，晾晒衣服，饲养鸽子，经过不断的叠加搭建，增添出一层又一层新的生活空间。

高台民居

　　小巷中行人寥寥，有些冷清。男人们大概都外出打工了，偶尔有扎
头巾的妇女远远走过。有时会突然蹿出几个孩子，看到外来人，便上前
一阵"哈罗"，看到我写生，一个个都踮脚张望，面对相机他们都毫不
怯生，大摆姿势，灿烂的笑容发自内心。

高台民居

　　从高台民居下坡走上大街，转过一个路口便到了市中心。在渐渐聚合的暮色中，这里依然车行如梭，人流熙攘，一片繁忙的景象。大巴扎内灯火通明，人头攒动，没有要收工的意思，露天的"夜巴扎"则在飘浮的烟尘中陆续开张，沿街边排成一条人流和光影的长龙。

　　有"小麦加"之称的艾提尕尔清真寺庄严地肃立在老城的中央广场上，此刻正默默地等待着信徒们从四方汇聚拢来，准备开始引领一天中的第四次祈祷。

　　在这红尘滚滚欲海茫茫的物质世界里，它像是专门负责给信徒们带来精神上的充实、满足和安宁。

艾提尕尔清真寺

跋 .
作曲家的
另一种
旋律

转眼之间，和建平认识已有四十年了。

我们的第一次见面，应该是 1979 年或 1980 年，地点是在曲园酒家。那时曲园酒家是南京很有名气的一个老字号湖南菜馆，招牌菜是豆瓣鱼。几十年沧桑变化，如今曲园酒家早已失落在历史的尘埃之中无迹可寻了，而我们的友谊之桥仍牢牢地连接着。

那时我在南京日报当副刊编辑，诗友贺东久邀我过去，座中有一位作曲家陶思耀我是认识的，他与贺东久同在前线歌舞团，一个作词，一个作曲，那首流传甚广的"莫愁"之歌，就是他俩的合璧之作。座中的新朋友，就是建平了。那天应该是陶思耀请客，建平是他请的主客，而我和东久是陪客。为何要请建平呢？其时，他俩一位是国内颇有影响的军旅作曲家，另一位则是作曲技术娴熟的"学院派"，都是省内作曲界中的佼佼者。陶思耀写出歌曲旋律，建平配器编曲锦上添花，两人已经有过多次成功的合作了！

我是一个音乐爱好者，自从认识建平后，从他这里学到了很多音乐知识，比如和声、对位、配器、曲式结构之类。有很多著名的交响乐，我都是跑到他任教的南京艺术学院音乐系资料室去听的，他还帮我录了好些交响乐磁带，我最喜欢的几盘有法国作曲家奥涅格的《太平洋机车213》、英国霍尔斯特的《行星》，还有前苏联作曲家格里埃尔的《竖琴协奏曲》和《声乐协奏曲》等等，百听不厌。

上世纪 80 年代我家住在盐仓桥多伦路，离南艺所在的黄瓜园不过数里之遥。那时不要说手机，一般人家中连电话都没有，朋友来往一般直接就找上门去了。我想听音乐了，想聊文学艺术了，或者想找个朋友喝酒吹牛了，便骑上我的永久十三，顺着城西干道，十分钟就蹿到建平那儿去了。有时候和他还有南艺的几个青年教师一同吹牛谈天，聊音乐，也聊文学、诗歌或美术什么的，有时候就到他的琴房里去摸钢琴玩。两人兴致都高的时候，我找一首诗，由建平在钢琴上根据诗意即兴演奏，两人来上一段配乐诗朗诵，琴声淙淙，诗声朗朗。

在作曲方面，建平先后师从南京艺术学院和上海音乐学院的多位名师，后又赴美留学专攻近现代作曲技法，是我省"文革"后第一批公派出国留学的"海龟"，所以在作曲和作曲技术理论方面积累了很深的造诣。在音乐之外，我和建平都爱好运动，年轻时还一起打过拳击，那时我们身上的肌肉都成块状，直到现在，也还没有大腹便便。我们还有一个共同的爱好，就是美术。建平少年时代上过上海少年宫的美术班，有绘画基本功，而我画画则完全是野路子，对野路子来说，用油画颜料乱涂一气是再好不过了。有好几次我们曾一同到郊外去写生，建平画速写，工具比较简单，带一支钢笔就行了。我虽然画技不行，行头却比他重，得提上一个小画箱。到了地方，他画他的线条，我弄我的色块。他的速写几乎每幅都成，而我的油画写生则要凭运气了，大多涂鸦到最后，并不能成画。有时简单几笔，竟有很好的效果，但看建平认认真真地还没画完，我也就继续再抹几笔，于是画蛇添足，把本来挺不错的一幅写生就给画废了。

任何事情，持之以恒则成，半途而废则荒。我的写作是持之以恒的，所以现在还能提笔给建平的书写序跋，而我的画画则早就废掉了。80年代留下的几幅油画写生，被我保留了下来，当作当年曾经画过画的证据。而建平不仅在作曲上持之以恒，成了颇有成就的作曲教授和博士生导师；在美术和写作上也持之以恒，无论中外，每到一地，必现场写生，并留下文字记录，聚沙成塔，集腋成裘，成就颇丰。前些年，每到新年他都会送给我一本他的速写挂历，他的速写线条流畅，简洁明快；而他的文字，也是一篇篇精致的散文和游记，平心品读，本来浮燥的心会平静下来，走进他笔下这些城市的风情和历史。

建平是我的朋友中，当官当到比较大的一位，曾担任过南京艺术学院的院长，也曾是南京市民主党派的主委，因此成了南京市四套班子的领导，还是连续三届的全国人大代表。但我从未在他身上闻到当官的味道，看到当官的样子，他就是一个志同道合的老友，一个平易谦和的兄弟，一个学养厚实的学者，一个爱好广泛的文人。说实话，我在他这个当官的老友身上，没有得到过一点方便。我的侄子一心想上南艺，但考分总是差一点，侄子一家认为我有这么一个关系，帮他走个门路上南艺是没问题的。但最后他也没能上成南艺，只能退而求其次去了山艺。我当然也说过希望建平能够适当关照，但我不希望他的关照超过适当的界限。我想建平也想对老友的亲戚给予适当的关照，但这关照也是不能超过适当的界限。这事我说过，他听了，也就心照不宣了。我想君子之交淡如水，就是如此吧。

还有一件事，可以看出建平为官为人的朴素平淡。按他的级别待遇，公差出行乘飞机坐个公务舱好像是符合规定的吧，但他当领导期间从未想到要坐公务舱。直到退休后，有一次随某国家机关组团出访，按级别给他安排了公务舱，他回来对我说："这是我是第一次坐公务舱，原来这么舒服啊！"我笑叹："建平啊，我不是官，也享受不到你的级别待遇，但我早就想开了，出国长途飞行，只要能升到舱，就坐商务舱。你这个大领导怎么才享受到这种待遇啊！"

我和建平都是爱游历的人，这些年他走了世界上很多地方，我也走了世界上很多地方，但遗憾的是，我们还没有共同去走世界的一些地方。其实我们两家已相约了好几次，如果成行的话，届时建平的速写可以和我的文章相结合，或许会碰撞出新的火花，诞生一些新的作品。

邓海南

2020 年 3 月

图书在版编目（CIP）数据

速写中国历史文化名城111座 / 邹建平著. -- 南京：
江苏凤凰美术出版社, 2020.9
ISBN 978-7-5580-4347-5

Ⅰ.①速… Ⅱ.①邹… Ⅲ.①文化名城 - 介绍 - 中国
Ⅳ.①K928.5

中国版本图书馆CIP数据核字(2020)第178882号

责任编辑 王左佐
书籍设计 焦莽莽
责任校对 刁海裕
责任监印 唐　虎

书　　名　速写中国历史文化名城111座
著　　者　邹建平
出版发行　江苏凤凰美术出版社（南京市湖南路1号　邮编：210009）
出版社网址　http://www.jsmscbs.com.cn
印　　刷　南京新世纪联盟印务有限公司
开　　本　889mm×1194mm　1/16
印　　张　26.75
版　　次　2020年9月第1版　2020年9月第1次印刷
标准书号　ISBN 978-7-5580-4347-5
定　　价　360.00元

营销部电话　025-68155792　营销部地址　南京市湖南路1号
江苏凤凰美术出版社图书凡印装错误可向承印厂调换